易經과 四書

易經과 四書

李 鉉中

▌글을 시작하며

인간은 자신의 삶을 통하여 천지와 만물을 正位시켜야 할 사명을 가진 독특한 존재이다. 천지와 만물의 삶을 자신의 삶으로 살아가는 존재가 인간인 것이다. 인간 삶의 주체는 三才를 일관하는 도덕적 존재로 그것을 유가 철학에서는 인간 본래성으로 규정하고 그 내용을 仁禮義智의 四德으로 제시하고 있다. 또한 사덕은 인간의 본성인 동시에 장차 완성해야 할 사명이라는 점에서 性命之理로 규정하기도 한다.

인간을 중심으로 보면 인류의 역사는 인간이 자신의 본성인 성명지리를 찾아가는 과정이라고 할 수 있다. 인류 역사에 있어 현대라는 시간 역시 그 점을 벗어나지 않는다. 지금 인류의 관심이 심성 밖으로 치달으면서 과학이 발달하여 물질문명이 극치에 이르렀으나 근본 문제인 자신의 본성과 그 존재 근거인 천지의 道를 찾는 문제를 소홀히 하였기 때문에 물질과 인간 자신을 엄격하게 구분하여 正位에서 거처하지 못하고 있다.

인간의 다양한 학문적 성취 가운데서 인간 자신의 본성과 天地의 道를 밝힌 학문은 儒家 哲學이다. 학문을 통하여 자각한 본성을 바탕으로 천지의 道에 순응하는 삶을 살고자 하는 것이 유가 철학의 근본 문제이다. 그렇기 때문에 유가 철학에서는 인간의 본성과 그 존재 근거인 천지의 道의 내용을 분명하게 밝히고 있다.

유가 철학의 경전을 통하여 인류의 미래가 이미 밝혀졌음에도 불구하고 물질문명에 관심이 집중되면서 오랜 세월 동안 유가 철학의 본래 면목이 가려질 수밖에 없었다. 그것은 천도 자체의 측면에서 보면 先天이 갖는 시의성 때문이라고 할 수 있다. 인류의 성장 과정에서는 물리적인 생명을 키우는 데 주력할 수밖에 없었던 것이다. 그러나 이제는 물리적 생명이 충분하게 성장하였을 뿐만 아니라 정신적인 성장 역시 충분하게 이루어졌기 때문에 인류가 스스로 근본적인 문제로 관심을 집중해야 한다.

유가 철학을 담고 있는 경전 가운데서 四書는 중국뿐만 아니라 우리나라에서도 많은 사람들에 의하여 오랜 세월 동안 연구되었다. 이처럼 四書가 많은 사람들에 의하여 오랜 세월 동안 연구되어진 것은 그것이 人道인 君子之道를 밝히고 있는 경전이기 때문이다. 군자는 유학에서 제시하고 있는 이상적인 인격체이다. 따라서 四書 가운데는 인간의 삶의 원리가 제시되어 있다.

그러나 지금까지의 四書에 관한 연구 성과들을 살펴보면 君子之道를 중심으로 四書를 일관되게 이해하고 설명하고자 하였음에도 불구하고 아직 만족할 만한 성과를 거두었다고 할 수는 없다. 그 까닭은 人道인 君子之道를 고찰하기 위해서는 그 존재 근거인 天道를 바탕으로 연구하여야 함에도 불구하고 天道를 바탕으로 四書를 연구하지 못하였기 때문이다. 유학을 집대성한 공자는 스스로 유학의 학문적 연원을 堯·舜·禹·湯·文·武·周公을 거쳐서 자신에게 전하여진 聖人之道로 규정하고 있다. 聖人之道의 내용은 天道와 地道 그리고 人道를 내용으로 하는 三才之道로 그것을 易經에서는 易道로 규정하고 있다. 孔子가 역도를 근거로 선진 유학을 집대성하였던 것이다. 따라서 유가 경전인 四書의 연구는 역경을 바탕으로 이루어져야 한다.

易學과 선진 유학이 일체적 관계이기 때문에 四書의 연구사와 易學史 역시 일체적 관계이다. 역도의 본래 면목이 밝혀질 때 비로소 그것을 바탕으로 선진 유학의 본래 면목 역시 밝혀질 수 있는 것이다. 그러나 한대 이후의 역학사는 역도가 曆數原理라는 근본 문제를 찾아가는 과정이었다. 그렇기 때문에 神道, 天道를 干支 度數와 圖書 象數를 중심으로 闡明한 역경인 『正易』이 세상에 나타나기까지 역학의 학문적 위상이 올바로 정립되지 못하였던 것이다. 『정역』은 한국 유학자인 一夫 金恒에 의하여 저작된 역경이다. 『정역』에서는 역도의 내용이 역수원리이며, 그것을 존재 근거로 성인이 誕降하였고, 성인에 의하여 역도가 밝혀짐으로써 학문으로서의 역학이 형성되었음을 밝히고 있다.

필자는 근원적 존재를 찾아가는 과정에서 『정역』을 만나게 되었으며, 그것을 바탕으로 『周易』을 비롯한 선진 유학의 경전들을 연구할 수 있었다. 그리고 역경을 중심으로 선진 유학의 경전들을 연구하는 것이 인연이

되어 대학에서 三經과 四書를 강의하게 되면서 선진 유학의 경전을 체계
적으로 이해할 수 있는 방향을 제시해야 할 필요성을 느끼게 되었다. 이
에 필자는 독자들이 四書에서 제기되어진 君子之道에 뜻을 세우는 계기
를 얻기를 바라는 마음에서 지금까지의 연구 성과들을 중심으로 이 책을
서술하였다.

이 책의 저작은 수많은 사랑이 필자의 몸을 통하여 하나로 표출되어진
결과이다. 그 분께서는 양친 부모님을 통하여 역학을 연구할 수 있는 몸
을 만들어 주셨고, 一夫 聖人과 孔夫子를 통하여 三才의 道를 밝혀서 君
子의 길을 제시하여 주셨으며, 觀中 柳南相 선생님을 통하여 역학의 올바
른 연구 방향과 방법을 찾도록 인도하여 주셨다. 그 분의 큰 은혜와 부모
님의 하늘같은 은혜에 깊은 감사를 드리며, 孔子님과 一夫 선생님 그리고
은사이신 관중 선생님께도 깊은 감사를 드린다.

처음 철학의 길로 들어서도록 많은 가르침을 베풀어주신 석사 과정의
지도 교수이신 전북대학교의 최영찬 교수님, 박사 과정의 지도 교수이신
충남대학교의 남명진 교수님, 항상 염려와 사랑으로 대하여주시는 충남대
학교의 이현구 교수님께 감사를 드리며, 불교의 이해를 심화시켜주셨을
뿐만 아니라 수행의 깊은 맛을 느낌으로써 학문의 진정한 의미를 알게 해
주신 노대행 스님께 깊은 존경과 감사를 드리고, 항상 격려를 아끼지 않
은 청양대학교의 김만산 교수에게도 고마움을 전한다. 바람이 잘 날이 없
는 집안의 장손에게 시집와서 온갖 어려운 일들을 말없이 하면서 항상 밝
게 살아온 든든한 道伴인 아내에게도 고마움을 전하며, 우리 곁으로 와서
부모의 사랑을 알게 하였을 뿐만 아니라 밝게 자라주는 아이들 솔과 찬에
게 대견해하는 마음을 전한다. 그리고 삶의 과정에서 만난 수많은 사람들
과 바람, 풀, 돌, 나무, 새, 다람쥐 등의 모든 존재에게 깊은 감사의 마음
을 전한다.

끝으로 어려운 현실에도 불구하고 흔쾌하게 이 책의 출판을 결심한 역
락의 이대현 사장님과 편집부의 권분옥 씨에게도 감사의 마음을 전한다.

甲申年 四月 寒食日 儒城의 謙山齋에서　李 鉉 中 謹書

차 례

第一章 序 論 ──────────────────────── 11

1. 문제의 제기 | 11
2. 漢代 이후의 四書 연구에 대한 검토 | 16
3. 四書 연구의 새로운 방향과 방법 | 20

第二章 易學과 儒學 ──────────────────── 29

1. 聖人과 儒學 | 29
2. 儒學의 존재 근거인 易道를 闡明한 易經인『正易』과『周易』| 37
3.『正易』과『周易』을 바탕으로 형성된 三經과 四書 | 45

第三章 易經의 根本 問題와 論理 構造 ─────────── 55

1. 聖人에 의한 易道의 闡明 | 59
2. 易道 闡明의 範疇인 時間性과 空間性 | 64
3. 易經의 體用的 論理 構造 | 68
4. 三極之道와 君子之道 | 73

第四章 『論語』의 易學的 이해 ──────────────── 79

1.『논어』의 구성 체계와 내용 | 81
2. 君子의 학문 방법인 下學而上達 | 86
3. 학문의 근거와 내용인 曆數原理 | 105
4. 군자의 실천 원리인 正名 원리 | 112

第五章 『孟子』의 易學的 이해 ──────── 123

1. 『孟子』의 구성 체계와 내용 ❘ 127
2. 君子의 실천 원리인 王道 政治 原理 ❘ 130
3. 王道 政治의 가능 근거인 性善說과 四端說 ❘ 139
4. 王道 政治 原理와 正命 原理 ❘ 152

第六章 『大學』의 易學的 이해 ──────── 171

1. 대학의 구성 체계와 내용 ❘ 178
2. 君子之道와 大學之道 ❘ 180
3. 大學之道와 學問 原理 ❘ 190
4. 大學之道와 實踐 原理 ❘ 211

第七章 『中庸』의 易學的 이해 ──────── 221

1. 『중용』의 구성 체계와 내용 ❘ 226
2. 中正之道와 中庸之道 ❘ 228
3. 中庸之道와 天命 ❘ 237
4. 天命과 誠 ❘ 249

第八章 結 論 ──────── 263

❘ 찾아보기 ── 270

第一章 序　論

1. 문제의 제기

儒學은 聖人에 의하여 형성되고, 君子에 의하여 실천되는 학문이다. 성인은 天地의 道가 人身된 존재로 인류 역사상에 誕降하여 인간의 삶의 원리인 人道와 그 존재 근거인 천지의 도를 밝혔다.[1] 『周易』에서는 성인이 밝힌 천지의 도와 인도를 공간성을 중심으로 三才之道로 규정하고 있다.[1] 삼재지도는 天地人의 삼재를 일관하는 근본원리로 형이상적 존재이기 때문에 일정한 표상 체계를 통하여 상징적으로 나타낼 수밖에 없다. 성인에 의하여 삼재지도가 상징체계를 통하여 懸象됨으로써 형성된 것이 경전이다. 성인이 경전을 통하여 삼재지도를 밝힌 목적은 군자로 하여금 인도를 자각하여 실천하게 하려는 것이다. 이처럼 성인이 삼재지도를 밝힌 경전을 바탕으로 형성된 학문이 유학이다. 그러므로 유학은 성인에 의하여 형성된 聖學이다.

유학의 학문적 특성은 그것이 성인에 의하여 형성된 성학이라는 점에

---

1) 『周易』 繫辭下篇 第十章, “易之爲書也ㅣ 廣大悉備하야 六者는 非他也라 三才之道也니”

서 분명하게 드러난다. 성인은 천지의 도가 人身된 존재이기 때문에 성인의 말씀은 천지의 말씀이다. 성인을 통하여 천지가 말씀하고, 성인은 천지의 말씀을 말씀하는 것이다. 이러한 유학의 학문적 특성을 나타내는 말이 유학은 長子之學이라는 것이다. 오직 長子만이 조상의 제사를 받들 수 있듯이 유학을 통하여 天意가 드러나는 것이다.

　성인에 의하여 경전이 저작되고, 경전을 근거로 유학이 형성되었음에도 불구하고 한대 이후 지금에 이르기까지의 時義性 때문에 유학의 학문적 특성에 알맞은 문제의식의 설정을 바탕으로 올바른 방향과 방법을 통하여 연구되어지지 못하였다. 한대 이후의 유학사는 생장기에서 장성기에 이르는 과정이기 때문에 그동안 유학의 근거인 경전의 연구가 그 본래 면목을 밝히는 데까지 이르지 못하였던 것이다. 왜냐하면 유학이 출생하여 생장한 동안에는 그 본성이 밝혀지지 않으며, 장성하였을 때 비로소 그 본성이 드러나기 때문이다.

　유학의 본래 면목이 밝혀지지 못하고 있음을 살펴볼 수 있는 단적인 예는 유가의 이상적 인격체인 성인과 군자에 관한 이해이다. 유학의 내용은 人道인 聖人之道와 君子之道로 집약되어진다. 聖統을 따라서 전하여진 성인지도가 집대성됨으로써 선진 유학이 형성되었고, 유학에서 밝히고 있는 내용이 군자지도이다. 따라서 성인과 군자의 본성과 관계를 이해하는 것이 유학의 연구에 있어서 가장 근본적인 문제이다. 그러나 道統을 중심으로 선진 유학의 본래 면목을 다시 밝히고자 하였던 당말의 韓愈나 그의 유학 부흥의 뜻을 계승한 송대의 二程이 제기한 道統說 그리고 程子의 도통설을 계승한 朱子의 도통설 역시 그 존재 근거인 易道를 중심으로 이해되어진 것이 아니다. 그렇기 때문에 도통과 學統을 혼동하고, 성인과 군자를 혼동하고 있다. 오늘날의 유학자들 역시 성인과 군자를 역사적 사명에 따라서 엄격하게 구분하여 이해하지 않고 성인은 이상적 인격체일 뿐 실현이 불가능한 존재이며, 군자보다 德位가 약간 높은 존재라는 정도로 이해하고 있을 뿐이다.

장성기에서 성가기로 넘어가는 현대의 시의성은 유학의 존재 근거가 闡明됨으로부터 그 단서를 찾을 수 있다. 천지와 만물의 존재 근거가 되는 근원적 존재의 존재 원리가 역도이며, 역도를 학문적 과제로 형성된 학문이 易學[2]이다. 따라서 역학을 근거로 유학이 형성되었다고 할 수 있다. 그런 점에서 보면 儒學史와 易學史는 유기적 관계를 갖고 전개된다고 할 수 있다. 따라서 유학의 본래 면목이 밝혀지기 위해서는 그 존재 근거인 역도의 본래 면목이 밝혀져야 한다.

역학은 易經[3]이라는 경전을 근거로 형성된 학문이다. 그렇기 때문에 역학의 연구는 역경의 연구를 통하여 이루어진다. 역학사의 측면에서 보면 선진 시대에는 『周易』이라는 인도 중심의 역경이 저작됨으로써 학문으로서의 역학이 포태되어지는 시기이며, 한대 이후는 『주역』을 바탕으로 역학이 출생하여 생장하고 장성하는 시기이다. 역학의 장성기에 천도를 중심으로 역도를 천명한 경전인 『正易』이 저작됨으로써 비로소 역도의 전모가 밝혀지게 되었다.

천도를 천명한 역경의 저작은 유가의 존재 근거가 분명하게 밝혀졌음을 뜻한다. 유학의 존재 근거가 밝혀졌기 때문에 유학의 연구는 그 존재 근거인 천도를 바탕으로 새롭게 연구하여 그 본래 면목을 밝혀야 한다.

---

2) 天地와 萬物의 존재 근거가 되는 근원적 존재가 易道이며, 易道의 본래적 의의를 드러내어 밝히는 學問이 易學이다. 그렇기 때문에 『周易』에서는 형이상적 존재를 易道로 규정하여 易學이 形而上學임을 분명하게 밝히고 있다. 따라서 이 책에서 사용하는 易學이라는 개념은 형이하적 관점에서 논의되는 天文學이나 運命論과 전혀 다른 차원에서 논의됨을 분명하게 밝힌다.

3) 일반적으로 『周易』을 易經으로 부르기도 하고, 『周易』의 卦爻와 卦爻辭를 十翼과 구분하여 十翼을 易傳 그리고 卦爻와 卦爻辭를 易經으로 부르기도 한다. 그러나 易經은 易道를 闡明한 經典이라는 의미를 담고 있는 개념이라고 할 수 있다. 그렇기 때문에 이 책에서는 天道를 중심으로 易道를 闡明한 『正易』과 人道를 중심으로 易道를 闡明한 『周易』의 두 經典을 가리킬 때 易經이라고 부르고, 각각의 易經을 가리킬 때는 『正易』, 『周易』으로 부르기로 한다.

유학은 경전을 바탕으로 형성된 학문이기 때문에 그 본래 면목을 다시 밝히는 문제는 경전의 새로운 이해를 통하여 이루어진다. 그것은 기존의 방법과 다르다는 점에서 새롭다는 것이 아니라 경전이 갖고 있는 성격에 알맞은 연구 방향과 방법을 통하여 경전을 이해함을 뜻한다. 유가의 경전이 근원적 존재의 존재 진리를 담고 있다는 점에서 근원적 존재 자체의 성격에 알맞은 연구 방향과 방법을 통하여 경전을 연구하여 잃어버렸던 본래 면목을 다시 밝혀야 한다.

유학의 경전이 올바로 이해되어지지 못한 결과 유학의 본래 면목이 밝혀지지 않았다는 문제는 유학이라는 하나의 학문에 한정된 문제가 아니다. 유학은 天意가 人身된 존재인 성인에 의하여 형성된 학문으로 인간의 본성과 그 존재 근거인 천지의 본성을 밝히고 있다. 따라서 유학의 본래 면목의 상실은 인간의 본성과 그 존재 근거인 천지의 본성을 상실하였음을 의미한다. 그것은 인간이 자신의 본래 지평을 상실하였음을 뜻하는 동시에 인류의 미래가 상실되었음을 뜻한다. 왜냐하면 인류 역사상에 나타난 진정한 의미의 형이상학이자 철학으로서의 유학이 올바른 위상을 찾지 못하면 인류의 역사는 더 이상 진전될 수 없기 때문이다.

유학의 본래 면목의 상실은 道家와 佛家를 비롯한 동양 사상의 본래 면목의 상실을 의미한다. 왜냐하면 유학은 長子之學이며, 다른 학문은 弟子之學이기 때문이다. 이를 儒佛道 三家 哲學의 특성을 중심으로 살펴보면 道家는 만물의 존재 근거가 되는 근원적 존재인 道를 중심으로 그것을 자각하는 원리를 논하고 있으며, 佛家는 근원적 존재의 자각의 문제를 인간 본래성인 佛性을 중심으로 논하고 있다. 이처럼 道家와 佛家의 근본 문제가 道의 자각, 인간 본래성의 자각이라는 자각이기 때문에 天地의 道와 그것을 바탕으로 형성된 인간 본래성 자체를 드러내어 밝힘으로써 인간 삶의 원리를 밝히고 있는 유학을 통하지 않고서는 이론이 성립될 여지가 없다. 그렇기 때문에 유학의 본래 면목의 상실은 도가와 불가

의 본래 면목의 상실과 직결되는 것이다.[4]

유학이 그 본래 면목을 되찾아서 학문으로서의 제 기능을 다 해야 할 필요성은 오늘날의 국제 사회가 안고 있는 문제들을 살펴보면 분명하게 드러난다. 오늘날 국제 사회는 자연의 파괴와 환경의 오염으로 인간의 생명 자체가 위협을 받는 상태에 직면하고 있을 뿐만 아니라 과학의 발달로 생명 자체에 관한 연구가 깊어지면서 인간을 복제할 수 있게 되어 그에 따라서 발생하는 인간 정체성의 상실과 윤리적 문제를 안고 있다. 이러한 여러 가지 문제는 인간으로서의 내가 어떤 존재인가라는 인간 본성의 문제와 인간의 존재 근거인 천지의 본성의 문제를 떠나서 해결되어질 수 없다. 인간의 본성과 천지의 본성이 밝혀질 때 그 관계가 밝혀질 수 있고, 그것이 밝혀졌을 때 비로소 천지와 만물 그리고 인간을 어떻게 대할 것인가라는 삶의 원리가 해결되어지는 것이다. 따라서 물질문명이 극도로 발달한 오늘이야말로 유학을 통하여 인간이 자신의 자아를 찾아서 주체적으로 살아가는 삶의 지혜가 절실하게 요청되는 때이다.

---

4) 이는 儒家 哲學이나 易學만이 獨尊한다거나 유가 철학만이 가장 근본적이고 價値가 있는 철학이라는 排他的 관점에서 논하는 것이 아니다. 儒家와 佛家, 道家 哲學은 동일한 근원적 존재를 바탕으로 학문적 관점에 따라서 이론 체계가 다르게 나타나고, 그것이 학문의 측면에서는 固有性과 더불어 학문적 使命의 차이로 드러나게 됨을 밝힌 것이다. 따라서 儒佛道 三家 哲學이 모두 나름대로의 存在 意義를 갖고 있음은 당연한 것이다. 長子와 弟子라는 개념 역시 인격적 관계를 나타내는 개념이기 때문에 그 세계는 같으며, 오직 주어진 使命에 차이가 있을 따름이다. 그렇기 때문에 형이하적 관점에서 오직 長子만이 존재 의의가 있다거나 弟子만이 존재 의의가 있다는 思考는 偏向된 것이다. 『正易』에서는 "道乃分三理自然 斯儒斯佛 又斯仙"하여 易道의 관점에서 儒家와 佛家 그리고 道家를 會通시켜서 논하고 있다.

2. 漢代 이후의 四書 연구에 대한 검토

한대 이후의 사서의 연구 경향은 經學史를 통하여 알 수 있다. 경학은 경전을 연구 대상으로 하는 학문이다. 그렇기 때문에 경학사는 경전이 생성되고, 전승되며, 발전해 가는 역사라고 할 수 있다. 경전이 생성됨으로써 경학이 태동되는 先秦을 거쳐서 한대에 이르면 逸失된 경전들을 수집하여 정리하고 훈고하는 작업을 중심으로 경학이 출생하였고, 송대에 이르러서는 경전들을 일관하는 근본 원리를 중심으로 경전을 이해하는 내용 중심의 연구가 이루어졌으며, 청대에 이르면 한대의 연구를 바탕으로 경전을 연구하는 고증학이 발달하였다.

경학사의 흐름과 더불어 이루어진 사서의 형성 과정을 보면 다음과 같다. 『論語』는 공자의 제자들에 의하여 기록된 것으로 본래 魯論과 齊論, 古論이 있었다. 전한의 말기에 張禹가 魯論을 중심으로 齊論을 참고하여 二十篇으로 刪定하였는데 그것이 오늘날 전하여진 『논어』이다. 『孟子』는 맹자의 언론을 기록한 책으로 맹자의 제자들에 의하여 기록된 것으로 여겨진다. 『맹자』는 본래 七篇이었으나 漢의 趙岐에 의하여 上下篇으로 나누어졌다. 오늘날 전하여진 七篇은 「孟子內篇」으로 그밖에 性善辨, 文說, 孝經, 爲政의 「孟子外書」가 있었으나 趙岐에 의하여 제거되어 오늘날에는 전하여지지 않고 있다. 『大學』과 『中庸』은 본래 『禮記』에 속하였으나 韓愈에 의하여 주목받기 시작하였고, 李翺 역시 『중용』을 중요하게 여겼다. 송대에 이르러서는 程子에 의하여 『논어』, 『맹자』와 더불어 並稱하게 되었으며, 朱子는 『논어』, 『맹자』와 『대학』, 『중용』을 사서로 규정하고 『四書集註』를 지어서 공자, 자사, 증자, 맹자로 이어지는 道統을 확립하였다. 명대의 王陽明은 朱子가 編次를 달리하고 내용을 보충한 『大學集註』의 내용을 비판하면서 『古本大學』을 중시하여 그것을 중심으로 새로운 해석을 가하여 자신이 직접 맹자의 사상을 계승한 정통임을 주장하였다.

사서의 형성 과정을 보면 선진 시대에 형성된 경전들이 전승되는 과정에서 일부의 내용이 사라지거나 바뀌고 순서가 섞이는 일이 일어나자 한대에 이르러서 字句와 文章을 중심으로 연구하여 그것을 형식적 측면에서 고정하였고, 송대에 이르러서는 사서를 일관하는 내용을 추출하고 그것을 바탕으로 사서의 위상을 확정하게 되었음을 알 수 있다. 이러한 사서의 형성 과정에서 나타나듯이 사서의 연구는 자구와 문장의 연구가 중심이 된 한대의 訓詁學, 청대의 考證學과 내용의 연구가 중심이 된 송대의 義理學으로 구분할 수 있다.

한대의 훈고학과 송대의 의리학은 그 시대적 상황에 의하여 이루어진 학문의 연구 경향이다. 경전의 형식 자체가 고정되지 않으면 안 되기 때문에 그것을 위하여 훈고학이 형성되었고, 고정된 경전을 바탕으로 내용을 연구하기 위하여 의리학이 형성될 수밖에 없었던 것이다. 그렇다면 경전 연구에 있어서 오늘날의 시대적 상황이 어떠한가가 문제이다. 사실 송대 이후의 사서의 연구는 별로 진전된 것이 없다. 元明代는 주자의 集註를 중심으로 사서의 연구가 이루어졌고, 청대는 한대의 훈고학으로 다시 회귀하였다. 오늘날에도 사서의 연구에 있어서 주자의 집주는 지대한 영향을 미치고 있다.

주자는 성통을 근거로 사서가 유학의 경전임을 논증하였다. 그는 「中庸序文」에서 "上古로부터 聖神이 繼天立極하여 道統이 전하여졌다."[5]고 말하였을 뿐만 아니라 「大學序文」에서 "伏羲, 神農, 黃帝, 堯, 舜이 繼天立極하였다."[6]고 하여 道統을 伏羲, 神農, 黃帝, 堯, 舜으로 규정하였다. 이는 공자가 『주역』[7]을 비롯하여 『書經』과 『논어』에서 밝힌 내용이다.

---

5) 朱子, 「中庸序文」, "蓋自上古 聖神繼天立極而道統之傳 有自來矣"
6) 朱子, 「大學章句序」, "此伏羲神農黃帝堯舜所以繼天立極"
7) 『周易』, 繫辭下篇 第二章, "古者包犧氏之王天下也애 仰則觀象於天하고 俯則觀法於地하며 觀鳥獸之文과 與地之宜하며 近取諸身하고 遠取諸物하야 於是애 始作八卦하야 以通神明之德하며 以類萬物之情하니 作結繩而爲網罟하야 以佃以漁하니

그는 또한 道統을 따라서 전하여진 聖人之道의 내용을 논하면서 堯는 "允執厥中"이라고 하였고, 舜은 "人心惟危 道心惟微 惟精惟一 允執厥中"이라고 하였다8)고 하였다. 주자는 聖人之道의 내용을 "執中"으로 규정하고 그 傳授 系統인 道統을 공자에서 顔子, 曾子, 子思, 孟子, 程子로 규정하였던 것이다.9) 이처럼 도통과 전수 내용을 밝힌 후에 『중용』을 예로 들어서 " '天命之謂性'은 道心을 가리키며, '澤善固執之'는 精一을 가리키고, '君子時中'은 執中을 가리킨다"10)고 하였다. 이처럼 『중용』이 도통을 따라서 전하여진 聖人之道의 내용을 담고 있기 때문에 그것이 유학의 경전이라고 논증하였던 것이다.

蓋取諸離하고 包犧氏沒커늘 神農氏作하야 斲木爲耜하고 揉木爲耒하야 耒耨之利로 以敎天下하니 蓋取諸益하고 日中爲市하야 致天下之民하며 聚天下之貨하야 交易而退하야 各得其所케하니 蓋取諸噬嗑하고 神農氏沒커늘 黃帝堯舜氏作하야 通其變하야 使民不倦하며 神而化之하야 使民宜之하니 易이 窮則變하고 變則通하고 通則久 l 라. 是以自天佑之하야 吉无不利니 黃帝堯舜이 垂衣裳而天下治하니 蓋取諸乾坤하고 刳木爲舟하고 剡木爲楫하야 舟楫之利로 以濟不通하야 致遠以利天下하니 蓋取諸渙하고 服牛乘馬하야 引重致遠하야 以利天下하니 蓋取諸隨하고 重門擊柝하야 以待暴客하니 蓋取諸豫하고 斷木爲杵하고 掘地爲臼하야 臼杵之利로 萬民이 以濟하니 蓋取諸小過하고 弦木爲弧하고 剡木爲矢하야 弧矢之利로 以威天下하니 蓋取諸睽하고 上古앤 穴居而野處 l 러니 後世聖人이 易之以宮室하야 上棟下宇하야 以待風雨하니 蓋取諸大壯하고 古之葬者는 厚衣之以薪하야 葬之中野하야 不封不樹하며 喪期 l 无數 l 러니 後世聖人이 易之以棺槨하니 蓋取諸大過하고 上古앤 結繩而治러니 後世聖人이 易之以書契하야 百官이 以治하며 萬民이 以察하니 蓋取諸夬나라

8) 朱子, 「中庸章句序」, "其見於經則允執厥中者 堯之所以授舜也 人心惟危 道心惟微 惟精惟一 允執厥中者 舜之所以授禹也 堯之一言 至矣盡矣 而舜復益之以三言者 則所以明夫堯之一言 必如是而後 可庶幾也"

9) 朱子, 「中庸章句序」, "若吾夫子 則雖不得其位 而所以繼往聖 開來學 其功 反有賢於堯舜者 然當是時 見而知之者惟顔氏曾氏之傳 得其宗 及其曾氏之再傳 而復得夫子之孫子思 則去聖遠而異端起矣 子思懼夫愈久而愈失其眞也 於是 推本堯舜以來相傳之意 質以平日所聞父師之言 更互演繹 作爲此書..自是而又再傳 以得孟氏 爲能推明是書 以承先聖之統 及其沒而遂失其傳焉"

10) 朱子, 「中庸章句序」, "故 其說之也詳 其曰 天命率性 則道心之謂也 其曰 擇善固執 則精一之謂也 其曰 君子時中 則執中之謂也"

주자가 성인지도의 전승 계통인 성통을 근거로 사서가 선진 유학의 경전임을 논증하였다는 점에서는 그 방법이 올바른 것이라고 할 수밖에 없다. 그러나 주자가 사서를 유학의 경전으로 확정하기 위하여 그 근거로 제시한 도통설과 도통을 따라서 전하여진 성인지도의 내용이 올바른 것인가의 문제는 여전히 남는다.

주자는 도통을 그 존재 근거인 易道를 바탕으로 이해하지 못하였다. 그 결과 道統과 學統을 엄밀하게 구분하지 못하고 혼동하였다. 도통과 학통의 혼동은 성인과 군자를 분명하게 구분하지 못하였음을 뜻한다. 도통은 오직 성인만이 참여할 수 있으며, 성인지도를 계승하는 군자는 학통에 참여할 수 있을 뿐이다. 그럼에도 불구하고 학통에 참여하였을 뿐 성통에 참여하지 못한 顔子와 曾子, 子思, 孟子, 程子를 성인과 함께 논하면서 양자를 분명하게 구분하여 밝히지 않았다.[11]

주자가 도통과 학통을 혼동한 근본적인 문제는 성인지도의 내용을 올바로 이해하지 못하였기 때문이다. 『서경』과 『논어』에서는 성통을 따라서 전하여진 성인지도의 내용을 曆數原理로 규정하고 있다. 『서경』과 『논어』에서는 堯가 舜에게 전하고, 舜이 禹에게 전하여준 성인지도의 내용을 논하면서 "天之曆數 在爾躬"이라고 하여 천도인 역수원리가 인간의 본성으로 주체화하였음을 밝히고 있다. 이는 "允執其中"의 존재 근거를 논한 것으로 "允執其中"은 인간 본성의 자각을 통하여 天의 역수원리를 자각함을 뜻한다. 따라서 "允執其中"은 "天之曆數 在爾躬"을 떠나서 논의되어질 수 없는 문제이다. 그럼에도 불구하고 朱子는 "天之曆數在爾躬"을 運命論的 관점에서 이해하여 聖人之道의 내용에서 배제하였다.[12]

---

11) 聖統과 聖人 그리고 曆數原理의 관계에 관하여서는 拙稿, 「曆數聖統原理」를 참고하기 바란다.

12) 朱子는 『論語集註』에서 "天之曆數 在爾躬 允執厥中 四海困窮 天祿永終"에 대하여 "此 堯命舜而禪以帝位之辭 咨 嗟歎聲 曆數 帝王相繼之次第 猶歲時氣節之先後也 允信也 中者無過不及之名 四海之人困窮 則君祿亦永絶矣 戒之也"라고

주자가 성통을 논하고, 성인지도를 논하면서도 천도의 내용인 역수원리를 배제하였다는 것은 존재 근거 자체를 배제하고 성통, 성인지도를 논하였음을 뜻한다. 천도의 내용인 역수원리를 근거로 성통을 고찰하지 않으면 그 본래 면목이 밝혀지지 않을 뿐만 아니라 바르지 못한 성통을 근거로 사서의 내용을 연구하면 그 본래 면목이 밝혀지지 않는다. 주자를 비롯한 기존의 학자들에 의한 사서의 연구는 존재론적 관점에서 연구되어지지 못한 한계를 안고 있었던 것이다. 그것은 기존의 학자들이 君子之道 자체를 중심으로 사서를 연구하지 못하였음을 뜻한다.13)

3. 四書 연구의 새로운 방향과 방법

앞에서 살펴본 바와 같이 삼경과 사서가 한대에 이르러서 전승 과정을 거치면서 逸失되고 흐트러졌던 형식적 측면이 갖추어지고, 송대에 이르러서 내용을 중심으로 본격적인 연구가 이루어지면서 비로소 유학의 경전으로서의 학문적 위상이 확정되었다.

그런데 朱子에 의하여 사서의 위상이 정립되는 과정에서 도통과 성인지도의 내용에 관한 이해가 부족하여 道統을 올바르게 제시하지 못하였을 뿐만 아니라 聖人之道의 내용 역시 올바로 제시하지 못하였다. 따라

하였다.

13) 필자가 朱子를 비롯한 기존의 유학자들의 四書 연구의 방향과 방법을 비판하는 것은 기존의 학자들에 의하여 이루어진 연구 성과의 가치를 부정하는 것이 아니다. 본래 과거가 없는 현재는 존재하지 않으며, 현재가 없는 미래는 존재하지 않는다. 미래가 과거로 나타나고, 과거는 미래를 향하여 흘러간다. 그렇기 때문에 현재 가운데 과거와 미래가 합덕되어 있다. 이러한 현재의 관점에서 과거와 미래를 조명하여 기존의 연구 성과의 의의와 앞으로 이루어져야 할 연구 방법을 모색하려는 것이 이 책의 목적이다.

서 주자의 사서에 관한 경전으로서의 학문적 위상 정립은 불완전했다고 할 수밖에 없다. 주자가 성인지도의 내용을 올바로 이해하지 못하였을 뿐만 아니라 도통 역시 올바로 이해할 수 없었던 것은 유학의 존재 근거인 역도에 관한 이해가 올바로 이루어지지 못하였기 때문이다. 유학은 성통을 따라서 탄강한 성인에 의하여 형성된 聖學으로 그 존재근거는 역학의 학문적 탐구 과제인 역도이다. 성통을 따라서 탄강한 성인이 자신의 존재 근거인 역도를 밝힘으로써 역학이 형성되었고, 역도를 존재 근거로 선진 유학이 형성되었던 것이다.

성인이 역도를 闡明한 방법은 경전의 저작이다. 易道는 그 원리적 측면을 중심으로 말씀을 통하여 밝힐 수밖에 없다. 그러나 말씀은 시공상의 한계를 갖기 때문에 그것을 넘어서기 위해서는 경전을 저작할 수밖에 없고, 그렇기 때문에 성인은 경전을 저작하여 자신의 존재 근거인 역수원리를 闡明한 것이다.

성인이 자신의 존재 근거를 밝히기 위하여 저작한 경전은 易經이다. 성인은 역경을 통하여 자신의 존재 근거인 천지의 道를 闡明하는 동시에 인도 역시 闡明할 뿐만 아니라 천지의 道에 근거하여 이루어진 聖統 역시 천명한 것이다. 따라서 성통과 그 존재 근거인 역수원리의 올바른 이해는 역경의 올바른 이해를 통하여 이루어진다.

사서를 유학의 경전으로 확정한 주자 역시 자신의 학문적 연원을 역경에 두었기 때문에 역경을 연구하였다. 그는 한대와 송대에 형성된 象數 易學과 義理 易學을 집대성하여 『易學啓蒙』을 저작하였을 뿐만 아니라 『주역』을 주석한 『周易本義』를 저작하였고, 그 과정에서 河圖와 洛書의 圖象을 확정하였다. 그런 점에서 易學史, 더 나아가서 儒學史에 있어서 주자의 공헌은 지대하다고 하지 않을 수 없다. 공자는 역수원리가 역도의 근본 내용임을 『서경』과 『논어』 그리고 『주역』을 통하여 밝히고 있다. 그러나 공자 자신은 천도인 역수원리 자체를 闡明할 天命[14]이 주어지지 않았기 때문에 그 구체적인 내용을 밝히지 않았다. 그것이 공자가 천도를 자각하지 못하였음을 뜻하는 것은 아니다. 만약 천도를 자각하지 못하였다면 천도에 근거한 인도를 밝힐 수 없었을 것이다. 『주역』뿐만 아니라 나머지 三經과 四書 역시 인도가 중심주제이지 천도가 중심주제가 아니기 때문에 三經과 四書에서는 천도의 구체적인 내용을 밝히고 있지 않은 것이다.

그러나 역도는 천명을 부여받은 성인이 아니면 그것을 천명할 수 없다. 성인은 역도 자체를 천명할 천명을 부여받은 존재이기 때문에 聖統에 참여한 성인에 의하여 역도가 밝혀지게 된다. 따라서 천도를 밝힌 천명을 부여받은 성인에 의하여 천도를 밝힌 역경이 저작되기 전에는 천도가 밝혀질 수 없다. 그렇기 때문에 朱子가 인도만을 밝힌 삼경과 사서를 아무리 연구하여도 천도의 내용을 밝힐 수 없었던 것이다. 그런 점에서 보면 역경을 올바로 이해하지 못한 것은 주자 자신의 문제가 아니라 역도 자체의 문제라고 하지 않을 수 없다. 주자는 천도가 闡明된 역경이 쓰이기 이전에 존재하였기 때문에 천도를 자각할 수 없었던 것이고, 그렇기

---

14) 儒家 哲學과 다른 哲學의 차이는 天命에서 가장 극명하게 드러난다. 따라서 天命의 이해는 儒家 哲學을 이해하는 關鍵이다. 天命은 天道를 인간 주체적으로 自覺하였을 때 비로소 밝혀지는 개념이다. 따라서 天命은 理性的 思考에 의하여 그 의미가 밝혀지지 않는다. 天命은 天道의 인간 주체적 自覺을 통하여 밝혀지는 존재이기 때문에 天道의 내용인 時義性, 時間性과 관련이 있다. 時義性은 그 시대를 살아가는 모든 인간에게는 보편적으로 주어지는 天命이 되고, 그것이 空間化된 사회적 측면에서는 개체적 존재가 근거로 해야 할 삶의 原理가 된다. 그렇기 때문에 聖人이 서로 다른 시대에 태어났다는 것은 서로 다른 天命을 부여받았음을 뜻한다. 이처럼 天命이 이성적 사고를 통하여 밝혀지지 않는 존재임에도 불구하고 이성적 思考를 통하여 天命을 이해하고자 할 때 運命과 混同하는 결과를 낳게 된다. 朱子가 "天之曆數 在爾躬"을 運命論的 측면에서 이해한 경우가 그 대표적인 예이다. 오늘날의 儒學者들도 天命을 올바로 이해하지 못하고 運命과 混同하여 天命이 인간의 自由 意志와 양립이 불가능한 개념으로 오해하고 있다. 인간은 자신의 존재 근거인 天命을 自覺하고 그것을 主體性으로 하여 삶을 살아갈 때 비로소 自由人이 되며, 그러한 自由人을 君子라고 한다.

때문에 도통과 그 근거인 聖人之道의 내용을 올바로 이해할 수 없었던 것이다.

그러나 지금은 천도의 내용인 曆數原理를 闡明한 경전이 쓰인 이후이다. 따라서 지금의 時位는 천도의 이해를 바탕으로 인도를 해석하여 그 본래 면목을 다시 밝힐 수 있는 때이다. 그것은 바꾸어 말하면 지금 역도를 연구하는 학자들에게 천도를 闡明한 역경의 연구를 바탕으로 인도를 闡明한 역경을 연구하고 그것을 근거로 人道 중심의 삼경과 사서의 본래 면목을 다시 밝혀내야 할 역사적 사명이 주어졌음을 뜻한다.

天道를 闡明한 역경과 人道를 闡明한 역경이 저작됨으로써 유학의 존재 근거가 밝혀졌기 때문에 그것을 바탕으로 유학의 본래 면목을 밝혀내는 것이 가능하다고 할지라도 역경과 그것을 바탕으로 형성된 유학의 경전을 연구하는 방향과 방법을 어떻게 설정할 것인가의 문제는 그대로 남는다. 비록 인도와 천도를 밝힌 역경이 쓰였다고 할지라도 오늘날의 학자들에게는 그것을 어떻게 연구할 것인가라는 연구 방향과 방법의 문제는 고스란히 남아있는 것이다. 학문의 측면에서 보면 주자가 역경을 비롯하여 사서의 본래 면목을 유감 없이 모두 드러내지 못하였던 것도 학문의 연구 방향과 방법이 잘못되었기 때문이다.

사서의 연구 방향과 방법은 사서 자체에서 밝히고 있을 뿐만 아니라 사서의 존재 근거인 역도를 闡明한 역경에서도 밝히고 있다. 그것은 역경을 저작한 성인이 스스로의 경험을 통하여 제시한 학문의 방법을 통하여 사서를 연구해야 함을 뜻한다. 주자를 비롯한 후대의 학자들이 『서경』과 『논어』에서 "天의 曆數原理가 인간의 本來性으로 主體化하였으니 진실로 네 본래성을 자각하라(天之曆數 在爾躬 允執其中)."고 하였음에도 불구하고 "네 본래성을 자각하라"는 "允執其中"만을 공자가 전한 聖人之道의 내용으로 규정한 것은 "天之曆數 在爾躬"을 올바로 이해하지 못하였기 때문이다. 주자는 "天之曆數 在爾躬"을 形而下的 관점에서 이해하여

"曆數는 帝王의 位가 서로 繼承되어지는 차례로 歲時記節의 先後와 같다."15)고 하였다. 이는 천도의 내용인 曆數原理를 천문학적 관점에서 이해한 결과이다. 그것은 과학적 관점에서 연구해서는 안될 문제를 과학적 관점에서 연구한 결과인 것이다.

『주역』에서는 역도가 형이상자임을 분명하게 밝히고 있다. 형이상적 존재는 형이하의 현상 사물과 엄격하게 구분되어지는 존재이다. 따라서 역도를 밝혀내기 위해서는 현상 사물과 다른 연구 방법을 통하여 연구하여야 한다. 현상 사물에 나아가서 그 속성을 연구하여 역도를 밝히고자 해서는 안되며, 오직 역도 자체를 문제로 삼아서 그 본래적 의의를 밝혀야 한다. 이처럼 역도가 형이상적 존재이기 때문에 그것을 바탕으로 저작된 사서의 내용 역시 형이상적 존재의 존재 원리이다. 따라서 사서의 연구 역시 인간의 심성 밖에 존재하는 현상 사물적 차원에서 연구되어서는 안 된다.

형이상적 존재인 역도는 도덕성을 본성으로 한다. 그렇기 때문에 형이상적 존재는 도덕적 존재이다. 형이상의 도덕적 존재는 도덕성을 본성으로 하는 인격적 존재인 인간의 심성 내면을 통하여 밝혀진다. 그러므로 역도를 밝혀내기 위해서는 현상 사물을 향하여 달려가서 그 본질을 밝혀내서는 안 된다. 왜냐하면 사물은 형이하적 존재이기 때문에 아무리 사물의 속성을 연구하여도 그 존재 근거인 역도는 밝혀지지 않기 때문이다. 역도의 연구는 오직 현상 사물의 세계가 아닌 인간의 심성 내면의 세계에서 이루어져야 한다. 따라서 사서의 연구 방향은 인간의 심성 내면이지 대상 사물의 세계가 아니다.

사서의 연구가 인간의 심성 내면을 중심으로 이루어진다는 연구 방향이 설정되었다면 그 이후에는 올바른 연구 방법이 설정되어야 한다. 역도의 연구는 형이상적 존재를 인간 주체적으로 자각하는 방법을 통하여 이

---

15) 朱子, 『論語集註』, "曆數 帝王相繼之次第 猶歲時氣節之先後也"

루어진다. 天地의 道를 인간 주체적으로 자각하는 것이 역도의 연구 방법인 것이다. 천지의 도의 인간 주체적 자각은 성인이 역경을 통하여 闡明한 천지의 道를 궁리하여, 그것을 자신의 본래성과 일체화시켜서 자각함으로써 자신의 역사적 사명을 자각함이다.[16] 인간이 자신의 본래성을 자각하는 것과 더불어 천도를 자각함으로써 그것을 人道로 자각함이 역도의 연구 방법인 천도의 인간 주체적 자각이다. 그것을 『주역』에서는 천지의 본성을 자각하여 신명한 덕에 통한다[17]고 하였다.

역도의 연구 방법이 천도의 인간 주체적 자각이기 때문에 유학의 경전인 사서의 연구 방법 역시 천도의 인간 주체적 자각이다. 사서는 인도를 중심으로 역도를 천명하고 있기 때문에 그것의 올바른 이해는 자신의 본래성의 자각과 더불어 천지의 道를 자각하여 자신에게 주어진 역사적 사명을 자각해야 한다. 그 구체적인 방법은 사서에서 제시한 이치를 연구하는 窮理를 통하여 그것을 자신의 본성과 일체화시켜서 자각하는 盡性을 거침으로써 자신에게 주어진 天命을 자각하는 至命이 되어야 한다. 『논어』에서는 천명을 자각하지 못하면 군자가 될 수 없다[18]고 하였고, 『중용』에서는 天命을 군자의 본성으로 규정하여 본성을 자각하면 천명을 자각하게 됨[19]을 밝히고 있다.

사실 窮理를 통하여 자신의 본성을 자각하고 더불어 天命을 자각하는 천도의 인간 주체적 자각의 문제는 『주역』에서 뿐만 아니라 사서에서 이미 밝힌 내용이다. 그리고 『주역』을 바탕으로 선진 유학을 연구하는 방법도 이미 제시되어진 것이다. 그럼에도 불구하고 천도의 내용과 성격을 분명하게 파악하지 못하였기 때문에 사서 연구 역시 한계를 갖게 되었던 것이다. 그것은 천도를 근거로 인도를 연구하지 못하였음을 뜻한다. 기존

---

16) 『周易』 說卦 第一章, "和順於道德而理於義하며 窮理盡性하야 以至於命하나니라"
17) 『周易』 繫辭下篇 第十二章, "以體天地之撰하며 以通神明之德하니"
18) 『論語』 堯曰篇, "子曰 不知命 無以爲君子也"
19) 『中庸』 第一章, "天命之謂性 率性之謂道"

의 사서에 관한 연구의 한계를 천도를 중심으로 살펴보면 기존의 사서의 연구는 역생도성의 관점에서 이루어졌을 뿐 도생역성의 관점에서 이루어지지 못하였을 뿐만 아니라 역생도성과 도생역성의 관점을 종합하여 양자의 관계를 중심으로 이해되어지지 못하였음을 뜻한다. 『주역』에서는 역생도성의 관점을 버리고 도생역성의 관점을 취하여야 역도를 자각할 수 있음을 분명하게 밝히고 있다.[20] 그것은 역생도성의 관점에서만 역경을 연구하면 역도가 밝혀지지 않으며, 도생역성의 관점에서 연구할 때 비로소 역도가 밝혀짐을 나타낸 것이다.

역생도성의 관점에서 인도를 나타내면 학문을 통하여 인간 본래성을 자각하는 것이 중심 문제가 된다. 그런데 인간은 스스로 자신이 자신의 존재 근거가 되는 것이 아니라 천도가 인간의 본래성으로 주체화한 것이다. 따라서 역생도성의 관점에서 학문을 통하여 인간 본래성을 자각하는 문제는 도생역성의 관점에서 천도가 인간의 본래성으로 주체화하는 문제를 떠나서 논의되어질 수 없을 뿐만 아니라 이루어질 수 없다. 만약 역생도성의 관점에서 궁리를 한다면 대상적 존재인 이치를 자신의 의식에 내면화함에 그치거나 한 단계 내면화하여 자신의 본래성을 자각함으로 그칠 수 있다. 그러나 도생역성의 관점에서 보면 인간 본래성은 주체화한 천도이기 때문에 궁리 자체는 천도의 현현일 따름이다. 그렇기 때문에 도생역성의 관점에서 보면 自覺도 不覺도 없으며, 오직 본래 자신이 이미 自覺되어 있는 완전한 존재임을 알고 자신의 본성인 도덕성을 주체로 살아갈 따름이다. 그렇기 때문에 궁리는 자신의 본성을 발현시키는 盡性이며, 자신에게 주어진 天命을 봉행하는 正命일 따름이다. 그럼에도 불구하고 인간 본래성 자체는 형이상적 존재이지만 그러나 몸을 가진 존재이기

---

20) 『周易』의 水地比卦 九五爻 爻辭인 "九五는 顯比니 王用三驅에 失前禽하며 邑人不誡니 吉토다."에 대하여 小象에서 "象曰顯比之吉은 位正中也일새오 舍逆取順이 失前禽也오 邑人不誡는 上使中也일새라."라고 하였다. 여기서 "舍逆取順"은 逆生倒成 原理를 감싸 안고 倒生逆成 原理를 취함을 밝힌 것이다.

때문에 학문하지 않을 수 없다. 그렇기 때문에 형이상과 형이하의 양면을 중심으로 본체의 관점에서 일체임도 알고 역생도성과 도생역성의 관점에서 구분하여 양자의 관계를 밝혀야 한다. 倒逆의 두 관점을 중심으로 천도의 인간 주체적 자각을 논하면 자각하되 자각함이 없이 자각함이라고 할 수 있다. 자각함이 없음은 도생역성의 관점에서 논한 것이며, 자각함은 역생도성의 관점에서 논한 것이다. 『주역』에서 "易은 생각이 없고, 함도 없어서 고요하여 움직이지 않다가 마침내 천하의 變故에 통한다."[21]고 한 것을 보면 이점을 알 수 있다. 无思, 无爲는 사고와 행위의 거짓된 주체가 사라짐으로서 본성과 契合되어 이루어지는 사고와 행위를 나타낸다. 그것은 비록 사고와 행위를 하더라도 내세울 주체가 없기 때문에 사고하지만 사고함이 없으며, 행위를 하더라도 행함이 없는 것이다. 그것을 고요하여 움직임이 없다고 하였다. 사고하지 않으면서 사고하고, 행하지 않으면서 행하여 학문을 하면 그 결과 천도인 선후천 변화 원리가 밝혀지게 되는데 그것을 感通이라고 하였다.

---

21) 『周易』 繫辭上篇 第十章, "易은 无思也하며 无爲也하야 寂然不動이라가 感而遂通天下之故하나니"

第二章　易學과 儒學

1. 聖人과 儒學

예로부터 儒學이 弟子之學으로서의 다른 학문과 구분하여 長子之學으로 불려왔으며, 그것이 유학의 학문적 특성을 나타내고 있는 말임은 앞에서 논한 바와 같다.

유학을 장자지학으로 규정한 것은 근원적 존재인 天과 유학의 관계가 부모와 장자의 관계임을 밝힌 것으로 장자는 조상에 대하여 제사를 지낼 수 있는 권한을 가진 존재이다. 그것은 장자가 부모의 뜻을 계승하여 봉행하는 존재임을 뜻한다. 『周易』에서는 "長子가 무리를 거느려야 하니 弟子가 주장하면 그것이 아무리 정당할지라도 凶하다"[1]고 하여 長子之學으로서의 유학이 인류의 역사를 이끌어 가는 삶의 정신이 되어야 함을 밝히고 있다.

장자는 부모의 뜻을 그대로 계승한 존재라는 점에서 부모의 뜻을 자각한 존재이다. 이처럼 천지 부모의 뜻을 자각하고 그것을 계승하여 밝힌

---

1) 『周易』 地水師卦 五爻 爻辭, "長子帥師니 弟子興尸하면 貞이라도 凶하리라."

존재가 성인이다. 『正易』에서는 "天地는 一夫의 말을 하고, 一夫는 天地의 말을 말한다."[2]고 하여 성인이 天意를 밝히는 天地의 長子임을 밝히고 있다. 공자도 "아래로 배워서 형이상의 근원적 세계인 天道를 自覺하였으니, 나를 아는 자는 天이다."[3]고 하여 자신이 天의 장자임을 밝히고 있다.

천지의 장자인 성인은 만물의 존재 근거인 인격적 天의 뜻이 人身되어 나타낸 존재이다. 천지의 뜻이 사람의 몸이 되어 인류 역사상에 誕降한 존재가 聖人인 것이다. 그렇기 때문에 『周易』에서는 "天에 근본을 둔 성인은 형이상의 세계와 친하고, 地에 근본을 둔 君子는 형이하의 세계와 친하다."[4]고 하여 성인을 天에 근본을 둔 존재로 규정하고 있다. 성인이 인류 역사상에 誕降한 까닭은 天地의 道와 人道를 밝히기 위함이다. 그렇기 때문에 성인은 자신의 존재 근거인 天地의 道와 人道를 밝히게 되고, 그것을 말씀으로 남긴 경전으로 著作하기도 하고, 직접 정치를 통하여 후세에 실천되어져야 할 이상 세계를 제시하기도 하였다. 『中庸』에서는 "孔子는 堯舜의 道를 祖述하였으며, 文王과 武王의 道를 憲章하였으니 위로는 天道를 法으로 삼았으며, 아래로는 水土를 繼承하였다."[5]고 하여 성인이 천도를 계승하여 천하를 化成시키는 존재임을 밝히고 있다.

성인은 인류 역사상에 繼代 관계를 형성하면서 誕降하여 聖人之道를 전하게 된다. 이러한 聖人之道의 전승 系統을 聖統이라고 한다. 이처럼 聖統을 따라서 전하여진 聖人之道를 근거로 형성된 학문이 유학이다. 그렇기 때문에 공자는 "仲尼는 堯舜의 道를 祖述하였으며, 文王과 武王의 道를 근거로 하여 그것을 드러내어 밝혔다."[6]고 하여 자신이 집대성한

---

2) 金恒 『正易』 十五一言 第九張, "天地는 言一夫言하고 一夫는 言天地言이니라"
3) 『論語』 憲問篇, "子曰 不怨天 不尤人 下學而上達 知我者 其天乎"
4) 『周易』, 重天乾卦 文言, "聖人이 作而萬物이 覩하나니 本乎天者는 親上하고 本乎地者는 親下하나니 則各從其類也ㅣ니라."
5) 『中庸』 第三十章, "仲尼 祖述堯舜 憲章文武 上律天時 下襲水土"

학문의 연원이 堯舜으로부터 文王, 武王을 거쳐서 전하여진 聖人之道임을 밝히고 있다. 따라서 유학은 聖統을 따라서 전하여진 聖人之道를 근거로 형성된 聖學이다.

유학이 聖人之道를 근거로 형성된 성학이기 때문에 그것이 유학의 학문적 특성이 된다. 그렇기 때문에 선진 유학의 대표적 경전인 三經과 四書에서는 언제나 聖統을 중심으로 그 이론을 전개하고 있다.『周易』에서는 伏羲, 神農, 黃帝, 堯, 舜, 禹, 湯, 箕子, 文王, 武王, 周公, 孔子, 一夫의 열세 성인을 중심으로 다음과 같이 聖統을 논하고 있다.

옛날 伏羲가 천하의 王이 되어 천하를 다스릴 때 위로는 天에서 象을 보고, 아래로는 地에서 법칙을 보았으며, 鳥獸의 文彩와 땅의 마땅함을 보고, 가까이는 사람의 몸에서 취하고, 멀리는 만물에서 취하여 비로소 八卦를 그어서 그것을 표상하였다. 八卦는 神明한 德에 통하여 만물을 그 情僞에 따라서 구분하여 표상한 것이다. 노끈을 매어서 그물을 만들어서 짐승을 사냥하고 물고기를 잡았으니 이는 重火離卦(☲)의 原理에서 취한 것이다. 伏羲가 죽자 神農이 나타나 나무를 깎아서 보습을 만들고, 나무를 구부려서 쟁기를 만들어 밭을 갈고 김을 매어서 농사를 짓는 이로움으로 천하를 가르쳤으니 이는 風雷益卦(☴)의 原理에서 취한 것이다. 正午에 시장을 열어서 천하의 백성들을 모이게 하고, 천하의 財貨를 모아서 서로 교환함으로써 각각 필요한 물건을 얻어가도록 하였는데, 이는 火雷噬嗑卦(☲)의 原理에서 취한 것이다. 神農이 죽자 黃帝와 堯舜이 이어서 變化 原理에 통하여 백성들로 하여금 게으르지 못하도록 하였으며, 神明한 德으로 敎化하여 백성들로 하여금 도덕적 세계에서 머물도록 하였다. 曆數는 궁극에 이르면 변하는 것으로 변하기 때문에 막힘이 없이 두루 통하고, 두루 통하는 까닭에 항구하다. 그러므로 天道를 自覺하여 그것에 順應하면 天으로부터 도와서 이롭지 않음이 없다. 이처럼 黃帝와 堯舜이 衣裳을 드리워서 无爲 政治를 행하였으니, 이는 重天乾卦(☰)와 重地坤卦(☷)의 原理를 취한 것이

---

6)『中庸』第三十章, "仲尼　祖述堯舜　憲章文武　上律天時　下襲水土"

다. 나무를 쪼개어서 배를 만들고 나무를 깎아서 노를 만들어 배와 노의 이로움으로써 서로 막혀서 교통하지 못하는 것을 통하게 하여 먼 곳까지 갈 수 있도록 하여 天下를 이롭게 하였으니, 이는 風水渙卦(☴☵)의 原理에서 취한 것이다. 소를 길들이고 말을 타서 무거운 것을 끌어서 멀리까지 운반하여 天下를 이롭게 하였으니, 이는 澤雷隨卦(☱☳)의 原理에서 취한 것이다. 문을 이중으로 만들고 木鐸을 쳐서 사나운 도둑을 막았으니, 이는 雷地豫卦(☳☷)의 原理에서 취한 것이다. 나무를 잘라서 공이를 만들고, 땅을 파서 절구를 만들어, 절구와 공이의 이로움으로 만민이 식생활의 어려움에서 벗어나도록 하였으니, 이는 雷山小過卦(☳☶)의 原理에서 취한 것이다. 나무를 휘어서 활을 만들고, 나무를 깎아서 화살을 만들어 활과 화살의 이로움으로 天下의 질서를 세웠으니, 이는 火澤睽卦(☲☱)의 原理에서 취한 것이다. 옛날에는 동굴에서 살거나 들판에서 생활하였는데, 後世의 聖人이 宮室로 바꾸어서 기둥을 세우고, 지붕을 덮어서 바람과 비를 피하였으니, 이는 雷天大壯卦(☳☰)의 原理에서 취한 것이다. 옛날에 죽은 사람을 처리할 때, 섶으로 말아서 옷처럼 두텁게 하여 들판에 버렸으며, 封墳도 만들지 않고, 주위를 가꾸는 나무도 심지 않았을 뿐만 아니라 喪期도 정하여지지 않았다. 이를 後世의 聖人이 棺槨을 사용하여 葬事를 지내도록 하였으니, 이는 澤風大過卦(☱☴)의 原理에서 취한 것이다. 옛날에는 노끈을 매어서 다스렸는데 後世의 聖人이 글과 문자로 바꾸어서 모든 관리들이 이로써 다스리도록 하여 萬民이 이를 살펴보도록 하였으니 이는 澤天夬卦(☱☰)의 原理에서 취한 것이다.7)

---

7) 『周易』, 繫辭下篇 第二章, "古者包犧氏之王天下也애 仰則觀象於天하고 俯則觀法於地하며 觀鳥獸之文과 與地之宜하며 近取諸身하고 遠取諸物하야 於是애 始作八卦하야 以通神明之德하며 以類萬物之情하니 作結繩而爲網罟하야 以佃以漁하니 蓋取諸離하고 包犧氏沒커늘 神農氏作하야 斲木爲耜하고 揉木爲耒하야 耒耨之利로 以敎天下하니 蓋取諸益하고 日中爲市하야 致天下之民하며 聚天下之貨하야 交易而退하야 各得其所케하니 蓋取諸噬嗑하고 神農氏沒커늘 黃帝堯舜氏作하야 通其變하야 使民不倦하며 神而化之하야 使民宜之하니 易이 窮則變하고 變則通하고 通則久ㅣ라. 是以自天佑之하야 吉无不利니 黃帝堯舜이 垂衣裳而天下治하니 蓋取諸乾坤하고 刳木爲舟하고 剡木爲楫하야 舟楫之利로 以濟不通하야 致遠以利天下하니 蓋取諸渙하고 服牛乘馬하야 引重致遠하야 以利天下하니 蓋取諸隨하고 重門

　　위의 내용은 성통을 六爻 重卦와 연관시켜서 논한 것이다. 『주역』에서
卦爻 原理를 중심으로 성통을 논하고 있는 것과 달리 『정역』에서는 역수
원리를 중심으로 성통을 논하고 있다. 『정역』에서는 "천지의 근원으로부
터 성인이 탄강하였다."[8]고 하였을 뿐만 아니라 "盤古가 작용하니, 天皇
은 함이 없고, 地皇은 德을 싣고, 人皇이 興作한다."[9]고 하여 天地之心이
人身된 존재가 성인임을 밝히고 있을 뿐만 아니라 "역도는 역수원리이니,
역수원리가 없다면 성인이 존재할 수 없다."[10]고 하여 역수원리에 근거
하여 탄강한 존재가 성인임을 분명하게 밝히고 있다. 『서경』에서도 성통
을 따라 전하여진 聖人之道를 중심으로 그것을 정치의 측면에서 밝히고
있다.[11] 공자의 철학을 계승한 맹자 역시 小人之道를 막아서 聖人之道를
후세에 전하는 것을 자신의 사명[12]으로 여기고 자신에게 주어진 사명의

　　擊柝하야 以待暴客하니 蓋取諸豫하고 斷木爲杵하고 掘地爲臼하야 臼杵之利로 萬
　　民이 以濟하니 蓋取諸小過하고 弦木爲弧하고 剡木爲矢하야 弧矢之利로 以威天下
　　하니 蓋取諸睽하고 上古앤 穴居而野處ㅣ러니 後世聖人이 易之以宮室하야 上棟下
　　宇하야 以待風雨하니 蓋取諸大壯하고 古之葬者는 厚衣之以薪하야 葬之中野하야
　　不封不樹하며 喪期ㅣ 无數ㅣ러니 後世聖人이 易之以棺槨하니 蓋取諸大過하고 上
　　古앤 結繩而治러니 後世聖人이 易之以書契하야 百官이 以治하며 萬民이 以察하
　　니 蓋取諸夬니라."

8) 金恒 『正易』 第二張, "天地之理는 三元이니라. 元降聖人하시고 示之神物하시니
　　乃圖乃書로다."

9) 金恒 『正易』 十五一言 第一張, "嗚呼라 盤古化하시니 天皇无爲시고 地皇載德하시
　　고 人皇作이로다."

10) 金恒 『正易』 大易序, "聖哉라 易之爲易이여 易者는 曆也니 無曆이면 無聖이오
　　無聖이면 無易이라"

11) 『書經』은 堯舜으로부터 시작하여 禹湯으로 이어지는 聖統을 중심으로 왕도 정
　　치 원리를 밝힌 경전이다. 大禹謨篇에서는 "天之曆數在汝躬, 汝終陟元后, 人心惟
　　危, 道心惟微, 惟精惟一, 允執厥中, 無稽之言勿聽, 弗詢之謀勿庸, 可愛非君, 可畏
　　非民, 衆非元后何戴, 后非衆罔與守邦, 欽哉, 愼乃有位, 敬修其可願, 四海困窮, 天
　　祿永終"라고 하여 堯舜으로부터 禹에게 전하여진 聖人之道의 내용이 曆數原理
　　를 내용으로 하는 天道의 人間 主體化 原理와 天道의 人間 主體的 自覺 原理임
　　을 밝히고 있다.

12) 『孟子』, 滕文公章句下, "楊墨之道不息 孔子之道不著, 是邪說誣民, 充塞仁義也.
　　仁義充塞, 則率獸食人, 人將相食. 吾爲此懼, 閑先聖之道, 距楊墨, 放淫辭, 邪說者

근거가 성통임을 밝히고 있다.13) 『시경』과 『대학』, 『중용』 등의 유가 경전 역시 성통을 따라서 전하여진 聖人之道를 근거로 논하고 있다.

유학은 천지의 도를 밝힌 聖人之道를 근거로 인간의 삶의 원리인 人道를 밝힌 학문이다. 『서경』에서는 "사람의 본성을 자각하면 明哲하니, 능히 사람을 다스릴 수 있으며, 백성들을 편안하게 함이 은혜를 베푸는 것이니, 백성들을 사랑으로 감싸 안을 수 있다."14)고 하여 자신의 본성을 자각하여 그것을 백성들에게 베푸는 것이 유학의 근본 문제임을 밝히고 있다. 『논어』에서는 유학의 근본 문제를 군자를 중심으로 "자신의 본성을 자각하여 그것을 실천함으로써 백성들을 편안하게 함"15)으로 규정하고 있다.

성인이 경전을 저작하여 유학을 형성한 까닭은 군자를 통하여 천하를 道가 행하여지는 인격적 세계로 化成시키기 위해서이다. 그것은 성인에 의하여 밝혀진 천지의 뜻이 군자에 의하여 실천됨으로써 천의가 행하여지는 인격적 세계를 구축하기 위하여 유학이라는 학문이 형성되었음을 뜻한다. 그렇기 때문에 『주역』에서는 성인이 역경을 저작한 목적이 후세

不得作."

13) 孟子는 滕文公章句下에서 "天下之生久矣, 一治一亂. 當堯之時, 水逆行, 氾濫於中國, 蛇龍居之, 民無所定, 下者爲巢, 上者爲營窟. 書曰, '洚水警余.' 洚水者, 洪水也. 使禹治之. 禹掘地而注之海, 驅蛇龍而放之菹, 水由地中行, 江淮河漢是也. 險阻既遠, 鳥獸之害人者消, 然後人得平土而居之. 堯舜既沒, 聖人之道衰, 暴君代作, 壞宮室以爲汙池, 民無所安息, 棄田以爲園囿, 使民不得衣食. 邪說暴行又作, 園囿汙池 沛澤多而禽獸至. 及紂之身, 天下又大亂. 周公相武王誅紂, 伐奄三年討其君, 驅飛廉於海隅而戮之, 滅國者五十, 驅虎豹犀 象而遠之, 天下大悅. 書曰, '丕顯哉, 文王謨! 丕承者, 武王烈! 佑啓我後人, 咸以正無缺.' 世衰道微, 邪說暴行有作, 臣弑其君者有之, 子弑其父者有之. 孔子懼, 作春秋. 春秋, 天子之事也, 是故孔子曰, '知我者其惟春秋乎! 罪我者其惟春秋乎!' "라고 하여 聖統을 중심으로 왕도 정치 원리를 논하였을 뿐만 아니라 그 밖의 많은 부분에서 聖統을 중심으로 왕도 정치 원리를 논하고 있다.

14) 『書經』 皐陶謨, "知人則哲 能官人 安民則惠 黎民懷之. 能哲而惠"

15) 『論語』, 憲問, "子路問君子 子曰 修己以敬 曰如斯而已乎 曰修己以安人 曰如斯而已乎 曰修己以安百姓 修己以安百姓 堯舜 其猶病諸"

의 군자로 하여금 본성인 性命의 이치에 순응하게 하려는 것16)이라고 하였다. 군자는 성인이 밝힌 천지의 도를 자신의 본래성의 자각과 더불어 주체적으로 자각하여 그것을 현실에서 실천하는 존재이다. 그렇기 때문에 성인에 의한 경전의 저작은 군자를 기르기 위함이라고 할 수 있다. 『주역』에서는 천지는 만물을 기르고, 성인은 군자를 길러서 천지의 은택이 백성들에게 미치게 한다17)고 하여 그 점을 분명하게 밝히고 있다.

유학이 천지의 長子인 성인에 의하여 형성된 聖學이라는 것은 성인에 의하여 天地之心이 밝혀짐으로써 그것이 유학을 형성하였음을 뜻한다. 그것을 학문을 중심으로 이해하면 유학이 근원적 존재의 존재 원리인 천지의 도와 인도를 밝힌 형이상학이자 존재론임을 의미한다. 따라서 유학의 인류사적 의의는 지대하다고 하지 않을 수 없다. 유학의 학문적 위상은 유학과 다른 학문과의 관계를 통하여 보다 분명하게 밝혀진다. 유학과 道家, 佛家의 관계를 살펴보면 유학은 인간의 본성과 그 존재 근거인 천지의 도를 밝히고 있을 뿐만 아니라 그것을 바탕으로 인간의 삶의 원리를 밝히고 있으며, 도가와 불가는 인도를 자각하는 방법을 중심으로 형성된 학문으로 그 중심 문제는 도와 인간 본래성의 자각에 있다. 다만 도가는 도가 중심 문제이며, 불가는 도를 자각하고 실천하는 주체인 인간의 본래성인 佛性이 중심 문제인 점이 다를 뿐이다. 그런데 인도의 근거는 천도에 있을 뿐만 아니라 자각의 문제는 천도가 인간 본성으로 주체화하는 문제를 떠나서 성립될 수 없다. 만약 천지의 도가 인간의 본래성으로 주체화하지 않았다면 인간이 자신의 본성을 자각함으로써 천지의 도를 자각할 수는 없을 것이다. 따라서 학문의 측면에서 보면 유학에서 밝히고 있는 천도와 인도를 바탕으로 그 가운데서 도가와 불가의 이론 역시 성

---

16) 『周易』, 說卦篇 第二章, "昔者聖人之作易也는 將以順性命之理니"
17) 『周易』, 山雷頤卦 彖辭, "天地ㅣ養萬物 聖人이 養賢하야 以及萬民하나리 頤之時ㅣ 大矣哉라."

립되어질 수 있다.

유학이 인간 본래성을 바탕으로 형이상적 세계를 밝히고 있기 때문에 형이하의 현상 세계를 대상으로 그 일부를 중심으로 이루어지는 과학 역시 유학을 근거로 연구되어져야 한다. 과학 역시 인간이 주체가 되어 인간다운 삶을 영위하기 위한 수단으로 이루어지는 학문이기 때문에 유학에서 밝힌 형이상의 인격적 세계를 바탕으로 하지 않을 수 없는 것이다. 형이상적 존재는 형이하적 존재의 존재 근거이다. 형이상적 존재인 道가 형이하적 존재인 만물의 존재 근거인 것이다. 따라서 형이하적 존재인 사물을 탐구 대상으로 하는 과학은 형이상적 존재인 道를 탐구 대상으로 하는 유학을 근거로 하지 않을 수 없다. 예를 들면 인간 복제 자체는 과학의 문제이지만 그러나 그것이 갖는 의의와 연구의 방향 등은 과학 자체의 문제가 아니라 철학의 문제이며, 철학의 근본 문제를 제시하고 있는 유학의 문제이다.

聖學인 儒學을 통해서 비로소 인간의 본성이 밝혀지는 것은 물론 존재 근거가 밝혀지는 동시에 인류의 미래가 밝혀진다. 그렇기 때문에 주체성을 상실하고 역사 정신을 망각한 체 표류하고 있는 현대라는 時位에 알맞은 과제는 유학의 부흥이라고 하지 않을 수 없다. 현대를 살아가는 사람들이 반드시 성취해야 할 과제가 유학의 부흥을 통하여 자신의 주체성을 확립하고 그것을 바탕으로 인류의 역사를 올바르게 주관하는 것이다. 그것은 선택 가능한 여러 방법 가운데 하나가 아니라 인류의 생존을 위하여 반드시 해야 할 유일한 길이다.

유학의 부흥은 과거로의 회귀가 아니라 공자가 밝혔듯이 과거적 본성을 자각하여 그것을 미래적 이상으로 변화시키는 것이다.[18) 과거적 본성과 미래적 이상은 본래 하나로 미래적 이상을 근거로 과거적 본성이 형성되며, 과거적 본성이 미래적 이상으로 변화하는 과정이 물리적 시간의

---

18) 『論語』 爲政篇, "子曰 溫故而知新 可以爲師矣."

흐름을 나타난다. 그렇기 때문에 과거적 본성을 모르고서는 결코 미래적 이상을 알 수 없으며, 미래적 이상을 모르면 과거적 본성을 알 수 없다.

2. 儒學의 존재 근거인 易道를 闡明한 易經인 『正易』과 『周易』

유학이 성통에 참여한 성인을 통하여 전하여진 성인의 도에 근거하여 형성되었기 때문에 성인의 도의 내용을 통하여 유학의 학문적 특성을 파악할 수 있다. 『논어』에서는 군자가 학문해야 할 내용을 밝히기 위하여 堯가 舜에게 전하고, 舜이 禹에게 전하였으며, 禹가 湯에게 전하고, 箕子와 文王, 武王, 周公을 거쳐서 孔子에게 전하여진 성인의 도를 성통을 중심으로 논하고 있는데 그 내용을 살펴보면 다음과 같다.

> 천의 역수 원리가 네 본래성으로 주체화하였으니 진실로 네 본래성을 자각하라. 사해가 곤궁하면 天祿이 영원히 끊어질 것이다.[19]

위의 내용을 보면 역수원리를 내용으로 하는 천도가 인간의 본래성으로 주체화하였기 때문에 인간이 자신의 본래성을 자각하고 더불어 천도를 자각함으로써 자신에게 주어진 천명을 자각하여 그것을 실천해야함을 밝히고 있다. 이를 요약하면 천도의 인간 주체화 원리와 천도의 인간 주체적 자각 원리로 나타낼 수 있다.

그런데 천도의 인간 주체적 자각은 천도가 인간의 본래성으로 주체화하였기 때문이며, 천도의 인간 주체화는 그 본성에 의하여 이루어지는 것

---

19) 『論語』 堯曰篇, "堯曰 咨! 爾舜! 天之曆數在爾躬, 允執其中. 四海困窮, 天祿永終."

이다. 따라서 성통을 따라서 전하여진 성인지도의 내용은 천도의 내용인 역수원리로 집약된다. 그것은 역수원리를 근거로 인간이 존재하며, 그것이 주체화된 인간 본래성을 자각하고 실천하는 것이 인도이기 때문에 역수원리가 가장 근원적인 원리인 것이다.

천도의 내용인 역수원리를 역경에서는 역도로 규정하고 있다. 『정역』에서는 "역도는 역수원리이다. 역수원리가 없다면 성인이 존재할 수 없으며, 성인이 없다면 역도를 학문적 탐구 과제로 형성된 역학이 형성될 수 없다."[20]고 하여 역수원리가 역도이며, 역도를 근거로 성인이 탄강하였고, 성인에 의하여 역학이 형성되었음을 밝힌 것이다. 역학은 역도인 역수원리를 근본 문제로 그 본래적 의의를 밝히고자 하는 학문이다. 따라서 유학의 존재 근거는 역학의 학문적 탐구 과제인 역수원리에 있음을 알 수 있다. 유학은 역학으로부터 그 존재 근거를 확보하게 되는 것이다.

역학은 유가 철학의 존재 근거인 역도를 인간 주체적 자각을 통하여 三才를 일관하는 中正之道로 천명하는 학문이다. 역학의 학문적 탐구 과제는 역도이며, 학문적 탐구 과제인 역도를 밝히는 방법은 인간 주체적 자각으로, 인간 주체적 자각을 통하여 역도를 천명함으로써 형성된 학문이 역학인 것이다. 역도를 인간 주체적으로 자각하여 그것을 천명한 역경을 저작함으로써 역학이라는 학문을 형성시킨 존재는 성인이다. 그렇기 때문에 역학은 성학이며, 역학을 근거로 형성된 유학 역시 성학인 것이다.

역학의 학문적 탐구 과제인 역도는 三才를 一貫하는 근본 원리라는 점에서 형이상적 존재이다. 『주역』에서는 역도와 현상적 존재를 분명하게 구분하여 형이상적 존재가 역도이며, 형이하적 존재는 器[21]임을 밝히고

---

20) 金恒,『正易』大易序, "聖哉라 易之爲易이여 易者는 曆也니 無曆이면 無聖이오 無聖이면 無易이라"

21)『周易』繫辭上篇 第十二章, "是故로 形而上者를 謂之道ㅣ오 形而下者를 謂之器오 化而裁之를 謂之變이오 推而行之를 謂之通이오 擧而措之天下之民을 謂之事

있다. 형이상적 존재는 도덕적 존재[22]로 역도의 본성으로서의 도덕성을 역학에서는 神明[23]으로 규정하고 있다. 따라서 역도의 가장 근본적인 내용은 神明 原理이다.

역도의 본성인 道德性, 神明性 자체를 그대로 드러낼 수는 없다. 다만 그것을 원리적 측면에서 나타낼 수밖에 없다. 역도의 본성인 도덕성을 원리적 측면에서 나타낸 것이 理라는 개념이며, 그것을 작용적 측면에서 나타낸 개념이 氣이다.[24] 그렇기 때문에 易道는 원리적 측면에서 理를 중심으로 나타내지 않을 수 없다.

『주역』에서는 역도의 내용을 終始 原理로 규정[25]하고 있다. 종시 원리는 시간성의 원리로 그것을 『서경』과 『논어』에서는 역수 원리로 규정[26]하고 있다. 종시 원리는 시간의 존재 근거인 시간성의 존재 원리이다. 시

業이니라"

22) 道德은 天地의 本性을 지칭하는 개념으로 天地의 本性은 道德性이다. 그렇기 때문에 天地의 道의 내용은 道德 原理가 된다. 그리고 天地의 道가 인간의 本性으로 主體化하였기 때문에 인간의 本性 역시 道德性이다. 인간의 本性이 道德性이기 때문에 인간의 삶의 原理도 道德 原理라고 하지 않을 수 없다. 이처럼 天地와 人間을 일관하는 원리가 道德 原理로 그것은 形而上的 存在이면서 영원한 존재이다. 그렇기 때문에 인간이 마땅히 지켜야 할 규범과 같은 人爲的인 것이 아니다. 道德 原理는 當爲 原理가 아니라 存在 原理 그 자체인 것이다. 따라서 易道, 人道, 天道는 道德 原理를 떠나서 존재하지 않는다.

23) 『周易』 繫辭下篇 第六章, "子曰乾坤은 其易之門邪 l 며 乾은 陽物也 l 오 坤은 陰物也 l 니 陰陽이 合德하야 而剛柔 l 有體라 以體天地之撰하며 以通神明之德하니"

24) 金恒, 『正易』 第一張, "地는 載天而方正하니 體니라. 天은 包地而圓環하니 影이니라. 大哉라 體影之道여 理氣囿焉하고 神明이 萃焉이니라."

25) 『周易』의 重天乾卦 文言에서는 "大明終始하면 六位時成하나니 時乘六龍하야 以御天하나니라."고 하여 六爻卦에 담긴 易道의 내용이 終始原理임을 밝히고 있으며, 山風蠱卦의 彖辭에서는 "先甲三日後甲三日은 終則有始 天行也라."고 하여 終始原理가 天道의 내용임을 밝히고 있다.

26) 『論語』의 堯曰篇에서는 "堯曰 咨爾舜 天之曆數 在爾躬 允執其中 四海困窮 天祿永終"라고 하였으며, 『書經』의 大禹謨篇에서는 "天之曆數 在汝躬 汝終陟元后. 人心惟危 道心惟微. 惟精惟一 允執厥中. 無稽之言勿聽 弗詢之謀勿庸. 可愛非君 可畏非民. 衆非元后 何戴 后非衆 罔與守邦. 欽哉 愼乃有位 敬脩其可願. 四海困窮 天祿永終. 惟口出好興戎 朕言不再."라고 하였다.

간성은 도덕성, 신명성의 본성을 나타내는 개념으로 시간성을 그 구조를 중심으로 나타낸 것이 終始性이며, 終始性을 원리적 측면에서 나타내면 終始 原理가 된다. 이러한 終始 原理, 時間性의 原理를 그 표상 체계를 중심으로 나타내면 역수 원리가 된다.

역수원리는 천도의 내용이다. 그렇기 때문에 『서경』과 『논어』에서는 역수원리를 논할 때는 반드시 天之曆數原理라고 하여 그것이 천도의 내용임을 나타내고 있다. 역수원리는 天地의 數를 통하여 구성된 河圖와 洛書에 의하여 표상된다. 그렇기 때문에 역수 원리는 圖書27)를 통하여 표상된 도서 원리이다. 『주역』에서는 도서를 통하여 역수 원리가 표상되며, 도서를 통하여 표상된 역수 원리를 근거로 卦爻 원리가 형성되었음을 분명하게 밝히고 있다.28)

도서를 통하여 표상된 역수 원리를 『주역』에서는 三極之道29)로 규정하고 있다. 삼극지도를 한마디로 요약하여 나타내면 三兩 原理이다. 三과 兩은 삼극지도의 내용을 本體와 作用의 측면에서 나타낸 것으로 본체의 측면에서는 三極 原理이며, 作用의 측면에서는 兩之 作用 原理이다. 삼극은 无極, 太極, 皇極이며, 兩之 作用은 倒生逆成 작용과 逆生倒成 작용이다. 그러므로 삼극지도는 삼극의 도역생성 작용 원리이다. 『정역』에서는 삼극지도의 내용을 수를 중심으로 삼극의 관계를 통하여 다음과 같이 밝히고 있다.

无極이니 十이다. 无極이 太極이니 一이다. 一이 十이 없으면 本體가

---

27) 圖書는 河圖와 洛書의 끝 글자를 중심으로 兩者를 並稱하는 개념이다. 처음 글자를 중심으로 河洛으로 부르기도 한다.
28) 『周易』의 繫辭上篇 第九章에서는 易道의 내용이 曆數原理이며, 그것을 天地의 數에 의하여 나타낸 것이 圖書이고, 圖書原理를 근거로 卦爻가 구성되었음을 논하고 있다. 繫辭上篇 第九章을 중심으로 圖書原理의 내용을 이해하기 위해서는 拙稿, 「圖書原理와 時間性의 原理」를 참고 바란다.
29) 『周易』 繫辭上篇 第二章, “六爻之動은 三極之道也ㅣ니”

없고, 十이 一이 없으면 작용이 없다. 合하면 土이니 그 中은 五로 皇
極이다.30)

위의 내용을 보면 三極을 數로 나타내고 있는데 무극은 十이며, 태극
은 一이고, 황극은 五이다. 무극과 태극은 체용의 관계로 양자가 일체적
존재이다. 무극과 태극의 일체적 존재가 土로 그 中이 황극이다. 三極의
倒逆 生成 作用 역시 수로 표상할 수 있는데 十에서 一로 변화하는 수의
과정을 통하여 倒生逆成 原理가 표상되고, 一에서 十으로 변화하는 수의
과정을 통하여 逆生倒成 原理가 표상된다.

수를 통하여 三極의 倒逆 生成 作用 原理를 중심으로 역도를 표상한
것이 하도와 낙서이다. 『정역』에서는 도서를 중심으로 三極之道를 다음
과 같이 논하고 있다.

> 龍圖(河圖)는 未濟의 象으로 倒生逆成하니 先天의 太極이며, 龜書(洛
> 書)는 既濟의 數로 逆生倒成하니 后天의 无極이다. 五는 中位에 존재하
> 니 皇極이다.31)

위의 내용을 보면 하도는 未濟卦를 통하여 표상된 후천 원리를 표상하
는데, 그 내용을 작용 원리를 중심으로 나타내면 도생역성 작용 원리로
도생역성 작용에 의하여 선천의 태극이 밝혀지며, 낙서는 既濟卦를 통하
여 표상된 선천 원리를 표상하고 있으며, 그 내용을 작용 원리를 중심으
로 나타내면 逆生倒成 작용 원리로 逆生倒成 작용을 통하여 후천의 무극
원리가 밝혀진다.

---

30) 金恒, 『正易』 第一張, "擧便无極이시니 十이니라. 十便是太極이니 一이니라. 一
　　이 无十이면 无體요 十이 无一이면 無用이니 合하면 土라 居中이 五니 皇極이
　　니라."
31) 金恒, 『正易』 第一張, "龍圖는 未濟之象而倒生逆成하니 先天太極이니라. 龜書는
　　既濟之數而逆生倒成하니 后天无極이니라. 五居中位하니 皇極이니라."

하도와 낙서를 통하여 표상된 역수원리를 본체 원리와 작용 원리를 중심으로 나타내면 十五 尊空 原理와 四曆 變化 原理이다. 본체의 측면에서 역수원리를 나타내면 십오 존공 원리이며, 작용의 측면에서 역수원리를 나타내면 사역 변화 원리인 것이다. 따라서 삼극지도는 십오 존공 원리와 사역 변화 원리를 내용으로 하는 역수 원리이다.[32]

도서를 통하여 표상된 삼극지도를 인도의 측면에서 나타낸 것이 괘효이다. 괘효는 삼극지도를 현상적 측면에서 三才之道로 표상한 것이다. 삼재지도는 시간성의 원리인 삼극지도, 역수원리를 공간성의 원리로 표상한 것이다. 이처럼 시간성의 원리를 공간성의 원리로 표상한 까닭은 인도를 밝히기 위함이다. 『주역』에서는 "易의 글됨이 광대하여 모든 것을 담고 있다. 천도가 있고, 인도가 있으며, 지도가 있다. 삼재가 모두 兩之 작용을 하기 때문에 그것을 표상하기 위하여 六爻에 의한 重卦가 구성된 것이다. 그러므로 六이라는 수는 다른 것을 나타내는 것이 아니라 삼재지도를 표상하는 수이다."[33]고 하였다. 삼재지도를 일관하는 원리는 性命之理로 성명지리를 자각하여 그것을 천명하고 실천하는 존재는 성인과 군자이다. 그러므로 괘효 원리의 내용은 성인, 군자지도이다.

도서를 통하여 표상된 역수 원리를 중심으로 역도를 천명한 경전은 『정역』이며, 괘효를 통하여 표상된 괘효 원리를 중심으로 역도를 천명한 경전은 『주역』이다. 천지지도를 중심으로 역도를 천명한 역경이 『정역』이며, 성인, 군자지도를 중심으로 역도를 천명한 경전이 『주역』인 것이다. 그러므로 천지지도를 근거로 성인, 군자지도가 존재하기 때문에 『정역』을 근거로 『주역』이 형성된다.[34]

---

32) 曆數原理의 구체적인 내용에 대하여서는 拙稿, 「圖書原理의 내용인 曆數原理」를 참고하기 바람.

33) 『周易』 繫辭下篇 第十章, "易之爲書也ㅣ 廣大悉備하야 有天道焉하며 有人道焉하며 有地道焉하니 兼三才而兩之라 故로 六이니 六者는 非他也ㅣ라 三才之道也ㅣ니"

　『주역』은 坤策 聖統에 참여한 坤策 聖人에 의하여 저작된 역경이며, 『정역』은 乾策 聖統에 참여한 乾策 聖人에 의하여 저작된 역경이다. 곤책 성인은 坤道에 근거하여 탄강한 성인이며, 건책 성인은 乾道에 근거하여 탄강한 성인으로, 곤책 성인에 의하여 인도가 밝혀지는 동시에 그 실천 원리인 왕도 정치 원리가 실천됨으로써 인류 역사상에서 씨로 뿌려지게 되며, 건책 성인에 의하여 천지의 도가 밝혀짐으로써 삼재지도가 成道되는 동시에 유학이 성도된다.

　곤책 성통에 참여한 성인은 有巢, 燧人, 伏羲, 神農, 黃帝, 堯, 舜, 禹, 湯, 箕子, 文王, 武王, 周公, 孔子의 열네 성인이며, 건책 성통에 참여한 성인은 金一夫 한 분이다. 곤책 성통에 참여한 伏羲, 文王, 周公, 孔子의 네 성인에 의하여 저작된 역경이『주역』이며, 건책 성통에 참여한 金一夫에 의하여 저작된 역경이『정역』이다.『주역』은 괘효를 통하여 삼재지도를 중심으로 인도를 밝힌 경전이며,『정역』은 干支 度數와 圖書 象數를 통하여 삼극지도를 중심으로 천지의 도를 밝힌 경전이다.

　『정역』에서는 "역도는 역수원리이다."[35]고 하여『정역』이 역수원리를 천명한 역경임을 밝히고 있을 뿐만 아니라 "역도가 없다면 성인이 존재할 수 없다."[36]고 하여 역도를 근거로 성인이 탄강하여 성통이 형성됨을 논하고, "성인이 없다면 역학이 존재할 수 없다."[37]고 하여 역학이 성인에 의하여 형성된 성학임을 밝히고 있다.

　『정역』에서는 성인의 존재 근거인 역수원리의 내용을 밝히고 그것을 바탕으로 성통을 논하고 있다.『정역』에서 밝힌 역수원리는『주역』에서

---

34)『周易』과『正易』의 관계에 대하여서는 拙稿,「圖書原理의 내용인 曆數原理」를 참고하기 바라며,『正易』의 학문적 특성과 한국 철학사적 위상에 대하여서는 拙著,「중국 철학의 역학적 조명」과「한국 철학의 역학적 조명」을 참고하기 바람.

35) 金恒『正易』大易序, "聖哉라 易之爲易이여 易者는 曆也니"

36) 金恒『正易』, "無曆이면 無聖이오"

37) 金恒『正易』, "無聖이면 無易이라"

삼재지도의 근거로 제시되어진 도서 원리와 간지 도수 원리이다. 『주역』에서는 간지 도수 원리를 신명 원리로 규정하고, 先後甲三日 度數와 先後庚三日 度數를 통하여 그 내용을 종시 원리로 규정하고 있다. 종시 원리는 선후천 변화 원리이며, 선후천 변화 원리는 역수 변화 원리이다. 그러므로 시간성의 원리인 종시 원리는 역수원리이다.

『주역』에서는 역도를 인도 중심으로 밝히고 있는데 그 내용은 군자의 도이다. 군자의 본성은 성명지리이며, 성명지리의 내용은 인예의지의 사덕이다. 그러므로 『주역』에서는 군자는 사덕을 행하는 사람이라고 하여 군자의 도가 사덕 원리임을 밝히고 있다. 또한 군자의 본성인 성명지리에 순응함이 군자의 도임을 밝히고 있을 뿐만 아니라 군자의 사덕을 중심으로 인도의 내용을 仁義之道로 규정하고 있다. 군자의 도를 삶의 양상을 중심으로 나타내면 학문원리와 실천 원리이다. 군자는 학문을 통하여 본성을 자각하고, 실천을 통하여 천명을 봉행하는 존재인 것이다. 이처럼 『주역』에서는 군자의 성명지리를 밝히고 이를 바탕으로 성명지리에 순응하는 원리를 학문과 실천의 문제를 중심으로 밝히고 있다.

『정역』과 『주역』에서 밝힌 역도의 내용은 근원적 존재의 자기 전개 원리이다. 근원적 존재는 시간의 근거가 되는 시간성으로 그 본성은 道德性이다. 그렇기 때문에 역도를 天道를 중심으로 표상할 때는 干支 度數, 圖書 象數와 같은 도수로 표상하며, 그것을 地道를 중심으로 표상할 때는 卦象과 같은 象으로 표상한다.

근원적 존재의 자기 전개 원리인 역도를 삼재지도의 관점에서 나타내면 十五 天地와 인간 본래성을 상징하는 五皇極을 통하여 나타낼 수 있다. 천지는 역학의 본체 원리를 나타내며, 인간 본래성은 역학의 작용 원리를 나타낸다. 그러므로 천지와 인간 본래성이 합덕된 존재가 형이상의 근원적 존재이다. 그것을 수로 나타낸 것이 无位數 二十이다. 무위수 이십을 구성하는 십오와 오를 중심으로 역도를 삼재의 관점에서 나타내면 천지의 도를 중심으로 인간 본래성을 밝히는 경우와 인간 본래성을 중심으로 천지의 도를 밝히는 두 경우로 나눌 수 있다. 천도를 중심으로 인간 본래성을 나타내면 천도의 인간 주체화 원리가 되며, 인도를 중심으로 그 존재 근거인 천도를 나타내면 천도의 인간 주체적 자각 원리가 된다. 본래 无位數 二十이 十五가 표상하는 天地之心과 五가 표상하는 인간 본래성의 合德體이기 때문에 천지와 인간은 일체적 존재이다. 그렇기 때문에 천도를 중심으로 그것을 이해하면 인간 본래성의 구조 원리가 밝혀지며, 인간 본래성을 중심으로 그것을 이해하면 천도의 구조 원리가 밝혀지게 되는 것이다. 따라서 變化之道로서의 역도는 天變人化 원리이다. 十五 天地之心이 성인과 군자를 매개로 闡明되고 실천되는 것이 變化之道인 것이다.

3. 『正易』과 『周易』을 바탕으로 형성된 三經과 四書

　유가의 대표적인 경전이 삼경과 사서임은 주지의 사실이다. 그런데 사서를 살펴보면 많은 부분에서 삼경의 내용을 인용하고 있는 것을 볼 수 있다. 사서의 내용이 타당함을 논증하는 증거 자료로 삼경이 인용되고 있는 것이다. 그것은 사서가 삼경을 근거로 쓰였음을 나타낸 것이다. 따라서 사서를 연구하기 위해서는 사서를 서로 비교하여 연구하는 것은 물론 더 나아가 삼경의 연구가 바탕이 되어야 한다.

　사서에서 『시경』과 『서경』을 인용하기 위해서는 반드시 "詩曰", "書曰"이라고 하여 그 전거를 밝히고 있다. 그러나 사서에서 "易曰"이라는 말이 나타나지 않는다. 이러한 현상을 피상적으로 이해하면 역경과 사서가 무관하다는 증거라고 생각할 수 있다. 그러나 비록 "易曰"이라는 말은 사용하지 않았지만 사서의 도처에서 가장 빈번하게 인용되고 있는 것이 역경이다. 그 까닭은 사서는 물론 삼경을 일관하는 근본 원리가 역경을 통하여 천명된 역도이기 때문에 그것을 따로 드러내지 않았던 것으로 생각된다.[38]

역경에서 밝히고 있는 역도의 내용을 작용 원리를 중심으로 나타내면 도생역성 작용과 역생도성 작용임은 앞에서 밝힌 것과 같다. 그런데 도생역성 작용은 政令 作用이며, 역생도성 작용은 律呂 作用이다. 이러한 역도의 내용을 정령의 측면에서 나타낸 경전이『서경』이며, 역경의 내용을 율려의 측면에서 나타낸 경전이『시경』이다.『서경』은 정치적 측면에서 역사적 사건을 따라서 역경의 내용을 나타낸 것이며,『시경』은 禮樂의

---

38) 최근의 中國이나 韓國의 學界에서는 四書와 易經이 무관하다는 주장이 대세를 이루고 있다. 특히 孔子의 말씀을 기록한『論語』마저도『周易』과 전혀 무관하다고 주장하고 있다. 그러나『論語』를 보면『周易』을 떠나서 도저히 이해될 수 없다.『論語』에 나타난 易經의 내용을 살펴보면 우선 聖人과 君子의 개념을 들지 않을 수 없다. 儒家 哲學의 이상적 인격체인 聖人과 君子의 존재 특성은 易經에서부터 밝히고 있다.『周易』의 重天乾卦 文言에서는 "君子 行此四德者"라고 하여 인간 本來性을 自覺하여 실천하는 존재가 君子로 自覺한 본래성의 내용이 仁禮義智의 四德이기 때문에 四德을 실천하는 존재가 君子임을 분명하게 밝히고 있다.『論語』역시 君子의 四德을 중심으로 논의가 전개되고 있다. 그렇기 때문에『論語』가운데서『周易』의 卦爻辭, 十翼을 직접 인용하고 있는 부분들이 매우 많은데 그 가운데서 일부를 예로 들면 다음과 같다. 重天乾卦의 文言에서 언급된 "主忠信"이 學而篇과 顔淵篇 등의 여러 편에서 인용되고 있다. 鄕黨篇에서는 "是故 君子有大道 必忠信以得之 驕泰以失之"라고 하였고, 學而篇에서는 "主忠信 無友不如己者 過則勿憚改"라고 하였으며, 公冶長에서는 "十室之邑 必有忠信 如丘者焉 不如丘之好學也"라고 하였으며, 顔淵篇에서는 "主忠信 徙矣 崇德也"라고 하였다. 그리고 述而篇에서는 澤風大過卦를 중심으로 學易에 대하여 논하고 있는데 그 내용을 보면 "子曰 加我數年 五十以學易 可以無大過矣"이다. 한편 子路篇에서는 "不恒其德 或承之羞"라고 하여 雷風恒卦의 九三爻 爻辭를 인용하고 있을 뿐만 아니라 澤火革卦에서는 "子曰 不占而已矣"라고 하여 五爻의 爻辭를 인용하고 있다. 그리고 憲問篇에서는 "君子 思不出其位"라고 하여 重山艮卦의 大象을 인용하고 있다.

측면에서 인간의 情感을 중심으로 역경의 내용을 나타낸 것이다. 따라서 삼경의 이해는 역경을 중심으로 이해되어야 하며, 삼경을 근거로 형성된 사서 역시 역경을 중심으로 연구되어야 한다.

유가의 경전이 역경을 근거로 저작되었다는 것은 선진 유가 철학이 역학을 존재 근거로 형성되었음을 뜻한다. 그러나 동일한 역도를 근본 원리로 하였을지라도 그것을 나타내는 관점은 서로 다르다. 그것은 바꾸어 말하면 역도를 여러 관점에서 나타내기 위하여 다양한 유가의 경전들이 쓰인 것이라고 할 수 있다. 선진 유가 경전 가운데서 사서와 삼경은 모두 인도를 중심으로 역도를 천명하였으며, 그 존재 근거인 천도를 직접 밝히지는 않았다. 『주역』이 비록 역도를 천명하고 있지만 그러나 인도의 관점에서 밝히고 있을 뿐이다. 천도의 내용을 직접 천명한 역경인 『정역』에서 비로소 천도인 역수 원리가 밝혀지고 있다. 따라서 『정역』의 관점에서 사서, 삼경을 이해하지 않을 수 없다.

그러나 『정역』이 세상에 나타나기 이전에서는 역경을 저작한 성인 이외에서는 천도의 내용이 역수원리임을 알 수 없었기 때문에 『주역』 자체도 역수원리를 중심으로 이해할 수 없었다. 그렇기 때문에 『주역』을 卦爻 및 卦爻辭와 十翼으로 나누어서 十翼만이 사상을 담고 있는 부분으로 간주하고 나머지 부분은 占書로 간주하여 철학의 영역에서 배제함으로써 결국 머리를 잘라버리고 죽은 몸통을 더듬는 것과 같은 상황이 되고 말았다. 그것이 한대 이후의 易學史를 易道 忘却의 역사로 이끌어 가는 원인이 되었다.

유가 철학의 존재 근거를 밝히고 있는 『주역』의 본래 면목이 상실됨으로써 유가 철학 역시 본래 면목을 상실하게 되었다. 그것은 『시경』, 『서경』과 사서와 같은 유가 경전의 본래 면목이 밝혀지지 못하였음을 뜻한다. 역도의 망각으로 인하여 선진 유학의 본래 면목이 상실된 까닭은 학자들이 잘못 연구하였기 때문이지만 근본적으로는 역사를 攝理·主宰하는 역도 자체의 자기 전개 역사가 그렇기 때문이다. 지금 다시 사서의 본래 면목을 문제로 삼는 목적이 과거의 연구 결과를 부정하고자하는 것이 아니라 그 존재 의의를 밝히고자 함에 있는 까닭이 여기에 있다.

『주역』에서 밝히고 있는 삼재지도의 근거가 되는 삼극지도를 천명한 『정역』에서는 역수 원리를 중심으로 역경과 『논어』의 관계를 밝히고 있다. 역도의 근본 원리인 삼극지도를 논하면서 그것을 无極之无極 原理를 중심으로 논하고 그것이 공자의 도라고 하였다. 그리고 무극지무극 원리를 근거로 공자가 十翼과 『論語』를 저작하였음을 다음과 같이 밝히고 있다.

> 오호라 지극하다, 无極之无極이며! 夫子의 말씀하지 않으신 바이니 말씀하지 않으면서도 믿은 것은 그것이 夫子의 道이기 때문이다. 일생을 역도를 연구함을 즐겨하여 十으로 드리우고 一로 꿰었으니 진실로 만세의 스승이시다.[39]

위의 내용에서 역도의 근본 원리인 무극지무극 원리를 말씀하지 않고 믿었다는 것은 공자에게는 천도를 천명할 천명이 주어지지 않았음을 의미한다. 그렇기 때문에 공자는 십익을 통하여 인도를 천명하였던 것이다. 물론 인도는 천도의 자각을 통하여 밝혀지기 때문에 공자 역시 천도를 자각하였다. 그렇기 때문에 인도를 논하면서도 천도를 근거로 하였음을 분명하게 밝혔던 것이다.

'十而翼之'는 공자가 역경의 철학을 밝힌 십익과 도생역성 원리를 결합시켜서 한 말이며, '一而貫之'는 『논어』에 나타난 문장으로 『논어』를 역생도성 원리와 연관시켜서 한 말이다. '十而翼之'와 '一而貫之'는 삼극

---

39) 金恒, 『正易』, 十五一言 第二張, "嗚呼至矣哉라 无極之无極이여 夫子之不言이시니라. 不言而信은 夫子之道시니라. 晚而喜之하사 十而翼之하시고 一而貫之하시니 儘我萬世師신져."

지도의 내용인 도역생성 작용 원리를 나타내는 말로 '十而翼之'는 도생역성 작용 원리를 나타내고, '一而貫之'는 역생도성 작용 원리를 나타낸다. 따라서 공자의 도를 '十而翼之'와 '一而貫之'로 규정한 것은 공자의 도가 삼극지도, 무극지무극 원리를 근거로 형성되었음을 나타내는 동시에 십익이 도생역성 원리를 중심으로 쓰여졌으며, 『논어』가 역생도성 원리를 중심으로 쓰였음을 의미한다.

역생도성 작용 원리와 도생역성 작용 원리를 인도를 중심으로 이해하면 도생역성의 문제는 자각한 인도를 천명하는 문제이며, 역생도성의 문제는 인도를 자각하는 문제이다. 그렇기 때문에 도생역성 작용 원리를 근거로 쓰여진 십익에서는 인도를 밝히고 있으며, 역생도성 작용 원리를 근거로 쓰여진 『논어』에서는 인도를 자각하는 원리를 밝히고 있다. 인도를 자각하고 실천하는 문제가 바로 학문의 문제이다. 그러므로 『논어』는 학문의 문제를 중심으로 쓰였음을 알 수 있다. 또한 도생역성 작용과 역생도성 작용은 體用의 관계이기 때문에 십익, 역경과 『논어』 역시 체용의 관계라고 할 수 있다.

『정역』에서 『주역』과 『논어』를 체용의 관계로 규정하고 있음을 볼 때 『주역』과 사서의 관계 역시 체용의 관계라고 하지 않을 수 없다. 『주역』에서 제시하고 있는 삼재지도를 근거로 『논어』를 비롯한 사서가 형성되었기 때문이다. 그리고 『정역』과 『주역』 역시 체용의 관계이다. 왜냐하면 『정역』에서 밝힌 천도를 근거로 『주역』에서 밝히고 있는 인도가 형성되었기 때문이다. 따라서 『논어』를 비롯한 사서는 『주역』을 중심으로 연구되어야 하며, 『주역』의 연구는 『정역』을 바탕으로 연구되어야 한다. 그렇다면 『정역』을 바탕으로 『주역』을 연구하고 그것을 바탕으로 사서를 연구해야 함을 알 수 있다.[40]

---

40) 筆者가 易經인 『正易』과 『周易』을 근거로 四書가 연구되어야 한다고 論하는 것은 사실적 관점에서 四書보다 『正易』과 『周易』이 먼저 저작되었기 때문에 四書

『정역』은 천도를 천명하였으며, 『주역』은 인도를 천명하였다. 『정역』을 통하여 역수원리를 내용으로 하는 천도가 인간의 본래성으로 주체화하였음이 밝혀진다. 『주역』을 통하여 천도를 인간 주체적으로 자각하는 동시에 그것을 실천해야 함이 밝혀지게 된다. 『주역』에서는 이상적 인격체인 군자를 중심으로 陰陽 原理를 도로 규정하고 그것이 인간의 본성이 되었음을 밝히고 있을 뿐만 아니라 천도를 인간 주체적으로 자각하여 그것을 실천하는 존재가 군자[41]임을 밝히고 있다.

의 근거가 易經에 있다고 주장하는 것이 아니다. 근원적 측면에서 보면 易道 자체는 經典의 著作에 관계없이 언제나 존재하였고 앞으로도 영원히 존재할 것이다. 易道를 自覺하여 그것을 闡明하는 문제는 인간의 문제이지 易道 자체의 문제는 아닌 것이다. 『周易』이 人道를 중심으로 易道를 闡明하였기 때문에 비록 後代에 저작되었지만 天道를 중심으로 易道를 闡明한 『正易』을 근거로 쓰였다고 하지 않을 수 없다. 이처럼 易道 자체의 측면에서 그것과 人道의 관계를 중심으로 易經과 四書의 관계를 고찰하는 것이 이 책의 관점이다. 따라서 전통적 관점에 대하여 비판적 관점에서 『周易』의 卦爻와 卦爻辭의 著作 年代 및 十翼의 著作 年代를 연구하고 그것을 바탕으로 『周易』의 卦爻辭와 十翼의 성격이 다르기 때문에 별개의 著作이라거나 十翼과 四書의 著作 年代를 비교하여 그 著作의 先后 관계를 중심으로 十翼을 근거로 四書가 쓰여질 수 없다고 주장하는 것은 전혀 다른 문제이다. 그리고 내용 자체를 중심으로 卦爻辭와 十翼이 서로 다른 내용이라는 주장 역시 『周易』 자체의 문제가 아니라 연구자의 연구 방향과 방법에 관한 문제이다. 올바른 연구 방향과 방법을 통하여 『周易』을 연구하면 『周易』의 卦爻辭는 卦爻象과 言辭를 통하여 人道를 중심으로 易道를 闡明한 哲學書이며, 象을 중심으로 易道를 表象한 卦爻와 卦爻辭를 言辭를 중심으로 다양한 측면에서 그 내용과 성격 그리고 論理 構造 등을 밝힌 것이 十翼이기 때문에 卦爻辭와 十翼이 논리적으로 一貫되어 있음을 알 수 있다. 또한 그 동안의 『正易』에 대한 연구 역시 그 본래적 내용을 이해하는 데까지 이르지 못하였기 때문에 그 본래 면목을 밝히지 못하고 있다. 『正易』에서는 『周易』을 비롯한 『書經』, 『論語』 등에서 밝히고 있는 聖人之道의 내용인 天道를 闡明하였음을 밝히고 있을 뿐만 아니라 구체적으로 그 내용을 제시하고 있다. 『周易』에서 밝힌 干支 度數 原理와 圖書 原理의 내용이 『正易』을 통하여 밝혀지게 된 것이다. 따라서 『正易』과 『周易』의 易經으로서의 성격과 내용 그리고 兩者의 관계는 결코 부정할 수 없다.

41) 『周易』의 繫辭上篇 第五章에서는 "一陰一陽之謂ㅣ 道ㅣ니 繼之者ㅣ 善也ㅣ오 成之者ㅣ 性也ㅣ라. 仁者ㅣ 見之애 謂之仁하며 知者ㅣ 見之애 謂之知오 百姓은 日用而不知라 故로 君子之道ㅣ 鮮矣니라."라고 하여 陰陽 原理를 내용으로 하는

『논어』와 『서경』에서도 천지지도의 인간 주체화 문제와 인간 본성의 자각 문제 그리고 자각한 인도의 실천의 문제를 중심으로 성인지도의 내용으로 제시하고 있다. 그런데 성인이 밝힌 성인지도의 내용을 학문을 통하여 자각하여 그것을 실천하는 존재는 군자이다. 그렇기 때문에 위의 세 가지 문제를 실천 주체를 중심으로 나타내면 성인과 군자의 문제가 된다. 사실 성인이 밝힌 성인지도의 내용은 군자지도가 되는 것이다.

천도에 대응하는 인도를 실천하는 이상적 인격체가 성인과 군자이기 때문에 삼경과 사서에서 언제나 성인·군자를 小人과 엄격하게 구분하여 제시하고 있다. 성인은 천지의 도와 인도를 천명하는 천명을 봉행한 존재이며, 군자는 성인이 밝힌 천도를 자각하여 인도로 실천하는 존재이다. 그런데 이미 삼재의 도를 밝힌 경전을 중심으로 유학이라는 학문이 형성되었다는 것은 성인의 천명이 유감없이 봉행되었음을 뜻한다. 따라서 성인지도를 계승하여 그것을 실천해야 할 존재는 군자이다. 삼경과 사서에서 군자를 중심으로 인도를 밝힘으로써 삼경과 사서의 근본 내용이 군자지도가 된 까닭이 여기에 있다.

삼경과 사서가 인도를 중심으로 성인지도의 내용인 군자지도를 천명하였다는 것은 군자의 학문의 문제와 실천의 문제를 중심으로 삼경과 사서가 저작되었음을 뜻한다. 그렇기 때문에 삼경과 사서만을 연구하면 천도를 인간 본성과 일체적 존재로만 이해하여 천도와 인도를 구분하지 못하는 잘못을 범할 수 있다. 인도는 천도를 떠나서 따로 존재하는 것이 아니라 천도에 順承함이며, 천지의 본성과 인간의 본성은 동질적 존재임에는 틀림없다. 그러나 그렇다고 할지라도 인도와 천도는 엄격하게 구분된다. 만약 천도와 인간의 본성이 동일하다면 인간이 자신의 존재 근거를 스스로 갖는 자체 존재가 되어 天道, 天, 天命이라는 개념은 필요 없게 된다.

道가 인간의 本性으로 主體化되었으며, 그것을 自覺하여 실천하는 존재가 君子임을 밝히고 있다.

삼경과 사서가 군자지도를 표상하고 있음에도 불구하고 각각 달리 쓰이게 된 까닭은 그 관점이 다르기 때문이다. 『시경』은 夫婦, 父子, 君臣, 君民 등의 인격적 관계를 중심으로 군자지도를 밝히고 있다. 『시경』은 中和를 이룬 인간의 情緖를 통하여 군자지도를 표상한 것이다. 그렇기 때문에 『시경』의 형식은 散文의 형태인 『서경』과 달리 韻文이다. 『서경』은 君臣과 君民 관계를 중심으로 왕도 정치 원리를 밝히고 있다. 그러나 『서경』은 사서와 같이 왕도 정치 원리 자체만을 논하고 있는 것이 아니라 역수원리를 중심으로 그것이 인간 본래성으로 주체화하였음과 역수원리를 인간 주체적으로 자각하는 문제 역시 밝히고 있다. 그런 점에서는 『논어』와 입장이 같으며, 정치 원리를 밝히고 있는 점에서는 『맹자』와 입장이 같다. 역수원리를 중심으로 양자와 『주역』의 관계를 밝히면 『시경』은 군자지도를 율여 원리를 중심으로 밝힌 것이며, 『서경』은 정령 원리를 중심으로 군자지도를 밝힌 것이다.

『논어』는 학문 방법을 중심으로 군자지도를 논하고 있으며, 천도의 인간 주체화 문제와 자각의 문제도 역시 논하고 있다. 다만 중심 문제가 학문이라는 점에서는 역생도성의 관점이라고 할 수 있다. 그렇기 때문에 『논어』에서는 직접 性, 天道를 근본 문제로 제기하고 있지 않다. 반면에 『맹자』는 왕도 정치 원리를 중심으로 군자지도를 논하고 있기 때문에 실천 원리가 중심이라는 점에서 도생역성의 관점이라고 할 수 있다. 『맹자』가 擴充을 논하고 四端之心을 논한 까닭이 여기에 있다. 그러나 盡心, 知性, 知天의 문제는 역생도성의 관점에서 자각론을 중심으로 논하고 있다.

『대학』은 군자지도를 실천의 문제를 중심으로 도생역성의 관점에서 밝히고 있다. 다만 군자의 심성 내적 문제를 중심으로 실천 원리를 논하지 않고 사물과 백성을 중심으로 논하고 있다. 군자지도의 실천은 백성과 사물의 다스림을 통하여 이루어지기 때문에 『대학』은 군자와 백성, 사물의 관계를 중심으로 군자지도를 논한 것이다. 그런 점에서 보면 『대학』은 공간적 측면에서 군자지도를 밝히고 있다고 할 수 있다. 반면에『중용』은 역생도성의 관점에서 군자지도를 논하고 있다. 그러나『논어』와 달리 천도와 성통을 문제로 삼지 않고, 천명을 문제로 삼아서 성인지도와 군자지도의 관계를 중심으로 군자지도를 밝히고 있다. 그렇기 때문에 천도의 인간 주체화 원리를 중심으로 인간 본성을 논하고 더불어 본성을 따르는 군자지도와 군자지도의 자각을 위하여 학문하는 문제 및 致中和의 실천원리를 밝히고 있을 뿐만 아니라 천도와 合德된 군자의 德을 중심으로 誠을 논하고 있다.『중용』은『대학』이 공간적 측면에서 君子之道를 밝히고 있는 것과 달리 시간의 측면에서 中庸之道를 중심으로 君子之道를 밝히고 있다. 그것은『중용』이 군자의 심성 내적 문제를 중심으로 군자지도를 밝히고 있음을 뜻한다.

第三章 易經의 根本 問題와 論理 構造

앞에서 사서의 연구가 역경을 바탕으로 이루어지지 않을 수 없음을 밝혔다. 그것은 사서의 연구가 사물의 세계를 향하는 向外的 방향이 아닌 인간의 심성 내면을 향하는 向內的 방향에 의하여 군자가 자신의 본래성의 자각과 더불어 천도를 주체적으로 자각함으로써 천명을 자각하는 연구 방법을 통하여 이루어져야 함을 밝힌 것이다.

역학의 연구 방향과 방법은 서로 연관된 문제이다. 역학의 연구 방향이 인간의 심성 내면이기 때문에 연구 방법 역시 인간 주체적이어야 하며, 인간 주체적이기 때문에 자각이 될 수밖에 없다. 따라서 역학의 연구 방법은 연구의 주체인 인간을 중심으로 이해되어야 한다. 좀더 구체적으로 말하면 역학의 연구 방법은 역경을 저작하여 역학을 형성시킨 존재와 역경을 연구하여 역도를 자각하고 실천하는 존재를 구분하여 양자의 관계를 중심으로 논의되어야 한다.

역학의 근본 문제인 역도를 천명한 역경을 저작하여 역학이라는 학문을 형성시킨 존재는 성인이다.[1] 성인에 의한 역도의 천명은 역도의 自己 顯現으로 학문의 측면에서는 역도 자체를 상징적으로 나타냄이다. 역도의 懸象이 성인에 의한 역도의 천명인 것이다. 역도의 천명은 이치에 의

---

1) 『周易』의 說卦 第一章과 第二章에서는 "昔者聖人之作易也"라고 하여 聖人이 作易의 主體임을 분명하게 밝히고 있다.

한 해부로서의 이해와 그것을 나열하여 그 의미를 밝히는 설명으로 구분할 수 있다. 이해와 설명은 일정한 범주와 논리 체계에 의하여 이루어진다. 그것은 성인에 의한 역도의 자각과 자각한 역도의 천명이 모두 역도를 근거로 이루어짐을 뜻한다.

성인에 의하여 이해되어지고 설명된 존재는 易道이다. 역도의 易은 변화와 같은 개념이다. 그러므로 역도는 변화 원리인 變化之道이다. 『주역』에서는 변화의 내용을 生生으로 규정하고 있다.[2] 생생은 현상 사물의 생생이 아니라 인격적 존재의 생성이다. 따라서 생생원리인 역도는 인격적 존재의 생성 원리이다. 역도의 본성은 인격성으로 그것을 역경에서는 神明으로 규정하고 있다. 그렇기 때문에 역도를 인격성을 중심으로 나타내면 신명 원리이다.[3] 인격성은 인간 본래성의 존재 근거인 천지의 도의 본성을 가리키는 개념으로 天道와 地德이 합덕된 천지의 도덕성이다.

신명 원리를 표상하는 범주는 시간성과 공간성이다. 시간성은 시간의 측면에서 인격성을 나타낸 것으로 시간의 본성을 나타낸다. 신명성을 객체적 관점에서 나타내면 시간성이고, 주체적 관점에서 나타내면 인격성인 것이다. 시간성을 객체화하여 나타낸 것이 공간성이다. 공간성은 공간의 본성이다.

---

2) 『周易』의 繫辭下篇 第十一章에서는 "此之謂易之道也"라고 하였으며, 繫辭上篇 第九章에서는 曆數原理의 표상체계인 圖書를 논하면서 "此所以成變化 而行鬼神也"라고 그것이 變化之道, 神道를 표상함을 밝히고 있다. 그리고 "知變化之道者 其知神之所爲乎"라고 하여 變化之道가 神道임을 밝히고 있다. 또한 繫辭上篇 第五章에서는 "生生之謂易"이라고 하였다. 이를 통하여 易道가 變化之道이며, 變化之道의 내용이 生生原理, 生成原理임을 알 수 있다.

3) 『周易』의 說卦 第一章에서는 "昔者聖人之作易也 幽贊於神明而生蓍 參天兩地而倚數"라고 하여 聖人이 神明原理를 自覺하여 그것을 數를 통하여 표상하였음을 밝히고 있다. 天地의 數를 통하여 易道를 표상함으로써 圖書가 형성되었다. 『正易』의 十五一言 第一張에서는 "地는 載天而方正하니 體니라. 天은 包地而圓環하니 影이니라. 大哉라 體影之道여 理氣囿焉하고 神明이 萃焉이니라."라고 하여 天地之道의 내용이 神明原理임을 밝히고 있다.

역도를 시간성을 중심으로 표상하면 시간성의 원리이며, 공간성을 중심으로 표상하면 공간성의 원리이다. 시간성의 원리는 그 내용이 역수원리이며, 공간성의 원리는 성명지리이다. 그렇기 때문에 역수원리를 중심으로 역도를 천명한 『정역』에서는 "역도는 역수원리이다."[4]고 하였으며, 공간성의 원리를 중심으로 역도를 천명한 『주역』에서는 "역도는 괘상원리이다."[5]고 하였다.

시간성의 원리와 공간성의 원리는 체용의 관계이다. 뿐만 아니라 시간성의 원리의 표상 체계 역시 체용적 구조이며, 공간성의 표상 체계 역시 체용적 구조이다. 그것은 역도의 표상 범주인 시간성과 공간성이 체용적 구조에 의하여 표상됨을 뜻한다. 그렇기 때문에 역도에 관한 이론 체계인 역학을 그 논리 체계를 중심으로 나타내면 體用論이라고 할 수 있다. 역도의 근본 원리인 신명 원리는 체용의 관계를 이루는 天干과 地支를 합덕시킨 간지 도수에 의하여 표상된다. 간지 도수 원리를 바탕으로 그것을 역수원리를 중심으로 표상한 하도와 낙서 역시 체용적 구조에 의하여 구성된다. 하도와 낙서가 체용의 관계일 뿐만 아니라 하도와 낙서 각각의 도상 자체가 체용적 구조에 의하여 구성되었다. 간지 도수가 표상하는 신명 원리를 인도를 중심으로 표상한 괘효 역시 체용적 구조에 의하여 구성되었다.

시간성의 원리를 체용적 구조에 의하여 나타내면 삼극지도이며, 공간성의 원리를 체용적 구조에 의하여 나타내면 삼재지도이다. 시간성의 원리인 삼극지도를 객체화하여 나타낸 것이 삼재지도이다. 삼재의 도는 천도와 지도 그리고 인도이다. 천지의 도를 통하여 인도의 존재 근거를 밝히는 동시에 인도와 천도의 관계를 통하여 인도의 내용이 밝혀진다. 따라

---

4)　金恒, 『正易』 大易序, "聖哉라 易之爲易이여 易者는 曆也니 無曆이면 無聖이오 無聖이면 無易이라"
5)　『周易』 繫辭下篇 第三章, "易者는 象也ㅣ니 象也者는 像也ㅣ오"

서 삼극지도를 삼재지도로 객체화하여 나타낸 까닭이 인도를 밝히기 위함임을 알 수 있다.

삼재지도를 문제로 삼아서 학문하고 그것을 실천하는 주체는 군자이다. 그러므로 삼극지도, 삼재지도는 군자지도로 집약되어진다. 성인에 의하여 형성된 역학을 연구하여 역도를 자각하고 그것을 실천하는 존재가 군자인 것이다.[6] 성인이 역도를 자각하고 그것을 천명한 역경을 저작한 까닭은 군자로 하여금 그 본성을 자각하고 더불어 천명을 자각하여 그것을 실천하도록 하기 위함이다. 군자의 존재 근거 역시 역도이기 때문에 성인이 역도를 밝힘으로써 군자의 존재 근거와 본성을 밝힌 것이다. 그렇기 때문에 성인이 자각한 역도는 군자에게는 학문의 근본 문제가 되며, 그것의 천명 방법과 범주 그리고 논리 구조는 학문 원리와 실천 원리가 된다.

삼재지도를 군자를 중심으로 나타내면 군자의 학문 원리와 실천 원리 그리고 군자의 존재 근거라는 세 가지 문제가 된다. 삼재지도를 군자를 중심으로 이해하면 천지지도의 문제와 그것을 주체적으로 자각하는 학문의 문제 그리고 자각한 천명을 행하는 실천의 문제가 되는 것이다. 천지지도와 그것이 주체화된 군자의 성명지리의 내용은 이미 역경을 통하여 천명되었다. 그렇기 때문에 남은 문제는 학문과 실천을 중심으로 군자지도의 구체적인 내용을 밝히는 것이다.

이에 본 장에서는 먼저 역도의 천명과정을 살펴보고, 이어서 역도의 논리구조를 고찰한 후에 마지막으로 삼재지도를 중심으로 역도와 군자지도의 관계를 고찰하고자 한다.

---

6) 『周易』의 繫辭上篇 第二章에서는 "君子ㅣ 所居而安者는 易之序也ㅣ오 所樂而玩者는 爻之辭也ㅣ니 是故로 君子ㅣ 居則觀其象而玩其辭하고 動則觀其變而玩其占하나니 是以自天祐之하야 吉无不利니라."라고 하여 易經을 學問하고 實踐하는 존재가 君子임을 밝히고 있다.

1. 聖人에 의한 易道의 闡明

성인에 의하여 이루어지는 역도의 천명은 역경의 저작과 왕도 정치의 실천을 통하여 이루어진다. 그것은 성인을 매개로 이루어지는 역도 자체의 자기 현현이다. 역도의 자기 현현이 現狀에서 성인에 의한 역경의 저작과 왕도 정치의 실천으로 나타난 것이다. 역경의 저작을 통하여 역학이라는 학문이 형성되었으며, 왕도 정치의 실천을 통하여 장차 군자에 의하여 완성되어야 할 왕도 정치의 씨가 인류 역사상에 뿌려졌다. 『주역』에서는 作易 성인인 伏羲를 통하여 作易과 왕도 정치를 통하여 역도의 천명을 밝히고 있는데 그 내용을 살펴보면 다음과 같다.

> 옛날 伏羲가 천하의 왕이 되어 다스릴 때, 위로는 하늘에서 象을 보고 아래로 땅에서 그 이치를 본받았으며, 鳥獸의 文彩와 땅의 마땅함을 觀하여, 가까이는 몸의 여러 부분에서 취하고 멀리는 만물에서 취하여 易道를 상징적으로 나타낸 八卦를 그렸다. 그것은 神明한 德에 通하여 만물의 情僞를 구분하여 나타낸 것이다.[7]

위의 내용은 크게 세 부분으로 나누어진다. 첫 번째 부분은 처음부터 "鳥獸의 文彩와 땅의 마땅함을 觀하여"까지이고, 두 번째 부분은 "가까이는 사람의 몸에서 취하고"에서부터 "이에 비로소 팔괘를 그렸다."까지이며, 세 번째 부분은 나머지 끝 부분이다. 세 번째 부분은 결론 부분으로 첫 번째 부분을 通神明之德에 관한 내용으로 규정하고, 두 번째 부분을 類萬物之情에 관한 내용으로 규정하여 성인에 의한 作易 과정을 通神明之德과 類萬物之情의 두 과정으로 구분하여 나타낸 것이다.

---

7) 『周易』, 繫辭下篇 第二章, "古者에 包犧氏之王天下也에 仰則觀象於天하고 俯則觀法於地하며 觀鳥獸之文與地之宜하여 近取諸身하고 遠取諸物하여 於是에 始作八卦하여 以通神明之德하여 以類萬物之情하니라"

첫 번째 부분은 작역의 주체가 성인임을 나타내는 동시에 작역 성인이 천하의 왕이 되어 천하를 다스렸음을 나타내는 것으로 시작하고 있다. 그리고 이어서 성인이 天과 地 그리고 만물에서 象과 法 그리고 文과 宜를 觀하였음을 나타내고 있다. 觀은 천지와 만물의 존재 근거인 형이상적 존재를 자신의 본래성과 일체화시켜서 자각함을 뜻한다. 천지와 만물의 존재 근거가 되는 형이상적 존재는 천지의 도로 그 본성은 도덕성이다. 따라서 觀은 천지의 본성인 도덕성을 느껴 통함이다. 천지의 도덕성을 『주역』에서는 신명한 덕으로 규정하고 있다. 그러므로 觀象, 觀法, 觀文與宜는 천지의 도를 자신의 본래성과 일체화시켜서 자각함으로써 천지의 본성인 신명한 덕에 통함이다. 『주역』에서는 "천지의 본성을 體得하여 신명한 덕에 통한다."[8]고 하여 천지의 본성인 도덕성의 자각이 신명한 덕에 통함임을 밝히고 있다.

두 번째 부분은 성인이 신명한 덕에 통함으로써 자각되어진 역도를 일정한 논리와 형식에 의하여 형이하적 존재와 구분하여 상징적으로 드러내어 나열함을 뜻한다. 역도를 천지와 인간이라는 범주에 의하여 天의 원리(天道)와 地의 원리(地道) 그리고 인간의 원리(人道)로 해부하고 그것을 일정한 상징체계로 나열하여 그 의의를 밝히는 것이다. 이처럼 깨달아진 역도를 이해하고 그것을 통하여 만물을 情僞에 따라서 구분하여 나열함이 유만물지정으로, 그것은 형이상의 역도를 형이하의 현상 사물에 비겨서 상징적으로 드러냄이다. 그러므로 "사람과 사물에서 취하여 역도를 나타내는 팔괘를 그렸다"는 것은 팔괘를 통하여 형이상의 역도를 현상 사물의 본성에 비겨서 상징적으로 드러내었음을 뜻한다.

통신명지덕은 성인의 심성 내면에서 이루어지는 역도의 자각으로 자각한 역도를 상징적으로 나타내는 것이 유만물지정이다. 유만물지정은 역도를 일정한 논리와 형식에 의하여 여러 가지 이치로 해부하는 과정과

---

8) 『周易』, 繫辭下篇 第六章, "以體天地之撰하여 以通神明之德하니"

해부되어진 이치를 구체적인 사물에 비겨서 상징적으로 드러내어 나열하는 과정으로 구분할 수 있다. 앞의 인용문에서는 "가까이는 몸의 여러 부분에서 취하고 멀리는 만물에서 취하여 역도를 상징적으로 나타낸 팔괘를 그렸다."[9]고 하였다. "가까이는 사람의 몸에서 취하고 멀리는 사물에서 취하였다."는 것은 형이상의 역도를 여러 이치로 해부하여 상징화하였음을 의미하며, "팔괘를 그렸다."는 것은 역도를 나타내는 상징물을 구체화하여 괘로 드러내었음을 의미한다. 형이상의 역도를 여러 이치로 해부하여 상징적으로 나타낸 것을 象이라고 한다. 따라서 "몸과 사물에서 취하였다"는 것은 象을 세우는 立象을 의미하며, "팔괘를 그렸다"는 것은 象을 드러내어 나열하는 表象[10]을 의미한다. 그러므로 유만물지정의 과정은 입상과 표상으로 구분된다.

『주역』에서는 象과 卦 그리고 繫辭를 중심으로 聖人之意가 밝혀지는 과정을 논하고 있다. 그것은 성인에 의하여 자각된 역도가 천명되는 과정을 나타낸 것으로 그 내용을 살펴보면 다음과 같다.

> 作易 聖人이 象을 세워서 자각한 易道를 다 드러내었으며, 卦를 베풀어 사물의 情僞를 다 드러내었고, 言辭를 敷衍하여 그 하고자 하는 말을 모두 하였다[11]

---

9) 『周易』, 繫辭下篇 第二章, "古者에 包犧氏之王天下也에 仰則觀象於天하고 俯則觀法於地하며 觀鳥獸之文與地之宜하여 近取諸身하고 遠取諸物하여 於是에 始作八卦하여 以通神明之德하여 以類萬物之情하니라"

10) 『周易』에서는 立象의 결과를 상징 체계를 통하여 羅列하여 說明함과 관련하여 "見을 乃謂之象", "懸象著明이 莫大乎日月하고"이라고 하였다. 이를 보면 卦를 통하여 象을 나타냄을 懸象으로 규정하는 것이 타당하다고 생각된다. 그러나 懸象과 現象, 現狀, 見象 등의 우리말이 서로 같기 때문에 이를 서로 구분하기 위하여 이 책에서는 "表象"으로 사용하고자 한다.

11) 『周易』, 繫辭上篇 第十二章, "聖人이 立象하여 以盡意하고 設卦하여 以盡情僞하며 繫辭焉하여 以盡其言하고"

입상은 상을 세움이다. 상은 무형적 존재인 역도를 유형적인 존재로 구상화하여 상징적으로 드러낸 것으로, 형이상적 존재인 역도를 성인의 뜻에 의하여 여러 이치로 풀어 나누는 역도의 해석이 입상이다. 그렇기 때문에 입상함으로써 성인의 뜻을 모두 드러내었다고 하였다. 設卦는 무형적 존재인 상을 일정한 형식을 가진 상징 체계의 구성을 통하여 드러냄이다. 상이 유형적 상징 체계로 드러난 것이 괘로, 괘의 구성이 設卦이다. 設卦를 통하여 만물의 실상(情)과 허상(僞)이 모두 밝혀짐으로써 천지의 이치가 모두 드러나게 된다. 繫辭는 괘에 언사를 붙여서 당위적 가치인 吉과 凶을 판단한 것이다. 괘를 통하여 드러나는 情僞를 기준으로 情에 해당하는 吉과 僞에 해당하는 凶을 구분하여 인간 행위의 기준을 제시한 것이 계사인 것이다.

설괘와 계사는 입상과는 달리 형이상적 존재인 역도를 더욱 구체화하여 유형적인 존재로 나타내는 과정이다. 현상적 사물에 비겨서 상징적으로 표현된 역도 즉 입상된 역도를 구체적인 모습으로 드러내는 표상이 바로 설괘와 계사인 것이다. 입상과 표상의 차이와 관계를 살펴보면 입상은 역도를 이치에 의하여 해부하는 이해의 과정이며, 표상은 해부된 이치를 나열하여 분명하게 밝히는 설명의 과정이다. 이처럼 역도를 이해하고 설명하는 것은 역도 자체를 이치에 의하여 풀어서 나누고 그것을 상징적으로 드러내는 해석인 동시에 그것을 상징적으로 드러내는 懸象에 다름 아니다. 역도의 의미 해석이 이해이며, 그것을 상징적으로 드러내는 現象이 설명인 것이다.[12]

입상은 나누어 구분되어지기 이전의 역도 자체를 바탕으로 그것을 이해하는 것이기 때문에 입상을 통하여 역도 자체의 구조와 작용 원리가

---

12) 立象과 表象을 建築에 비유하여 나타내면 建物을 築造하여 어떠한 用途로 사용하겠다는 뜻을 세우고 그 뜻을 여러 부분으로 나누어서 나타내는 設計圖를 작성하는 과정이 立象이며, 設計圖를 材料에 의하여 구체화시켜서 建築物로 나타내는 과정이 表象이라고 하겠다.

드러난다. 형이상의 역도 자체를 구상화함으로써 이치에 의한 해부가 이루어지고 그것을 통하여 역도 자체의 구조와 작용 원리가 밝혀지는 것이다. 그러나 표상은 입상을 통하여 이해되어진 구조와 작용 원리를 바탕으로 그것을 일정한 형식과 논리에 의하여 나타내기 때문에 표상의 과정을 거쳐서 드러난 체계는 구분되어지고 나누어지기 이전의 역도 자체를 드러낸다.

성인에 의하여 이루어지는 유만물지정의 존재 근거 역시 역도 자체이다. 역도 자체의 자기 전개 원리가 유만물지정의 근거이기 때문에 유만물지정이 입상과 표상으로 구분되어지는 근거 역시 역도 자체의 자기 전개 양상에서 찾을 수 있다. 역도 자체의 작용은 天地의 작용으로 드러나는데 이에 대하여 『주역』에서는 다음과 같이 논하고 있다.

> 天에서 象이 이루어지며, 地에서 形이 이루어짐으로써 변화의 현상이 드러나게 된다.[13]

위의 인용문에서 나타나듯이 天에서 이루어지는 成象과 地에서 이루어지는 成形에 의하여 변화의 현상이 드러난다. 이러한 성상과 성형의 과정이 그대로 유만물지정의 입상과 표상의 과정이 된다. 『주역』에서는 역도의 표상 과정에 대하여 "형이상의 원리적 존재인 역도를 구상화하여 상징적으로 드러낸 것을 象이라고 하며, 象이 형체를 갖게 되었을 때 그것을 器라고 한다"[14]고 하여 이를 분명하게 보여주고 있다. 象은 성상의 결과를 지칭하는 개념으로 그것은 또한 입상의 결과를 지칭하는 개념이다. 그리고 器는 성형의 결과를 지칭하는 개념인 동시에 표상의 결과를 지칭하는 개념이다.[15]

---

13) 『周易』, 繫辭上篇 第一章, "在天成象하고 在地成形하니 變化見矣요"
14) 『周易』, 繫辭上篇 第十一章, "見을 乃謂之象이요 形을 乃謂之器니"
15) 拙稿, 「易學의 曆數原理와 卦象原理」, 『동서철학연구』 제29집, 한국동서철학회,

2. 易道 闡明의 範疇인 時間性과 空間性

앞에서 성인에 의하여 역도가 자각되고 천명됨을 살펴보았다. 그런데 역도의 천명은 이해와 설명에 의하여 이루어지며, 이해와 설명은 일정한 범주와 형식 그리고 논리 체계에 의하여 이루어진다. 따라서 역도의 천명을 논하기 위해서는 이해와 설명의 범주를 논하지 않을 수 없다.

역도를 입상하고 표상하는 범주는 시간성과 공간성이다. 시간성은 天의 본성인 天道를 나타내는 개념이며, 공간성은 地의 본성인 地道를 나타내는 개념이다. 『주역』에서는 "역도는 천지의 準據를 제공한다. 그러므로 능히 천지의 도를 彌綸한다."[16]고 하여 역도의 입상과 표상이 천도와 지도를 범주로 하여 이루어짐을 밝히고 있다. 이는 역도가 이해되어지고 설명되어짐으로써 천지의 道로 드러나고 밝혀짐을 뜻한다. 『주역』에서는 천지를 범주로 역도의 표상 체계인 괘효가 형성됨을 다음과 같이 논하고 있다.

> 천지의 본성으로서의 도덕성을 자각하여 그것을 尊卑의 관계로 표상함으로써 體用의 관계를 이루는 重天乾卦(☰)와 重地坤卦(☷)가 형성된다.[17]

이를 보면 역도가 천지의 도로 이해되고 그것을 나타낸 것이 중천건괘와 중지곤괘임을 알 수 있다. 六十四 중괘가 건곤괘 원리를 바탕으로 전개되는 동시에 육십사괘의 원리는 건곤괘 원리로 집약된다. 『주역』에서는 "건곤괘에 역도가 蘊蓄되어 있다. 건곤을 바탕으로 육십사괘가 나열됨으로써 변화 원리가 그 가운데서 밝혀지게 된다. (그러므로 만약) 건곤

2003, 227쪽에서 234쪽.

16) 『周易』, 繫辭上篇 第四章, "易이 與天地之準이라 故고 能彌綸天地之道하나니라"

17) 『周易』, 繫辭上篇 第一章, "天尊地卑하니 乾坤이 定矣요"

이 없다면 변화 원리는 물론 변화 현상을 볼 수 없을 것이며, 변화 현상을 볼 수 없다면 건곤이 그 작용을 멈춘 것이다.”[18]고 하여 이 점을 분명히 밝히고 있다.

천지는 시간성이 나타난 시간의 세계와 공간성이 나타난 공간의 세계를 나타낸다. 『정역』에서는 천지를 각각 무형적이고 주체적인 시간의 세계와 유형적이며 객체적인 공간의 세계로 나타내고 있다.[19] 천지가 시간과 공간의 세계임을 보다 분명하게 드러내고 있는 것은 『주역』의 중천건괘와 중지곤괘이다. 중천건괘에서는 “天의 운행은 剛健하니 군자가 이를 주체적으로 자각하여 스스로 德을 쌓는데 그침이 없다.”[20]고 하여, 天이 마친 그 자리에서 다시 시작함으로써 그침이 없는 시간의 세계이며, 그것을 인간 주체적으로 자각한 군자 역시 자신의 덕을 쌓는데 그침이 없어야함을 나타내고 있다. 중지곤괘에서는 “地의 勢를 나타내는 것이 곤괘로 군자는 곤괘를 통하여 표상되어진 역도를 주체적으로 자각하여 두터운 덕으로 만물을 싣는다.”[21]고 하여, 地가 공간의 세계이며, 그것을 인간 주체적으로 자각한 군자는 두터운 덕으로 만물을 실어야 함을 나타내고 있다.

형이하적 천지를 나타내기 위해서 입상과 표상의 과정을 거칠 필요는 없다. 오직 형이상적 존재인 천지의 본성만이 입상과 표상이 필요하다. 그것은 역도의 천명이 시간과 공간 자체를 천명하는 것이 아니라 그 존재 근거인 시간성과 공간성을 천명함을 뜻한다. 따라서 역도의 입상과 표상은 천지의 형이상적 본성을 나타내는 천도와 지도에 의하여 이루어

---

18) 『周易』, 繫辭上篇 第十二章, “乾坤은 其易之縕也인져 乾坤이 成列而易이 立乎其中矣니 乾坤이 毀則无以見易하니 易不可見則 乾坤이 或幾乎息矣리라”

19) 金恒, 『正易』十五一言 第一張, “地는 在天而方正하니 體요 天은 包地而圓環하니 影이니라”

20) 『周易』, 重天乾卦 大象, “天行이 健하니 君子以하여 自彊不息하나니라”

21) 『周易』, 重地坤卦 大象, “地勢라 坤이여 君子以하여 厚德載物하나니라”

진다.

역도를 시간성을 중심으로 표상하면 시간성의 원리이며, 공간성을 중심으로 표상하면 공간성의 원리가 된다. 시간성의 원리를 天道라고 하며, 공간성의 원리를 地道라고 한다. 천도의 내용은 역수원리이며, 지도의 내용은 성명지리이다. 시간성의 원리를 체용의 구조에 의하여 나타내면 삼극이라는 본체에 의하여 이루어지는 도역생성 작용 원리로 그것을 삼극지도라고 한다. 반면에 공간성의 원리를 체용의 구조에 의하여 나타내면 삼재라는 본체에 의하여 이루어지는 順逆 兩之 作用 原理로 그것을 삼재지도라고 한다.

시간성을 객관화하여 나타내면 공간성이 된다. 시간성을 나타내는 개념은 종시성으로, 종시성을 근거로 형성되는 시간을 나타내는 개념이 시종이다. 그러므로 종시와 시종은 체용의 관계이다. 시간을 객관화하면 공간이 된다. 공간의 본질을 나타내는 개념이 본말이다. 그러므로 현상의 측면에서는 시종과 본말의 세계가 전개되고 그 존재 근거는 종시성의 시간성과 본말성의 공간성이라고 할 수 있다. 시종의 관계를 중심으로 형성된 개념이 事件이며, 본말의 관계를 중심으로 형성된 개념이 物件이다. 그러므로 현상 세계는 사건과 물건의 세계이며, 사건과 물건은 반드시 시종과 본말을 갖게 된다.

천도를 천명한 역경인 『정역』에서는 사건 원리를 중심으로 역도를 천명하고 있고, 지도를 천명한 역경인 『주역』에서는 물건 원리를 중심으로 역도를 천명하고 있다. 『정역』에서 논의되고 있는 중심 개념인 先天과 後天, 先後天의 開闢, 盤古化, 日月의 胞胎養生成終復 등이 모두 사건의 측면에서 그 종시 원리를 표상한 것이다. 반면에 『주역』에서는 천지와 만물을 중심으로 그 본말 원리를 논하고 있다. 重卦의 卦序가 표상하는 원리를 밝히고 있는 序卦篇에서는 천지와 만물이라는 물건의 측면에서 선후 관계를 통하여 본말 원리를 중심으로 나타내고 있다. 그렇기 때문에 서괘 원리를 요약하여 나타낸 부분에서 "上下의 本末 관계가 형성된 然後에 비로소 禮義가 행하여질 바가 있게 된다."22)고 하였다.

역도를 존재 근거로 형성된 사서 역시 사건과 물건의 문제가 중심 문제라고 하지 않을 수 없다. 특히 학문은 物件의 측면에서 事件의 측면으로, 事件의 측면에서 그 존재 근거인 終始 原理를 자각하는 문제가 근본 내용이기 때문이다. 『주역』에서는 六爻가 始終의 時位를 통하여 終始 原理를 표상하며23), 始終을 나타내는 初爻와 上爻가 本末 原理를 나타낸다.24)고 하였다. 사건과 물건 그리고 그 내용인 종시와 본말을 분명하게 밝히고 있는 사서는 『대학』이다. 『대학』에서는 "物에는 本末이 있고, 事에는 終始가 있으니 그 선후하는 바를 알면 道에 가깝다."25)고 하여 물건이 본말로 구성되고, 사건이 종시에 근거한 시종으로 구성됨을 논한 후에 그 선후 관계를 알면 도를 자각할 수 있을 것이라고 하였다. 이는 군자지도를 자각하는 범주가 공간성과 시간성임을 밝힌 것이다. 천도와 지도를 자각함으로써 비로소 君子之道를 자각함을 나타낸 것이다. 『論語』에서도 천도인 역수원리가 인간의 본래성으로 주체화하였기 때문에 인간 본래성을 자각함으로써 천지지도를 자각하는 것이 군자의 학문 원리임을 밝히고 있다. 『중용』에서는 군자지도를 中庸之道로 규정하고 그것을 다시 時中之道로 규정하였다. 이는 시간성의 원리를 중심으로 그것을 주체적으로 자각하여 천명을 자각함으로써 天時에 순응하는 것이 군자지도임을 밝힌 것이다. 뿐만 아니라 "仲尼는 堯舜의 道를 祖述하고 文武의 道를 法으로 삼아 밝혔으니, 위로는 天時를 본받았으며, 아래로는 水土를 承襲하

---

22) 『周易』 澤山咸卦 序卦, "有上下然後애 禮義有所錯이니라."
23) 『周易』 重天乾卦 彖辭, "大明終始하면 六位時成하나니"
24) 『周易』 繫辭下篇 第九章, "易之爲書也ㅣ 原始要終하야 以爲質也코 六爻相雜은 唯其時物也ㅣ라. 其初는 難知오 其上은 易知니 本末也ㅣ라 初辭擬之하고 卒成之終하니라."
25) 『大學』 第一章, "物有本末 事有終始 知所先後 則近道矣"

였다."26)고 하여 성인지도의 내용이 시간성의 원리와 공간성의 원리임을 밝히고 있다.『맹자』에서는 正名 原理를 중심으로 왕도 정치 원리를 논하고 있다. 그런데 正名을 正命으로 규정하고 "命이 아닌 것이 없으니 오직 그 正道만을 행할 따름이다."27)고 하여 천시를 받들어 행함을 正命으로 밝히고 있다. 이처럼 사서가 군자지도를 표상하는 범주로 사용한 것이 시간성과 공간성이기 때문에 사서에서 밝히고 있는 군자지도를 자각하는 범주는 시간성과 공간성이다. 사건과 물건을 중심으로 그 존재 근거인 시간성과 공간성의 원리를 자각하는 것이 사서가 표상하는 군자지도를 자각하는 원리인 것이다.

3. 易經의 體用的 論理 構造

시간성과 공간성을 범주로 하여 역도를 이해하고 설명하는 논리 구조는 體用論이다. 일반적으로 체용적 논리 구조는 불교의 논리 구조이며, 송대의 학자들이 그것을 이용하여 그들의 이론 체계를 세운 것으로 여기고 있다. 그러나 본래 체용적 구조는 역경에서 역도를 천명하면서 사용된 논리 구조이기 때문에 동북아 전통의 논리 구조이다. 한국 고유 사상인 神道 사상의 체계 자체가 체용적 구조에 의하여 구성되었고, 그것을 근거로 형성된 중국의 괘효 역학 역시 체용적 구조를 갖고 있기 때문에 魏晉 이후 불경을 번역하는 과정에서 체용적 논리 구조를 사용하게 되었던 것이다.28)

---

26)『中庸』第三十章, "仲尼 祖述堯舜 憲章文武 上律天時 下襲水土"
27)『孟子』, 盡心章句上, "孟子曰 莫非命也 順受其正"
28) 한국 고유 사상의 내용인 神道에 관하여는 拙著인『한국 철학의 역학적 조명』을 참고하기 바라며, 神道와 儒佛道 三家 哲學의 관계에 관하여서는 拙著인『중국

체용은 본체와 작용을 나타내는 개념이다. 본체는 근본이 되는 몸체라는 의미로 근원, 근거를 나타내며, 작용은 지어 씀이라는 의미로 근원적 존재의 발용, 현현을 나타낸다. 본체가 근거가 되어 작용이 이루어지기 때문에 본체가 근원이지만 본체는 작용을 통하여 드러나기 때문에 본체 원리를 나타내기 위해서는 작용원리를 매개로 하지 않을 수 없다. 본체와 작용은 일체적 관계이면서도 구분되어지는 관계이다.

역도를 神道, 曆數原理를 중심으로 闡明한 『正易』에서는 그 내용을 본체와 작용 원리를 중심으로 三極之道로 규정하고 있다. 三極之道는 본체 원리를 중심으로 나타내면 三極 原理이며, 작용 원리를 중심으로 나타내면 倒逆 生成 原理이다. 『정역』에서는 十无極과 一太極을 體用의 관계로 규정하고 體用이 合德된 존재를 五皇極으로 규정하고 있을 뿐만 아니라 十无極과 一太極을 중심으로 倒逆의 生成 原理를 밝히고 있다.[29]

『正易』에서는 易道를 本體 原理와 작용 원리를 중심으로 天地의 數에 의하여 상징적으로 나타내고 있는데 그것이 无位數이다. 无位數는 공간적 위상이 없는 형이상적 존재를 나타내는 개념인 无位와 근원적 존재를 표상하는 理數라는 의미가 합하여 형성된 것이다. 무위수를 수를 중심으로 나타내면 二十이다.[30] 이 无位數 二十을 바탕으로 干支 度數 原理의

철학의 역학적 조명』을 참고하기 바란다.

[29] 『正易』의 第一張에서는 "擧便无極이시니 十이니라. 十便是太極이니 一이니라. 一이 无十이면 无體요 十이 无一이면 無用이니 合하면 土라 居中이 五니 皇極이니라."라고 하여 三極之道를 體用을 중심으로 논하고 있고, 第二張에서는 "龍圖는 未濟之象而倒生逆成하니 先天太極이니라. 龜書는 旣濟之數而逆生倒成하니 后天无極이니라. 五居中位하니 皇極이니라."라고 하여 圖書의 倒逆生成 작용을 중심으로 三極之道를 논하고 있다.

[30] 『正易』의 第二張에서는 "嗚呼至矣哉라 无極之无極이여 夫子之不言이시니라. 不言而信은 夫子之道시니라. 晩而喜之하사 十而翼之하시고 一而貫之하시니 儘我萬世師신져.天四면 地六이오 天五면 地五요 天六이면 地四니라. 天地之道는 數止乎十이니라."라고 하여 三極之道를 无極之无極 原理로 집약시켜서 논하고 내용을 "十而翼之"의 倒生逆成과 "一而貫之"의 逆生倒成의 十數로 규정하고 있다. 이를 통하여 无極之无極數가 二十數임을 알 수 있다.

근거가 되는 无无位 六十數 原理와 圖書原理의 근거가 되는 一元 百數 原理가 형성된다.

본체 원리를 중심으로 无位數를 이해하면 천지의 본성을 표상하는 十五와 인간의 본성을 표상하는 五가 合德되어 형성된 수이다. 十五는 본체원리를 중심으로 역도를 표상한 河圖의 본체수이며, 五는 작용원리를 중심으로 역도를 표상한 洛書의 본체수이다. 따라서 无位數 原理를 근거로 그것을 본체 원리와 작용 원리를 중심으로 각각 나타낸 것이 하도와 낙서이다.

무위수를 작용 원리를 중심으로 이해하면 倒生逆成 原理를 표상하는 十에서 一까지의 수와 逆生倒成 原理를 표상하는 一에서 十까지의 수가 合德되어 형성된 수이다. 그것은 倒逆의 생성 작용이 합덕되었음을 뜻하는 것으로 三才의 合德 成道 原理를 표상한 것이다. 그렇기 때문에 三才의 합덕 성도 원리를 표상하는 간지 도수 원리는 无位數를 三才를 표상하는 수인 三과 相乘 合德하여 형성된 무무위 六十數를 근거로 한다.

역도를 표상하는 근본 원리인 无位數 原理가 체용적 구조에 의하여 형성되었기 때문에 그것을 바탕으로 형성된 干支 度數 原理, 圖書 象數 原理, 卦爻 象數 原理 역시 體用的 논리 구조에 의하여 형성되었다. 간지 도수 원리를 표상하는 간지 도수는 天干과 地支로 구성된다. 천간과 지지는 천도와 지도를 표상하는 개념인 천지와 양자의 체용 관계를 나타내는 간지라는 개념이 합덕되어 형성된 개념이다. 따라서 간지 도수는 天道와 地道가 합덕된 體用一源의 근원적 존재를 표상함을 알 수 있다. 천간의 구조 역시 본체 원리를 표상하는 戊己와 작용원리를 표상하는 甲·乙·丙·丁·庚·辛·壬·癸로 구성되어 있다. 十五는 본체 원리인 천지 원리를 표상하며, 甲乙丙丁과 庚辛壬癸는 四象 作用 原理를 표상한다.[31]

---

31) 干支 度數의 論理 構造와 그 내용에 관하여서는 拙稿, 「『正易』의 干支 度數 原理(1)」을 참고 바람.

간지 도수 원리가 표상하는 역수원리를 천지의 수를 중심으로 나타낸 하도와 낙서 역시 체용의 관계일 뿐만 아니라 하도와 낙서의 구조 역시 체용의 구조이다. 하도는 十五의 중심 본체수를 바탕으로 一六, 二七, 三八, 四九의 四象數가 합덕되어 있고, 낙서 역시 五를 중심 본체수로 하여 一九, 二八, 三七, 四六의 사상수가 각각 합덕되어 있다. 하도를 통하여 본체 원리인 十五 尊空 原理가 闡明되며, 낙서를 통하여 작용 원리인 四曆 變化 原理가 표상된다.

간지 도수 원리를 象을 중심으로 나타낸 卦爻 역시 體用의 구조에 의하여 구성된다. 卦를 本體로 하여 爻가 작용하게 된다. 그렇기 때문에 卦體의 측면에서 六爻 重卦는 外卦와 內卦에 의한 상하의 관계로 나타나고, 爻用의 측면에서 육효는 初爻에서 二爻·三爻·四爻·五爻를 거쳐서 上爻에 이르는 先天과 後天의 관계인 內外 관계로 나타난다. 이를 聖人·君子之道를 중심으로 살펴보면 聖人之道를 표상하는 五爻와 君子之道를 표상하는 二爻를 체로 하여 군자의 四德인 仁義禮智를 표상하는 初爻·三爻·四爻·上爻가 형성된 것이다. 聖人之道를 本體로 하여 君子之道가 작용하기 때문에 上卦와 下卦는 體用의 관계이다.

『周易』의 繫辭下篇 第六章에서는 "陰陽이 合德하여 剛柔의 體가 있게 된다."[32]고 하여 陰陽과 剛柔가 體用의 관계임을 밝히고 있다. 說卦篇에서는 "陰陽의 變化 原理를 보고 卦를 세웠으며, (음양 원리가) 강유로 발휘됨을 표상하는 爻가 생성되었다."[33]고 하여 卦가 표상하는 내용이 陰陽 原理이며, 효가 표상하는 내용이 강유 원리임을 밝히고 있다. 이는 괘와 효의 관계가 체용의 관계임을 밝힌 것이다. 그렇기 때문에 음양의 효가 나타내는 강유 작용을 각각 用九와 用六으로 규정하여 그것이 모두 작용 원리를 표상함을 나타내고 있다. 體十用九 작용을 표상하는 陽爻와

---

32)『周易』繫辭下篇 第六章, "陰陽이 合德하야 而剛柔ㅣ有體라"
33)『周易』說卦 第一章, "觀變於陰陽而立卦하고 發揮於剛柔而生爻하니"

體五用六 작용을 표상하는 陰爻가 모여서 六爻의 重卦가 구성된 것이다.

역도를 言辭를 위주로 나타낸 十翼에서도 본체와 작용의 구조를 중심으로 역도를 천명하고 있다. 十翼의 서술 방법을 보면 形而上의 세계를 상하, 체용의 구조를 통하여 분석함으로써 그 구조 원리를 밝힌 후에 다시 兩者의 관계를 중심으로 종합적으로 밝혀서 同而異[34]의 양면을 모두 드러내고 있다. 繫辭上篇 第五章의 내용을 예로 살펴보면 먼저 음양이라는 범주를 통하여 道를 규정한 후에 다시 음양으로 규정할 수 없는 합덕된 존재인 神을 언급하고 있다.[35] 음양이라는 범주를 중심으로 분석적 관점에서 도를 규정하고, 다시 종합적 관점에서 음양으로 분석할 수 없는 근원적 존재를 神으로 규정함으로써 도의 음양적 구조를 통하여 작용 원리를 밝힌 동시에 음양이 합덕된 神을 통하여 본체 원리를 밝힌 것이다.[36]

---

34) 『周易』의 火澤睽卦의 彖辭에서는 "天地ㅣ 睽而其事ㅣ 同也ㅣ며 男女ㅣ 睽而其志ㅣ 通也ㅣ며 萬物이 睽而其事ㅣ 類也ㅣ니"라고 하였으며, 大象에서는 "君子ㅣ 以하야 同而異하나니라"라고 하여 天地와 萬物이 現象的 異의 측면과 形而上的 同의 측면이 있음을 밝히고 있다. 그리고 繫辭上篇 第十二章에서는 "形而上者를 謂之道ㅣ오 形而下者를 謂之器"라고 하여 同而異의 세계를 形而上者와 刑而下者로 구분하여 나타내고 있다.

35) 『周易』繫辭上篇 第五章, "一陰一陽之謂ㅣ 道ㅣ니 繼之者ㅣ 善也ㅣ오 成之者ㅣ 性也ㅣ라. 陰陽不測之謂ㅣ 神이라."

36) 易學의 體用的 論理를 對象的 思考에 의하여 이해하면 一元論이나 二元論으로 오해할 수 있다. 그러나 本體와 作用의 관계는 一元인가, 二元인가의 문제를 벗어나 있다. 易道의 표상 체계가 作用 原理를 중심으로 구조를 분석하고, 本體 原理를 중심으로 구성 요소 사이의 관계를 밝혀서 종합하는 방법을 취하고 있다고 할지라도 그것이 易道 자체의 本性이 事物性임을 뜻하는 것이 아니기 때문이다.
　역학의 體用的 論理 體系는 역도의 표상 체계를 중심으로 그 관계를 살펴보면 보다 분명하게 드러난다. 易道를 그 본성인 神明을 중심으로 표상한 干支 度數 原理와 曆數原理를 중심으로 표상한 圖書 象數 原理 그리고 人道를 중심으로 표상한 卦爻 象數 原理의 관계를 살펴보면 天干이 本體 原理를 중심으로 구조 원리를 밝히고 있고, 地支가 작용 원리를 중심으로 밝히고 있는 반면에 兩者가 합덕된 干支 度數를 통하여 작용 원리가 闡明되고 있으며, 河圖가 본체 원리를 중심으로 合德 原理를 표상하는 반면에 洛書가 작용 원리를 중심으로 生成 原理

　역도가 체용적 구조에 의하여 구성되었기 때문에 역도를 존재 근거로 형성된 군자지도의 내용 역시 체용적 구조를 통하여 표상할 수밖에 없다. 왜냐하면 역도를 구성하는 체용적 구조가 그대로 역도를 천명하는 논리 구조가 되기 때문이다. 군자지도를 체용적 구조를 통하여 나타낸 개념이 성명지리이다. 성명지리는 性命의 理致라는 의미로 과거적 본성을 나타내는 性과 미래적 사명을 나타내는 命을 합하여 나타낸 것으로 性體命用의 관계이다. 이를 四德을 중심으로 나타내면 仁知의 性과 禮義의 命은 체용의 관계이다. 仁性을 체로 하여 禮命이 작용하며, 知性을 체로 하여 義命이 작용한다.

4. 三極之道와 君子之道

　역경에서 밝히고 있는 역도의 내용이 시간성의 원리인 삼극지도와 공간성의 원리인 삼재지도이며, 삼극지도의 내용이 역수원리이고, 삼재지도의 내용이 성명지리임을 앞에서 살펴본 바와 같다.

　삼극지도와 삼재지도는 체용의 관계이다. 시간성의 원리인 삼극지도를 객체화하면 공간성의 원리인 삼재지도가 되고, 삼재지도를 주체화하면 삼극지도가 된다. 삼재지도를 통하여 天과 地 그리고 人이라는 세계의 구조와 그 본성인 천도, 지도, 인도를 밝혀낼 수 있으며, 삼재지도를 주체화함으로써 삼극지도를 통하여 천도와 지도 그리고 인도의 관계를 밝혀낼 수 있다.

　삼극지도를 본체인 삼극을 중심으로 살펴보면 십무극과 일태극이 오황극으로 합덕된다. 이를 삼재지도를 중심으로 살펴보면 천도와 지도가 인

　를 표상하고 있으며, 兩者의 관계를 통하여 曆數原理가 闡明되고 있다.

도로 집약된다. 삼재의 도가 인도로 집약되기 때문에 인도를 밝힘으로써
천지의 도가 밝혀지고, 삼재의 도가 밝혀지게 된다. 따라서 삼재지도는
인도를 중심으로 인도와 천지의 도와의 관계를 통하여 밝혀지게 된다.
『논어』와 『서경』에서는 성통을 중심으로 성인지도를 밝히는 과정에서 그
존재 근거인 역수원리와 인도의 관계를 밝히고 있는데 그 내용은 다음과
같다.

> 天의 曆數 네 몸에 있으니 진실로 그 中을 잡으라. 四海가 困窮하면
> 天祿이 영원히 끊어질 것이다.[37]

위의 내용은 천지의 도와 인간의 관계를 중심으로 삼재의 도를 밝힌
것으로 그것은 인도를 중심으로 삼재의 도를 집약시켜서 나타낸 것이다.
위의 인용문에서 "天之曆數 在爾躬"은 천도의 인간 주체화 원리를 나타
내고, "允執其中"는 천도의 인간 주체적 자각 원리를 나타내며, "四海困
窮 天祿永終"은 천명의 실천을 나타낸다. 따라서 위의 인용문에서 밝히
고 있는 삼재의 도는 역수원리를 내용으로 하는 천도와 그것이 주체화된
본성을 자각하는 문제 그리고 천도를 인간 주체적으로 자각함으로써 밝
혀지는 천명을 실천하는 세 가지 문제가 그 내용이다. 천도의 인간 주체
화 원리는 인간의 문제가 아니라 천지 자체의 문제이며, 천도의 인간 주
체적 자각과 실천은 천지의 문제가 아닌 인간의 문제이다. 따라서 삼재의
도의 내용을 천인 관계를 중심으로 구분하여 나타내면 인도의 내용인 자
각론과 실천론 그리고 자각과 실천의 존재 근거인 天道論이 그 내용이다.
『논어』와 『서경』에서 성인지도를 중심으로 삼재지도를 밝히고 있지만
그 내용은 군자지도이다. 왜냐하면 성인지도와 군자지도는 일체적 관계
이면서 체용의 관계이기 때문이다. 그렇기 때문에 『주역』에서는 역경을

---

37) 『論語』 堯曰篇, "堯曰, '咨! 爾舜! 天之曆數在爾躬, 允執其中. 四海困窮, 天祿永
終'"

저작한 주체가 성인이고 그 내용이 성인지도임을 밝히면서도 군자지도를 제시하고 있다.[38) 따라서 군자지도는 자각론과 실천론 그리고 천도론이 그 내용이다.

천도론은 모든 존재의 근거인 천지를 문제로 삼아서 그 본래적 의의를 밝힌 天地之道論이다.[39) 천도론은 군자지도의 존재 근거를 밝힌 동시에 만물의 존재 근거를 밝힌 존재론이다. 존재론으로서의 천도론이 천지의 본성에 관한 이론 체계인 것과 달리 자각론과 실천론은 인간의 본성에 관한 이론 체계이다. 자각론은 학문 원리에 관한 이론이며, 실천론은 실천 원리에 관한 이론이다. 천도론과 자각론 그리고 실천의 관계를 살펴보면 천도론과 자각론·실천론은 체용의 관계이며, 자각론과 실천론 역시 체용의 관계이다.

천도론과 자각론 그리고 실천론의 관계를 천도를 중심으로 살펴보면 천도론과 자각론·실천론은 도생역성과 역생도성의 관계이며, 자각론과 실천론의 관계 역시 역생도성과 도생역성의 관계이다. 왜냐하면 삼재지도 가운데서 천지지도와 인도는 본체와 작용의 체용 관계로 천지지도는 본체 원리이며, 인도는 작용 원리이기 때문이다. 그것을 도서 상수 원리를 중심으로 나타내면 천도론은 十五 본체 원리를 내용으로 하며, 인도의 내용인 학문론과 실천론은 體十用九 원리와 體五用六 원리가 그 내용이다.

인도가 학문론과 실천론으로 구분되는 까닭은 천지의 작용이 도생역성과 역생도성이며, 그것이 각각 성인지도와 군자지도의 근거가 되기 때문

---

38) 『周易』 繫辭上篇 第十章, "易有聖人之道ㅣ 四焉하니 以言者는 尙其辭하고 以動者는 尙其變하고 以制器者는 尙其象하고 以卜筮者는 尙其占하나니 是以 君子ㅣ 將有爲也하며 將有行也애 問焉而以言하거든 其受命也ㅣ 如嚮하야 无有遠近幽深히 遂知來物하나니 非天下之至精이면 其孰能與於此ㅣ 리오"

39) 天道와 地道 역시 體用의 관계이기 때문에 天地의 道를 天道를 중심으로 나타내면 天道 가운데 地道는 포함되기 때문에 天地之道論은 天道論이라고 할 수 있다.

이다. 도생역성 원리가 성인지도의 근거이며, 역생도성 원리가 군자지도
의 근거인 것이다. 도서 상수 원리를 중심으로 살펴보면 본체 도수인 十
五의 합덕에 의하여 用九 작용과 用六 작용이 이루어지며, 그것이 천지
의 작용이다. 천지와 인간 역시 체용의 관계이기 때문에 천도를 근거로
天的 작용을 하는 존재인 성인과 지도를 근거로 地的 작용을 하는 존재
인 군자로 구분되는 것이다. 『주역』에서는 "天에 근본을 둔 사람은 형이
상의 세계와 親하고, 地에 근본을 둔 사람은 형이하의 세계와 親하니 각
각 그 근본을 쫓는다."40)고 하였을 뿐만 아니라 "乾道가 성인을 낳고, 坤
道가 군자를 낳는다."41)고 하여 성인과 군자를 엄격하게 구분하여 논하
고 있다.

　성인은 천지지도와 인도를 천명함으로써 학문을 형성시킨 존재이며,
군자는 성인이 밝힌 삼재지도를 자각하여 그것을 실천하는 존재이다.
『주역』에서는 "옛날에 성인이 『주역』을 저작한 목적은…"42)이라고 성인
이 경전을 저작한 존재임을 분명하게 밝히고 있다. 『정역』에서는 "天地
는 一夫의 말을 말하고 一夫는 天地의 말을 말한다."43)고 하여 성인이
천지의 心을 밝히는 존재임을 분명하게 밝히고 있다. 반면에 "君子가 道
를 행하지 않고 학문을 할 때는 卦象을 보고 繫辭를 玩味하며, 세상에 나
아가서 道를 행할 때는 변화를 보고 占辭를 玩味한다."44)고 하여 군자를
위하여 『주역』을 저작하였음을 밝히고 있다. 군자는 성인이 천명한 도를
자각하여 실천하는 존재인 것이다. 그렇기 때문에 학문론은 성인을 중심
으로 논의되어질 수밖에 없고, 실천론은 군자를 중심으로 논의되어질 수

---

40) 『周易』 重天乾卦 五爻 文言, "聖人이 作而萬物이 覩하나니 本乎天者는 親上하고
　　本乎地者는 親下하나니 則各從其類也ㅣ니라."
41) 『周易』 繫辭上篇 第一章, "乾道ㅣ 成男하고 坤道ㅣ 成女하니"
42) 『周易』 說卦 第一章 및 第二章, "昔者聖人之作易也"
43) 金恒 『正易』 第十張, "天地는 言一夫言하고 一夫는 言天地言이니라"
44) 『周易』 繫辭上篇 第二章, "是故로 君子ㅣ 居則觀其象而玩其辭하고 動則觀其變而
　　玩其占하나니 吉无不利니라."

밖에 없다.

선진 유학에서 제시하는 학문은 성인지도를 근거로 형성된 학문이며, 선진 유학에서 제시하는 실천 원리는 군자지도를 내용으로 하는 실천 원리이다. 따라서 사서를 이해할 때는 반드시 본체 원리인 천지 원리를 근거로 이해하여야 하며, 학문은 성인지도를 근거로 이해하고, 실천은 군자지도를 중심으로 이해하여야 한다. 성인지도는 성통 원리를 통하여 분명하게 밝혀지며, 성통 원리는 천도인 역수원리를 근거로 형성된 것이기 때문에 역수원리의 자각을 통하여 성통 원리가 밝혀지게 된다. 따라서 학문 원리를 올바로 이해하기 위해서는 역수성통원리를 올바로 이해하여야 한다.

실천 원리를 올바로 이해하기 위해서는 군자지도를 분명하게 이해하여야 한다. 군자는 성인과 엄격하게 구분되어지는 존재이다. 성인과 군자는 德位에 의하여 구분되어지는 존재가 아니라 부여받은 천명의 내용을 통하여 구분되어지는 존재이다. 성인은 先天의 주체적 존재이며, 군자는 後天의 주체적 존재이다. 선천은 성인에 의하여 삼재지도가 원리로 밝혀지는 세계이며, 후천은 군자에 의하여 삼재지도가 실천되는 세계이다. 그러나 선천과 후천은 별개의 세계가 아니라 선천이 후천을 향하여 작용하며, 후천은 선천을 향하여 작용한다. 『정역』에서는 "후천은 선천에서 政事하니 水火旣濟卦의 세계이며, 선천은 후천에서 政事하니 火水未濟卦의 세계이다."[45]라고 하여 선천과 후천의 관계를 밝히고 있다. 따라서 성인과 군자 역시 일체적 관계이다. 그렇기 때문에 선천의 성인지도는 始生된 군자지도이며, 후천의 군자지도는 成道된 성인지도이다.

---

45) 金恒, 『正易』 十五一言 第四張, "后天은 政於先天하니 水火니라. 先天은 政於后天하니 火水니라"

第四章 『論語』의 易學的 이해

　『논어』가 주자의 集註本이 형성되면서 오늘날 우리가 볼 수 있는 형식적 체계를 갖추기까지는 몇 차례의 개정 과정을 거치게 된다. 한대에는 세 가지의 『논어』가 있었다. 劉向은 "魯나라 사람들이 배우는 것을 일러 魯論이라고 하며, 齊나라 사람들이 배우는 것을 일러 齊論이라고 하고, 孔氏의 壁에서 얻은 것을 일러 古論이라고 한다."[1]고 하여 한대에 세 종류의 『논어』가 있었음을 밝히고 있다. 이 가운데서 오늘날 우리가 볼 수 있는 『논어』의 원전은 魯論으로 한대의 張禹가 魯論을 근거로 齊論을 인용하여 『論語章句』를 지었는데 그것을 『張禹論語』라고 한다. 이것이 『논어』의 일차 改定本으로 이어서 鄭玄과 何晏에 의하여 『論語集解』가 형성되었고, 何晏의 集解本이 송대의 邢昺의 疏와 합하여 『十三經注疏本論語』가 되었으며, 朱子에 의하여 『集註本論語』가 형성되었다. 그러나 鄭玄의 集註本은 일찍이 失傳되었고, 十三經注疏本과 朱子의 集註本이 오늘날 우리가 볼 수 있는 『논어』이다.

　『논어』는 공자와 제자들의 문답이 주를 이루며, 제자들이 듣고 본 공자의 말씀과 모습을 기록하고 있다. 그러나 『논어』는 공자라는 개인에 관계된 전기나 소설이 아니라 공자의 철학을 담고 있는 경전이다. 따라서

---

1) 劉向, 『別錄』, "魯人所學 謂之魯論 齊人所學 謂之齊論 孔壁所得 謂之古論"

오늘날의 우리가 『논어』를 대할 때 공자의 모습이나 출신 성분 등의 지엽적인 문제를 중심으로 접근할 것이 아니라 사상을 중심으로 접근해야 한다. 『논어』를 통하여 제시되어진 공자의 세계관과 인간관을 내용으로 하는 철학적 통찰 그것이 오늘날 우리게 필요한 문제인 것이다. 『논어』를 철학적으로 이해할 때 비로소 공자가 성인이라는 점에서 공자라는 개인에 얽매이거나 반대로 공자를 貶下하여 일상 사람들과 동일시하는 태도를 버리게 된다.

『논어』의 철학을 이해하기 위해서는 『논어』 자체를 문제로 삼아야 한다. 그런데 『논어』를 연구하고자 할 때 봉착하는 문제는 그 형식이 논리적 정합성을 가진 엄밀한 이론 체계가 아니라 대화체라는 점이다. 그것은 공자의 철학 자체가 엄밀한 이론 체계가 없음을 나타내는 것이 아니다. 만약 공자가 스스로 내면에 엄밀한 이론 체계를 갖고 있지 않다면 어떤 하나의 문제에 대하여 일관된 입장을 견지할 수 없을 뿐만 아니라 다양한 문제를 會通시켜서 논할 수 없다.

삼경과 사서의 관계를 살펴보면 삼경이 사서가 근거가 되었음은 앞에서 살펴본 바와 같다. 『주역』을 통하여 인도의 내용이 체계적으로 제시되었고, 『서경』을 통하여 人道를 政令을 중심으로 역사적 관점에서 밝혔으며, 『시경』을 통하여 인도를 禮樂을 중심으로 문학적 관점에서 밝혔다. 삼경을 통하여 천도의 도역 작용 원리를 중심으로 政令과 律呂의 측면에서 人道가 모두 闡明된 것이다.

삼경을 통하여 인도의 내용이 밝혀졌기 때문에 후세의 군자를 길러야 할 성인의 관점에서 보면 가장 급선무는 학문의 방법을 밝히는 것이 아닐 수 없다. 그렇기 때문에 詩書를 刪定하고, 『주역』을 編纂함으로써 인도를 밝힌 공자는 『논어』를 통하여 학문 원리를 중심으로 인도를 논하고 있다.

그런데 학문의 문제를 논하기 위해서는 실천의 문제를 논하지 않을 수 없고, 학문의 주체인 인간이 어떤 존재이며, 그 존재 근거는 무엇이고, 존재 근거와 인간의 본성은 어떤 관계인가를 밝히지 않을 수 없다. 이처럼 학문의 문제는 실천의 문제를 도외시하고 논할 수 없을 뿐만 아니라 학문의 가능 근거인 인간 본성의 문제와 그 존재 근거인 천지의 도의 문제를 떠나서 논의되어질 수 없기 때문에 『논어』의 이해는 『논어』 자체를 중심으로 이루어져야하지만 다른 경전에 나타난 내용을 참고로 하지 않을 수 없다. 『논어』를 다른 유가 경전들과 비교하여 연구함으로써 『논어』의 연구 방향을 얻을 수 있는 동시에 『논어』를 통하여 도출된 철학의 내용을 다른 경전들을 통하여 검증할 수 있는 것이다.

　『논어』에서 밝히고 있는 인도의 존재 근거는 역도이다. 그리고 역도를 천명한 역경은 『주역』과 『정역』이다. 『정역』은 神道, 天道를 밝히고 있으며, 『주역』은 地道, 人道를 밝히고 있다. 그렇기 때문에 『정역』과 『주역』을 통하여 인간 본래성의 근거가 神道, 天道이며, 그것이 인간 본래성으로 주체화되었음을 전제로 『논어』에서 제기되어진 학문 원리를 이해할 수 있다. 학문의 내용은 인도이지만 인도의 근거는 천도와 지도이기 때문에 천도와 지도 그리고 인도의 내용과 그 관계를 밝히고 있는 역경을 통하여 『논어』의 이해 방향과 방법을 찾을 수 있는 것이다.

1. 『논어』의 구성 체계와 내용

　현재 전하여진 『논어』의 구성 체계를 보면 모두 二十章으로 구성되어 있다. 이러한 구성 체계 자체가 공자의 의하여 이루어진 것이라고 할 수는 없지만 그러나 구성 체계는 내용에 따라서 그 내용을 가장 잘 드러낼 수 있도록 구성하였다는 점에서 『논어』의 내용을 이해하는 데 도움이 된

다. 우선 二十이라는 수를 역학적 관점에서 살펴보면 그것을 无位數라고
한다. 무위수의 '无位'는 시공상의 위치가 없는 형이상적 존재라는 의미
와 더불어 근원적 존재라는 의미를 포함하고 있다. 그러므로 무위수는 형
이상의 근원적 존재의 존재 원리를 표상하는 수이다. 그렇기 때문에 무위
수 원리는 역도의 근본 원리이다.

무위수 二十을 도서 역학의 측면에서 살펴보면 본체와 작용의 두 측면
에서 고찰이 가능하다. 본체의 측면에서는 하도의 본체수 十五와 낙서의
본체수인 五가 합덕되어 형성된 수가 무위수이다. 반면에 작용의 측면에
서는 도생역성 원리를 표상하는 十에서 一까지의 수와 역생도성 원리를
표상하는 一에서 十까지의 수가 합덕되어 형성된 수가 무위수 二十이
다.[2]

하도와 낙서는 천도인 역수원리를 표상한 도상이다. 도서가 표상하는
원리를 본체 원리를 중심으로 나타내면 十五 원리이며, 작용 원리를 중
심으로 나타내면 도생역성 작용 원리와 역생도성 작용 원리이다. 그것은
무위수 원리를 작용 원리를 중심으로 나타내면 도생역성 작용 원리와 역
생도성 작용 원리가 됨을 뜻한다.

천도의 도역생성 작용 원리를 인도의 측면에서 군자를 중심으로 나타
내면 학문 원리와 실천 원리가 된다. 역생도성 원리를 근거로 학문을 하
게 되고, 도생역성 원리를 근거로 학문을 통하여 자각한 천명을 현실에서
실천하는 것이다. 그렇기 때문에 『논어』는 천도의 도역생성 작용 원리를
군자를 중심으로 인도의 측면에서 표상한 것이다.

『논어』의 전체 구조를 보면 처음 부분과 마지막 부분인 學而篇과 堯曰
篇을 통하여 그 大體를 파악할 수 있다. 學而篇에서는 學易의 방법을 경
전을 중심으로 시간성의 원리를 연구하여 그것을 주체적으로 자각하는
원리를 제시하고 있는데 그것은 逆生 원리를 중심으로 학문하는 방법을

---

2) 无位數 原理에 대하여서는 拙稿, 「圖書原理의 내용인 曆數原理」를 참고 바람.

나타낸 것이다. 반면에 堯曰篇에서는 學易의 방법이 성인지도에 근거하며, 그 내용이 역수원리임을 논하고 그것을 통하여 학문의 목표가 자신에게 주어진 천명을 자각하는 데 있음을 밝히고 있다. 이는 도성의 관점에서 학문의 방법을 논한 것이다. 따라서 『논어』의 근본 문제는 逆生倒成 원리를 중심으로 학문 원리를 밝히고 있음을 알 수 있다. 學而篇에서 학문을 문제로 삼아서 그 방법을 논한 후에 堯曰篇에서는 학문의 목표인 군자가 되는 방법이 天命을 자각함에 있음을 밝혀서 학문으로 시작하여 知天命으로 문제로 귀결시키고 있는 것이다. 이처럼 『논어』가 逆生倒成 원리를 중심으로 학문을 근본 문제로 제기하고 있음은 『논어』의 도처에서 언급된 공자의 말씀을 통하여 확인할 수 있다. 憲問篇에서는 "天을 원망하지 않으며, 사람을 원망하지 않으니, 아래로 배워서 위에 도달하였기 때문이다. (그러므로) 나를 아는 존재는 天이다."[3]고 하여 형이하적 세계에서 형이상의 세계로 飛躍하는 逆生倒成의 문제를 논하고 있고, 爲政篇에서는 十五에 학문을 뜻을 두는 것으로 시작하여 七十에 천명을 봉행함을 나타내고 있다.[4] 또한 衛靈公篇에서는 "나는 하나로 관통한다."[5]라고 하였고, 里仁篇에서도 "나의 도는 하나로 꿰어져 있다."[6]라고 하여 逆生倒成의 관점에서 논하고 있다. 뿐만 아니라 爲政篇에서는 逆生倒成의 관점에서 학문 원리를 시간의 세 양상을 중심으로 "옛 성인이 밝힌 성인지도를 자각하여 장차 행하여야 할 군자지도를 자각하면 그것을 삶의 원리로 삼을 수 있다."[7]라고 하였다. 이를 통하여 『논어』의 근본 문제가 학문 원리에 있음을 알 수 있다.

---

3) 『論語』 憲問篇, "不怨天 不尤人 下學而上達 知我者 其天乎"
4) 『論語』 爲政篇, "子曰 吾十有五而志于學 三十而立 四十而不惑 五十而知天命 六十而耳順 七十而從心所慾不踰矩"
5) 『論語』 衛靈公篇, "予一以貫之"
6) 『論語』 里仁篇, "吾道 一以貫之"
7) 『論語』 爲政篇, "子曰 溫故而知新 可以爲師矣"

『논어』의 중심 문제가 학문 원리이지만 그러나 학문 원리를 밝히기 위해서는 학문의 근거인 천지 원리가 무엇이며, 그것이 학문의 주체인 인간의 본래성과 어떤 관계이고, 학문을 어떻게 실천할 것인지를 밝히지 않을 수 없다. 그렇기 때문에 堯曰篇에서는 "天之曆數 在爾躬 允執其中 四海困窮 天祿永終"[8]이라고 하여 천도가 인간의 본래성의 주체화하였기 때문에 인간 본래성을 자각하고 그것을 실천하는 것이 학문의 요체임을 밝히고 있다.

학문을 통하여 천명을 자각한 군자가 되면 그것을 현실에서 실천하지 않을 수 없다. 그렇기 때문에 학문 문제가 중심 문제일지라도 실천 원리를 밝히지 않을 수 없다. 『논어』에서는 天命을 자각한 군자의 실천 원리를 正名 원리로 제시하고 있다. 실천 원리는 倒生逆成 원리에 근거하여 형성된 것으로 자각한 본성을 주체로 하여 그것을 시의성에 맞게 奉行하는 것이다. 군자에 의한 天命의 실천은 국가사회의 측면에서는 정치를 매개로 이루어질 수밖에 없기 때문에 실천 원리는 곧 정치 원리가 된다. 그렇기 때문에 正名 원리를 君臣 관계가 주축이 된 국가사회와 父子 관계가 주축이 된 가정사회를 중심으로 논하고 있다.

『논어』의 중심 문제가 학문 원리이며, 더불어 실천 원리도 논하고 있기 때문에 性과 天道 자체에 관하여서는 논하지 않고 있다. 다시 말하면 性과 天道 자체를 근본 문제로 제기하고 있지 않는 것이다. 그렇기 때문에 子貢은 "선생님의 문장은 얻어들을 수 있으나 선생님께서 性과 天道를 말씀한 것은 얻어들을 수 없다."[9]고 하였고, 子罕篇에서도 "선생님께서는 利와 命 그리고 仁을 드물게 말씀하였다."[10]고 하였다. 그러나 性과 天道를 논하지 않고 학문을 논하고 실천을 논하는 것은 불가능하다. 그

---

8) 『論語』 堯曰篇.
9) 『論語』 公冶長篇, "子貢曰 夫子之文章 可得而聞也 夫子之言性與天道 不可得而聞也"
10) 『論語』 子罕篇, 子罕言利與命與仁"

렇기 때문에 앞에서 논한 바와 같이 堯曰篇에서 天道의 내용이 曆數原理
이며, 그것이 인간의 본래성으로 주체화되었고, 본성을 자각함으로써 그
것을 정치를 매개로 실천해야 함을 밝힌 것이다. 또한 陽貨篇에서는 "사
람의 본성은 純粹하여 태어날 때는 天道와 멀리 떨어져 있지 않지만 삶
을 살아가면서 익힌 習慣이 달라지면서 근원적 세계로부터 멀어지게 된
다."11)라고 하여 性에 관하여 말하고 있다. 뿐만 아니라 性의 내용을 仁
을 중심으로 자주 언급하고 있으며, 禮와 義 그리고 知 역시 논하고 있
다. 仁禮義知는 인간 본래성의 내용인 四德으로 그것을 『주역』에서는 性
命之理로 규정하고 있다.12) 따라서 『논어』에서 인간 본래성을 논하지 않
았다고 할 수 없다.

　『논어』가 학문 원리를 근본 문제로 제기하고 있기 때문에 나타나는 또
하나의 특징은 현실 중심이라는 것이다. 학문은 과거에 이미 밝힌 聖人之
道를 근거로 장차 실천해야 할 君子之道를 자각하는 것이다. 따라서 학
문은 과거와 미래를 하나로 한 현재가 중심이 될 수밖에 없다. 그렇기 때
문에 죽음이나 귀신 등의 문제를 중심 문제로 논의하지 않았다. 季路가
귀신을 섬기는 것에 대하여 묻자 능히 사람도 섬기지 못하면서 어찌 능
히 귀신을 섬기겠느냐고 하였고, 죽음에 대하여 묻자 어찌 삶도 모르면서
죽음을 알겠느냐13)고 말하였다. 이는 『논어』에서 제기한 학문은 형이상
의 근원적 존재에 관한 문제임을 밝힌 것인 동시에 현재의 나의 본성을
중심으로 본성을 자각을 통하여 그 존재 근거인 天地의 道를 자각하는

---

11) 『論語』 陽貨篇, "性相近也 習相遠也"
12) 『周易』의 重天乾卦 彖辭에서는 "乾道變化에 各正性命하나니라."라고 하였고, 文
　言에서는 四象과 더불어 仁禮義知의 四德을 논하고 君子는 四德을 行하는 존재
　라고 하였다. 그리고 說卦篇에서는 聖人이 『周易』을 著作한 目的이 君子로 하여
　금 性命之理에 順應하게 하려는 것이라고 하였다. 이를 통하여 君子의 本性이
　性命之理이며, 性命之理의 내용이 仁禮義知의 四德임을 알 수 있다.
13) 『論語』 先進篇, "季路問事鬼神 子曰 未能事人 焉能事鬼 敢問死 曰未知生 焉知
　死"

문제를 밝힌 것이다. 현재의 본성인 현재성 가운데는 미래성과 과거성이 그 내용으로 존재한다. 그렇기 때문에 현실은 道 자체가 顯現된 진실하고, 善하며, 아름다운 세계 그 자체인 것이다. 시간성의 문제를 객체화하면 공간성의 문제가 된다. 그렇기 때문에 현실을 공간성의 관점에서 분석하면 형이상의 세계와 형이하의 세계로 구성된다. 형이상의 세계는 형이하의 세계와 무관한 별개의 세계가 아니며 양자는 일체적이다. 다만 형이상의 세계가 근거가 되어 형이하의 세계가 존재한다. 그러므로 형이상의 세계에 형이하의 세계가 포함된다. 따라서 『논어』에서 언급된 학문 가운데는 형이상과 형이하의 세계가 모두 포함되어 있다.14)

2. 君子의 학문 방법인 下學而上達

천도의 역생도성 작용 원리를 학문을 중심으로 이해하면 형이하의 세계에서 형이상의 세계로 비약하는 '下學而上達'15)이 된다. 상하는 形而上과 形而下의 세계를 나타내는 말이다. 그러므로 상달은 형이상의 세계에 도달함을 의미하며, 하학은 형이하의 세계에서 형이상의 세계를 배우는 학문함을 뜻한다. 학문을 통하여 형이하의 세계를 벗어나서 형이상의 세계에 도달하는 것이 『논어』에서 밝힌 학문인 것이다. 형이상의 세계는 인간 본래성의 자각을 통하여 밝혀지며, 인간 본래성의 자각은 지식의 누적

---

14) 일반적으로 儒學이 形而上의 근원적 세계를 대상으로 하지 않고 형이하의 現狀 세계를 대상으로 한다고 여기고 있다. 그러나 그것은 儒學에 대한 誤解일 따름이다. 본래 現實이라는 개념은 근원적 세계의 顯現을 가리킨다. 그럼 점에서 儒學이 現實의 학문이라는 말은 참으로 타당한 말이다.

15) 『論語』憲問篇, "子貢曰 何爲其莫知子也 子曰 不怨天 不尤人 下學而上達 知我者 其天乎"

에 의하여 이루이지지 않고, 이성적 사유의 세계를 넘어설 때 이루어진
다. 따라서 『논어』에서 제시하고 있는 학문은 지식의 습득을 목표로 하는
것이 아니라 成德된 인격자로서의 成人을 목표로 한다. 군자가 성인지도
를 연구하여 자신의 본성을 자각하고 더불어 자신의 존재 근거인 천명을
자각하고 그것을 현실에서 실천하는 것이 『논어』에서 제시하고 있는 학
문의 방법이다.

　『논어』의 처음 장과 끝장인 學而篇과 堯曰篇은 그 내용상 首尾 대응
관계를 이룬다. 그렇기 때문에 學而篇과 堯曰篇을 비교하여 연구하면
『논어』의 학문관을 밝혀낼 수 있다. 學而篇에서는 성인으로부터 聖人之
道를 배워서 익힘으로써 군자가 됨을 밝히고 있고, 堯曰篇에서는 天道가
인간의 본래성으로 주체화하였기 때문에 인간 본성의 자각을 통하여 天
命을 자각하고 그것을 실천하는 문제를 논하고 있다. 學而篇에서는 逆生
倒成의 관점에서 학문을 논하고 있고, 堯曰篇에서는 倒生逆成의 관점에
서 학문을 논한 것이다. 學而篇이 '下學而上達'의 관점이라면 堯曰篇은
'居上而行下'의 관점인 것이다.

　學而篇 가운데서 처음 부분은 학문의 대체를 논하고 있다. 그러므로
처음 부분을 중심으로 學而篇의 내용을 검토하여 보자. 學而篇의 처음
부분의 내용을 보면 다음과 같다.

　　孔子께서 말씀하시기를 "배워서 時로 익히면 또한 기쁘지 않겠는가?
　　벗이 있어 멀리서 찾아오면 또한 즐겁지 아니하겠는가? 남들이 나를 알
　　아주지 못하여도 화를 내지 않으면 또한 군자가 아니겠는가?"라고 하
　　였다.[16)]

　위의 내용은 공자가 그의 제자들을 대상으로 학문하는 방법과 학문을

---

16) 『論語』, 學而篇, "子曰學而時習之 不亦說乎 有朋自遠方來 不亦樂乎 人不知而不
　　慍 不亦君子乎"

통하여 도달해야 할 이상적인 인격체가 무엇인지를 제시한 것이다. 이 부분은 그 내용에 따라서 네 부분으로 구분할 수 있다. 첫째는 "子曰"이며, 둘째는 "學而時習之, 不亦說乎아" 부분이고 셋째는 "有朋自遠方來 不亦樂乎아" 부분이며, 넷째는 "人不知而不慍 不亦君子乎아"부분이다.

첫째 부분에서 "공자가 말하였다."고 한 것은 다음에 이어지는 내용이 공자가 제자들에게 한 말씀임을 나타낸다. 공자는 성인이기 때문에 공자에 의하여 학문의 방향과 방법이 제시되었다는 것은 성인에 의하여 학문의 방법과 내용이 제시되었음을 밝힌 것이다. 『주역』에서는 "옛 성인이 『주역』을 저작한 까닭은…"17)이라고 하여 성인이 역경을 저작하고 그것을 통하여 군자지도를 밝혔음을 논하고 있다. 또한 "천지는 만물을 기르고, 성인은 현인을 길러서 천지의 은택이 백성들에게 미치게 한다."18)고 하여 성인이 경전을 저작함으로써 군자지도를 밝혀서 군자를 기름을 밝히고 있다.

공자 자신은 스스로를 성인으로 규정하고 있지는 않다. 그러나 堯曰篇을 보면 堯에서 舜으로, 舜에서 禹로, 禹에서 湯으로, 湯에서 文王, 武王, 周公을 거쳐서 자신에게 전하여진 성인지도의 전승 계통에 참여하고 있음을 분명하게 밝히고 있다. 성인지도의 전승 계통인 성통에 참여하여 성인지도를 전승하는 존재는 성인이다.19)『중용』에서도 "仲尼는 堯舜의 도를 祖述하고, 文王, 武王의 도를 憲章하였다"20)고 하여 공자가 성통을 따라서 전하여진 성인지도를 계승하였음을 분명하게 밝히고 있다. 따라서 공자는 성인이다.

---

17) 『周易』 說卦 第一章 및 第二章, "昔者聖人之作易也"
18) 『周易』 山雷頤卦 彖辭, "天地ㅣ 養萬物하며 聖人이 養賢하야 以及萬民하나니"
19) 聖統의 意義와 그 存在論的 根據 및 聖統에 참여한 聖人에 관하여서는 柳南相 敎授의 「易學의 曆數聖統原理에 關한 硏究」와 拙稿, 「曆數聖統原理」를 參考할 것.
20) 『中庸』, 第三十章, "仲尼祖述堯舜 憲章文武"

성인인 공자를 스승으로 한다는 것은 성인에 의하여 형성된 성학이 『논어』에서 제시하고 있는 학문의 내용임을 뜻한다. 그렇다면 성학의 내용이 무엇인지가 중요한 문제가 아닐 수 없다. 성학의 내용은 학문적 탐구 과제가 무엇인지를 통하여 알 수 있다. 성인지학으로서의 성학의 학문적 탐구 과제는 道이다. 성학은 道의 본래 면목을 밝히는 道에 관한 이론 체계가 중심 내용인 것이다. 그렇기 때문에 『논어』의 도처에서 道를 언급하고 있다. 學而篇에서는 "도에 나아가서 자신을 바르게 하면 학문을 좋아한다고 할 만하다."21)고 하여 학문의 내용이 도임을 분명하게 밝히고 있다. 子罕篇에서는 "함께 배울 수는 있어도 함께 도에 나아갈 수는 없으며, 도에 함께 나아갈 수 있어도 함께 설 수는 없고, 함께 설 수는 있어도 함께 權度를 행할 수는 없다."22)고 하여 학문의 내용이 도를 자각하여 그것을 실천하는 문제임을 밝히고 있다. 뿐만 아니라 "아침에 도를 들으면 저녁에 죽어도 좋다."23)라고 하여 학문하는 사람에게는 도가 평생의 과제임을 밝히고 있다.

둘째 부분은 학문의 방법을 나타낸 것으로 그 내용에 따라서 세 부분으로 나눌 수 있다. '學'과 '時習之' 그리고 '不亦說乎'가 그것이다. '學'과 '時習之'는 학문의 구체적인 방법을 나타내며, '不亦說乎'는 학문의 결과를 나타낸 것이다. '不亦說乎'의 '說'은 인간의 심성 내면에서 일어나는 현상임에는 틀림없다. 따라서 '學而時習之'가 인간의 심성 내면에서 나타나는 현상임을 나타낸 것이라고 하겠다. '學'은 스승의 가르침을 통하여 배운다는 의미이다. 그리고 '時習之'는 배운 것을 익힌다는 의미이다. 익힌다는 것은 일차적으로는 의식 내면화를 뜻한다. 생각하고 또 생각하여 잊어버리지 않음이 익힘이다. 그렇기 때문에 공자는 "배우기만

---

21) 『論語』 學而篇, "就有道而正焉 可謂好學也"
22) 『論語』 子罕篇, "子曰 可與共學 未可與適道 可與適道 未可與立 可與立 未可與權"
23) 『論語』 里仁篇, "子曰 朝聞道 夕死可矣."

하고 생각하지 않으면 남은 것이 없으며, 배우지 않고 생각하기만 하면 위태롭다."[24]고 하였다. 이는 배움과 익힘이 동시에 이루어져야 함을 나타낸 것으로 익힘은 자기 주체화의 과정이다. 배움의 내용이 주체화하지 않으면 아무것도 남은 것이 없음을 나타내는 것이 '學而不思則罔'이다. 반면에 오직 생각만 하고 스승으로부터 배우지 않으면 그 생각이 올바로 이루어질 수 없을 뿐만 아니라 필경은 잘못된 길로 빠져들기 때문에 '思而不學則殆'라고 하였다.

배움의 내용을 의식화하여 기억하는 것만으로는 아직도 그것이 자신의 것이라고 할 수 없다. 학문을 통하여 밝혀진 이치가 학문의 주체와 일체가 되었을 때 비로소 올바로 익혔다고 할 수 있다. 이치가 자신의 주체성과 일체가 되는 체득이 되었을 때 비로소 올바로 익혔다고 할 수 있는 것이다. 이처럼 학문을 통하여 밝혀진 이치가 자신의 주체성과 일체화되었을 때 그것을 德이라고 한다. 덕은 학문이 올바로 수행되었을 때 나타나는 결과인 것이다. 그렇기 때문에 『논어』에서는 학문이 성인지도를 주체화하여 덕으로 변화시키는 것임을 禮를 중심으로 다음과 같이 말하고 있다.

> 孔子께서 말씀하였다. "군자가 널리 문장을 배워서 그것은 禮로 주체화하면 또한 人道에서 벗어나지 않을 것이다."[25]

문장은 성인지도를 담고 있는 경전의 문장을 가리킨다. 성인의 말씀 가운데 담긴 이치를 널리 배워서 그것을 익히는 것은 그것을 자신의 주체성과 일체화시켜서 덕으로 변화시키기 위함이다. 이러한 주체화를 위의 인용문에서는 '約之'로 규정하고 있다. 성인지도를 통하여 배운 천지의 도를 주체화하였을 때 그것이 仁禮義智의 四德이 된다. 그렇기 때문

---

24) 『論語』, 爲政篇, "子曰 學而不思則罔 思而不學則殆"
25) 『論語』 雍也篇, "子曰 君子博學於文, 約之以禮, 亦可以弗畔矣夫"

에 『주역』에서는 인예의지의 사덕을 실천하는 존재가 군자이며,26) 군자지도의 내용이 사덕 원리인 仁義之道27)임을 밝히고 있다. 따라서 禮로 주체화한다는 것은 四德으로 주체화함을 뜻한다. 이처럼 사덕을 실천함이 군자지도의 내용이기 때문에 인도를 벗어나지 않게 된다.

학문을 통하여 그 내용을 주체화함으로써 그것이 德으로 변화하기 때문에 학문의 결과가 德을 이루지 못하고 의식의 단계에 머무르면 그것은 德을 버리는 것이 된다. 학문의 과정에서 德을 이루지 못하고 멈추는 것은 자만이나 명리를 쫓는 과욕 때문에 나타나는 현상이다. 명리를 쫓는 사람은 완숙되지 못한 학문의 내용을 반드시 겉으로 드러냄으로써 자신을 세상에 드러내고자 한다. 그것이야말로 덕을 버리는 것으로 학문의 올바른 태도가 아니다. 그렇기 때문에 공자는 "길가에서 듣고 다시 길가에서 말하는 것은 덕을 버리는 것이다."28)라고 하였다.

앞의 내용을 통하여 두 번째 부분에서 제기되어진 문제가 '學'과 '習'임을 알 수 있다. '學은' 스승으로부터 객관적 원리 형태로 제시되어진 道를 배움을 뜻하며, '習'은 그것을 주체화함을 뜻한다. 이러한 '學習'을 『주역』에서는 '學問'으로 규정하고 그 내용을 다음과 같이 논하고 있다.

> 스승으로부터 道를 理致의 형태로 배워서 의식 내면화하고, 思惟를 통하여 끊임없이 묻고 물어서 자신의 것으로 主體化하며, 너그러움으로 드러나는 禮의 세계에서 살면서 仁으로 행한다(學以聚之 問以辨之 寬以居之 仁以行之).29)

---

26) 『周易』 重天乾卦 文言, "君子 體仁이 足以長人이며 嘉會ㅣ足以合禮ㅣ며 利物이 足以和義며 貞固ㅣ足以幹事ㅣ니 君子ㅣ行此四德者ㅣ라 故로 曰乾元亨利貞"이라.

27) 『周易』 說卦 弟二章, "昔者聖人之作易也는 將以順性命之理니 是以立天之道曰陰與陽이오 立地之道曰柔與剛이오ㅣ 立人之道曰仁與義니"

28) 『論語』, 陽貨篇, "子曰 道聽而塗說 德之棄也"

29) 『周易』 重天乾卦 文言, "君子ㅣ 學以聚之하고 問以辨之하며 寬以居之하고 仁以行之하나니"

위의 내용 가운데서 학문은 道의 주체화 과정이며, 寬仁은 居行하는 실천의 과정이다. 다만 학문을 통하여 寬仁을 주체로 하는 居行이 이루어지기 때문에 학문을 말하면 이미 그 가운데는 居行이 내재되어 있다. 학문을 통하여 道가 자신의 주체성과 일체화되면 본래성을 자각하게 되고, 본래성을 자각하게 되면 자신의 존재 근거인 道를 자각함으로써 자신에게 주어진 사회적 使命을 자각하게 된다. 그렇기 때문에 학문을 하는 사람은 반드시 命을 수행하는 居行을 하게 된다.

앞의 인용문에서 학문을 仁禮義智의 四德을 중심으로 논한 까닭은 인간의 본성의 내용인 仁禮義智의 四德이 그 존재 근거인 천도의 元亨利貞의 四象에 근거하고 있기 때문이다. 그렇기 때문에 학문 원리를 올바로 이해하기 위해서는 天道의 四象 原理를 중심으로 논하지 않을 수 없다. 그러면 神道, 天道를 중심으로 易道를 闡明한 易經인 『正易』에서 밝히고 있는 干支 度數 原理, 圖書 象數 原理를 중심으로 曆數原理를 고찰하여 보자.

天道의 내용인 曆數原理를 體用의 구조에 의하여 나타낸 것은 河圖와 洛書이다. 河圖는 十五 本體 度數를 중심으로 合德 原理의 관점에서 曆數原理를 표상하며, 洛書는 作用 原理를 중심으로 曆數原理를 표상하고 있다. 洛書에서는 표상하고 있는 작용 원리는 倒生逆成 원리와 逆生倒成 원리로 그것을 역수원리를 중심으로 나타내면 政令 原理와 律呂 原理가 된다. 洛書의 政令 原理와 律呂 原理를 표상하는 형식은 一에서 十까지의 天地의 數이다. 정령 작용은 九八七六의 四象數에 의하여 표상하고, 율여 작용은 一二三四의 四象數에 의하여 표상하며, 본체 원리는 五에 의하여 표상한다.

낙서의 四象數 가운데서 成數인 九八七六을 통하여 倒生逆成 원리가 표상되며, 生數인 一二三四를 통하여 逆生倒成 원리가 표상된다. 倒逆의 생성 작용이 표상하는 내용은 四曆 變化 原理와 十五 尊空 原理이다. 生

數가 표상하는 逆生倒成 작용을 통하여 十五 尊空 原理가 표상되고, 成數가 표상하는 倒生逆成 작용을 통하여 四曆 變化 原理가 표상된다.

成數의 九는 原曆 原理를, 八은 閏曆 始生 원리를, 七은 閏曆 生長 원리를, 六은 正曆 원리를 표상하며, 生數의 一은 逆成 원리를, 二는 逆生 원리를, 三은 長成 원리를, 四는 成道 원리를 표상한다. 生數의 一은 十无極을 本體로 이루어지는 倒生逆成의 逆成된 一太極을 표상하는 數이다. 그렇기 때문에 二에서 비로소 逆生倒成의 逆生이 이루어지는데 그것이 始生 원리이다. 始生된 曆數가 長成하는 원리를 표상하는 수가 三이며, 장성된 존재가 成道하는 원리를 표상하는 數가 四이다. 成道된 존재가 合德하는 원리를 표상하는 수가 成數의 六으로 六에서 陰陽이 合德成道된다. 成數의 九는 逆生倒成의 倒成 原理를 표상하며, 八은 始生 原理를, 七은 生長 원리를, 六은 合德 원리를 표상한다.

洛書의 사상수를 중심으로 학문을 이해하면 生成의 數에 의하여 표상되는 倒逆 生成 作用이 모두 네 마디임을 통하여 학문의 단계 역시 네 단계를 통하여 표상됨을 알 수 있다. 生數를 중심으로 사상수가 표상하는 원리를 학문에 적용하면 一數를 통하여 학문의 가능 근거가 밝혀지고, 二數를 통하여 학문의 시생 원리가 밝혀지며, 三數를 통하여 학문의 장성 원리가 밝혀지고, 四數를 통하여 학문의 성도 원리가 밝혀지는 것이다. 一數가 표상하는 천도가 주체화된 인간 본성 그것이 학문의 가능 근거이자 주체가 되며, 二數가 표상하는 시생 원리를 통하여 사고의 차원에서 본성을 향하는 일차적 학문의 방법이 밝혀지고, 三數가 표상하는 장성 원리를 통하여 본성과 聖人之道가 合德하여 일체화하는 이차적 학둔 원리가 밝혀지며, 四數가 표상하는 成道 원리를 통하여 聖人之道의 주체화를 통하여 자신의 존재 근거를 자각하는 학문 원리가 밝혀지게 된다.

『주역』에서는 성인이 易經을 저작한 목적이 군자로 하여금 性命之理를 자각하고 그것을 주체로 살아가도록 함에 있음을 밝히고 이어서 군자가 性命之理를 자각하는 과정을 밝히고 있다. 그것은 군자가 역경을 바탕으로 학문하는 방법을 나타낸 것이다.『주역』에서 밝히고 있는 학문의 과정을 살펴보면 다음과 같다.

> 道德에 和順하여 義로써 다스리고자 하여, 理致를 窮究하고 本來性을 自覺함으로써 天命을 自覺한다.[30)]

위의 내용은 성인이 道를 자각하고 그것을 圖書와 卦爻를 통하여 闡明하였음을 밝히고 이어서 군자가 어떻게 易學을 연구할 것인가를 밝힌 부분이다. 그런데 위의 내용을 보면 "和順於道德而理於義"와 다음 부분은 그 내용이 같다. 첫째 부분은 학문하는 사람이 세워야 할 뜻의 내용을 나타내며, 다음 부분은 그 뜻을 성취할 수 있는 구체적인 과정을 나타낸 것이다. 그러므로 두 번째 부분은 학문의 과정을 나타낸 것이라고 할 수 있다. 이렇게 보면 위의 내용은 학문의 과정을 立志와 窮理, 盡性, 至命의 네 단계로 나누어서 논하고 있음을 알 수 있다.

그런데『주역』은 人道를 중심으로 易道를 闡明한 경전으로 그 존재 근거는『정역』에서 밝히고 있는 干支 度數 原理, 圖書 象數 原理이다. 따라서『주역』에서 밝힌 학문의 네 단계로서의 立志, 窮理, 盡性, 至命은 天道의 四象 原理를 근거로 형성된 것임을 알 수 있다. 洛書의 生數인 一, 二, 三, 四가 표상하는 曆數原理를 인도의 측면에서 학문 원리로 밝힌 것이다. 洛書의 一數가 표상하는 학문의 가능 근거를 立志로, 二數가 표상하는 始生 원리를 窮理로, 三數가 표상하는 장성 원리를 盡性으로, 四數가 표상하는 成道 원리를 至命으로 규정한 것이다.

『논어』에서 밝히고 있는 학문 원리의 근거 역시 天道인 曆數原理이다. 따라서『논어』에서 밝히고 있는 학문의 과정 역시 立志와 窮理 그리고

---

30)『周易』說卦篇, "第一章, 和順於道德而理於義하여 窮理盡性하야 以至於命하니라."

盡性, 至命의 네 단계를 중심으로 논의하지 않을 수 없다. 학문에 뜻을 두는 입지가 되었을 때 비로소 스승을 찾아서 배움을 추구하게 되고, 스승을 통하여 聖人之道를 배워서 그것을 연구하여 주체화하는 窮理의 과정을 갖게 되며, 窮理가 궁극에 이르러 聖人之道가 자신의 주체성과 일체화함으로써 본래성이 자각되는 盡性에 이르고, 盡性을 통하여 자신에게 주어진 역사적 使命을 자각하게 되는 至命에 이르는 것이다. 공자는 자신의 삶의 과정을 중심으로 군자의 학문 원리를 밝히고 있는데 그 내용을 살펴보면 다음과 같다.

> 孔子께서 말씀하시기를 "나는 十五歲에 학문에 뜻을 두었으며, 三十歲에 학문의 세계에서 비로소 홀로 섰고, 四十에는 學問 외적인 어떤 일에도 흔들림이 없었으며, 五十에는 天命을 自覺하였고, 六十에는 어떤 사건을 보고 들어도 마음에 거스름이 없었으며, 七十에는 마음이 하고자하는 것을 쫓아도 道와 어긋남이 없었다."고 하였다.[31]

위의 인용문은 공자의 生涯를 중심으로 학문 과정을 구체적으로 나타낸 것으로 그 내용을 보면 크게 학문에 뜻을 두는 과정(志于學)과 학문의 세계에서 독립한 후에 학문함으로써 학문 이외의 것에 흔들림이 없는 과정(立, 不惑) 그리고 자신의 본래성의 자각과 더불어 天命을 자각하고 그것을 현실에서 실천 구현하는 과정(知天命, 耳順, 從心所慾不踰矩)으로 나누어 볼 수 있다.

위의 내용을 天道의 내용인 역수원리를 중심으로 이해하면 다음과 같다. "志于學"은 立志의 과정을 나타내고, "三十而立"은 窮理의 과정을 나타내며, "四十而不惑"은 盡性의 과정을 나타내고, "五十而知天命"은 至命의 과정을 나타내며, "六十而耳順"과 "七十而從心所慾不踰矩"는 天命의

---

31) 『論語』 爲政篇, "子曰 吾十有五而志于學 三十而立 四十而不惑 五十而知天命 六十而耳順 七十而從心所慾不踰矩"

奉行을 나타낸다.

"十有五而志于學"은 입지에 관한 그 내용을 중심으로 나타낸 것으로 입지의 내용은 본체 원리인 十五 천지 원리이다. 그렇기 때문에 十五에 학문의 뜻을 세웠다고 하였다. 四象 原理를 중심으로 이해하면 成數가 표상하는 用九는 原曆 原理로 원역에서는 본체 도수인 十五度와 음양 合德曆인 三百六十이 포함된 三百七十五度이다. 立志는 一太極을 기본으로 한결같이 十五 天地 原理를 자각하고 그것을 陰陽 合德 原理로 실천하겠다는 뜻을 갖는 것이다.

그런데 一數가 생성의 四象數를 일관하는 基本數라는 점에서 一數가 표상하는 一太極 原理가 중요하지 않을 수 없으며, 학문의 측면에서는 一太極을 기본으로 이루어지는 立志가 중요하지 않을 수 없다. 공자는 "道에 뜻을 두고, 德에 근거하며, 仁을 의지하여, 藝에서 노닌다."[32]고 하였을 뿐만 아니라 "道에 뜻을 둔 사람이 나쁜 옷과 나쁜 음식을 부끄러워한다면 道를 의논하기에 부족하다"[33]고 하여 반드시 학문은 道에 뜻을 두는 것으로부터 출발할 것을 말하고 있다.

『주역』에서는 天이 도와서 吉한 군자의 道를 논하면서 "믿음을 바탕으로 天道에 순응할 것을 생각하고, 그리고 賢人을 崇尙한다."[34]고 하였다. 그리고 학문의 단계를 논하면서 "道德에 和順하고, 義로 다스림"[35]을 학문의 시작으로 밝히고 있다. 그렇다면 앞의 내용은 立志를 밝힌 것이라고 하지 않을 수 없다. 왜냐하면 天道에 순응하고자 함이 바로 天地의 道德에 和順함이기 때문이다. 또한 군자의 도를 논하면서 학문을 중심으로

---

32) 『論語』 述而篇, "志於道 據於德 依於仁 游於藝"
33) 『論語』 里仁篇, "子曰 志於道 而恥惡衣惡食者 未足與議也"
34) 『周易』 繫辭上篇 第十二章, "易曰自天祐之라 吉无不利라하니 子曰祐者는 助也ㅣ니 天之所助者ㅣ 順也ㅣ오 人之所助者ㅣ 信也ㅣ니 履信思乎順하고 又以尙賢也ㅣ라 是以自天祐之吉无不利也ㅣ니라."
35) 『周易』 說卦篇, 第一章 "和順於道德而理於義하여"

進德修業으로 규정하고, 進德은 진실한 믿음인 충신을 통하여 이루어지며, 修業은 성인의 말씀을 통하여 자신의 심성을 닦아서 誠을 세우는 것으로 규정하고 있다.36) 信은 군자의 관점에서 성인을 중심으로 논한 것이며, 誠은 성인의 관점에서 군자를 중심으로 논한 것으로 信과 誠은 시종의 관계라고 할 수 있다. 따라서 입지에 있어서 信은 가장 중요할 뿐만 아니라 그렇기 때문에 학문에 있어서 가장 중요한 요소라고 하지 않을 수 없다. 입지의 근거가 되는 天道의 用一 原理는 倒生逆成된 一太極으로 군자의 본성으로 나타난 一太極이라고 할 수 있다. 그렇기 때문에 근원적 존재인 十无極에 대한 믿음이 입지의 근본 요소가 될 수밖에 없다. 입지를 논하면서 天이 도와주는 존재는 天을 믿는 존재라고 한 까닭이 여기에 있다.

"三十而立"은 易經에서 밝힌 三才之道, 三極之道를 理致를 중심으로 窮理함을 뜻한다. 窮理를 통하여 근본 원리인 十无極 原理를 이해하였을 때 비로소 학문의 세계에서 자립하게 된다. 그것은 三才를 一貫하는 근본 원리인 十无極 원리를 주체로 하였음을 뜻한다. 四象 原理를 중심으로 살펴보면 用八曆은 음양이 분리된 閏曆으로 中正曆에 七十二 시간의 閏度數가 더하여진 始生의 閏曆이다. 이러한 用八曆의 始生 原理를 근거로 성통이 전개되면서 인류 역사상에 聖人之道가 闡明된다. 그것은 군자지도가 인류 역사상에 씨로 심어지는 과정이 성인지도의 천명으로 나타난 것을 뜻한다. 그렇기 때문에 학문의 주체인 군자의 窮理는 聖人之道의 窮理가 된다.

"四十而不惑"은 窮理를 통하여 마음 가운데 恒道, 君子之道를 세움을 뜻한다. 그것은 자신의 본성을 자각하여 그것이 주체성이 되었기 때문에 그 어떤 외적인 사건에도 흔들림이 없음을 뜻한다. 이를 四象 原理를 중

---

36)『周易』重天乾卦 九三爻 文言, "子ㅣ曰君子ㅣ 進德修業하나니 忠信이 所以進德也ㅣ오 修辭立其誠이 所以居業也ㅣ라."

심으로 살펴보면 十无極의 四象 作用 原理를 통하여 부동심을 얻었음을 뜻한다. 그것은 四象 作用 原理의 내용인 四曆 變化 原理의 자각을 통하여 曆數原理인 天道를 자각하였음을 뜻한다. 曆數原理의 측면에서는 用七 閏曆 原理에 의하여 君子之道가 장성됨을 뜻한다. 군자는 자신의 본성인 四德을 자각하여 그것을 주체로 天命을 실천하는 존재이기 때문에 『주역』에서는 군자는 사덕을 실천하는 존재라고 하였다.

"五十而知天命"은 十五 天地의 合德體인 大衍之數 五十을 통하여 十五 天地之心을 자각하여 天命을 자각하였음을 뜻한다. 十五가 天地否의 先天을 나타내는 것과 달리 五十은 地天泰의 後天을 나타낸다. 그것은 군자에 의하여 본성이 자각되고 그것을 바탕으로 曆數原理인 天道가 주체적으로 자각됨으로써 天命으로 자각됨을 뜻한다. 그렇기 때문에 五十의 地天泰의 세계가 바로 천명의 세계임을 뜻한다. 이를 사상 원리를 중심으로 살펴보면 用六 원리에 의하여 天人 合德이 이루어진 것으로 장성한 閏曆이 合德하여 成道하는 원리를 표상한다.

"六十而耳順"은 无无位 六十數 原理로 天時를 들음을 뜻한다. 그것은 學易 君子가 无无位 六十數 原理를 자각하였기 때문에 天時에 順應하여 거역함이 없음을 뜻한다. 六十 干支 度數 原理의 자각을 통하여 水地比卦의 聖人之道를 자각하였으니 그것은 神明 原理의 자각을 통하여 聖人之道를 자각하였음을 나타내며, "七十而從心所欲不踰矩"는 十翼의 著述을 통하여 坤策 聖統 原理를 集大成함으로써 비로소 공자에게 주어진 天命을 유감없이 봉행하였음을 뜻한다.

앞에서 『정역』과 『주역』에서 밝힌 학문 원리를 중심으로 학습에 관하여 고찰하였다. 그런데 학습을 논하면서 왜 '習之'에 '時'를 더하여 논하였는지 살펴볼 필요가 있다. 그것은 지금까지 시간성의 원리인 曆數原理를 중심으로 학문 원리를 고찰하였는데 그 방법이 타당한 것인가의 문제와 관련될 뿐만 아니라 학문의 내용과 관련이 있기 때문이다.

공자가 학문 원리를 밝히면서 十五, 三十 등의 **數**를 통하여 시간을 중심으로 논한 것이나 학습을 논하면서 "時"를 함께 언급한 까닭은 스스로 堯曰篇에서 밝힌 것과 같이 天道의 내용이 曆數原理이며, 그것이 인간의 본래성이 되었기 때문에 학문은 天道인 曆數原理를 중심으로 이루어지지 않을 수 없기 때문이다. 易道가 선진 유학의 존재 근거가 될 수밖에 없는 까닭도 여기에 있다.

그런데 기존의 註釋家들의 주석을 보면 '時'를 때때로 또는 항상의 의미로 이해하고 있다. 朱子는 "이미 배우고 또한 때때로 익힌다."37)고 하였으며, 謝氏는 "時習은 익히지 않는 때가 없다."38)고 하였다. 그러나 배움의 내용을 항상 익혀야 된다는 것은 당연한 내용으로 그것이 학문의 大體가 될 수는 없다. '時'를 형이하적 관점에서 때로 이해하면 "時習之"는 때로 익힌다는 의미가 된다. 그러나 때를 형이상적 관점에서 이해하면 이 때의 "時"는 물리적 시간이 아닌 시간이 갖는 의미로서의 時義性을 뜻한다. 따라서 '學而時習之'는 聖人之道를 배워서 그것을 시의성으로 익힌다는 것이 된다. 익혀야 할 내용이 시의성이라는 것은 학문의 내용이 시의성임을 뜻한다. 배움의 내용과 익힘의 내용이 다르다면 학문을 한다는 말이 성립될 수 없기 때문이다. 공자는 『周易』에서 "그 오직 聖人뿐인가? 進退存亡의 때를 알아서 그 때에 맞게 행동하는 사람은 오직 聖人뿐이로구나!"39)라고 하여 성인을 시의성을 자각하여 시의성에 합당하게 살아가는 존재로 규정하고 있다. 따라서 聖人之道의 내용 역시 시의성의 원리임을 알 수 있다. 맹자가 공자를 성인 가운데서 시의성을 따라서 살아간 전형적인 분으로 규정40)한 까닭이 여기에 있다. 그런데 시의성은

---

37) 竹添進一郎, 『論語集說』 漢文大系 第一卷, "旣學而又時時習之"
38) 竹添進一郎, 『論語集說』, 漢文大系 第一卷, "時習者 無時而不習 坐如尸 坐時習也 立如齊 立時習也"
39) 『周易』 重天乾卦 文言, "其唯聖人乎아 知進退存亡而不失其正者ㅣ 其唯聖人乎인뎌."

시간의 존재 근거인 시간성을 시간을 중심으로 나타낸 개념이다. 시의성은 시간성의 원리인 曆數原理, 天道를 인간을 중심으로 나타낸 것이다. 따라서 '學而時習之'는 聖人之道의 내용인 曆數原理를 배우고 그것을 시의성으로 익힌다는 의미가 된다. 시의성의 자각은 자각의 주체인 군자에 있어서는 天命이 된다. 그렇기 때문에 시의성으로 익힌다는 것은 聖人之道의 내용인 曆數原理를 배우고 익혀서 주체화하여 天命으로 자각함을 뜻한다.

세 번째 부분은 앞의 두 번째 부분을 이어서 학문의 방법을 논한 것이다. "學而時習"이 의식화를 거쳐서 자신의 주체성과 일체화하였을 때를 나타낸 것이 세 번째 부분인 것이다. 학문을 통하여 聖人之道를 자각하였을 때 심성 내면에서 느껴지는 기쁨(說)을 대상적 측면에서 朋友의 合德을 통하여 느껴지는 즐거움(樂)으로 표현한 것이다. 따라서 이 때의 朋은 友와 더불어 이해되어야 할 뿐만 아니라 일상적 의미의 벗을 의미하지 않는다.

『周易』에서는 天地之道와 군자, 성인과 군자, 군자와 백성을 朋友로 나타내어 天地之道와 군자의 合德, 성인과 군자의 合德, 군자와 백성의 合德을 朋友 合德으로 나타내고 있다. 따라서 朋友가 만나서 하나가 되는 朋友의 합덕은 天人 合德, 성인과 군자의 合德, 군자와 백성의 合德을 표상한다. 山澤損卦와 風雷益卦는 天과 人을 朋友로 표상한 전형적인 예이며,41) 水山蹇卦와 澤山咸卦에서는 성인과 군자를 友와 朋으로 표상한 전형적인 예이다.42)

---

40) 『孟子』 萬章章句下, "孟子曰 伯夷 聖之淸者也 伊尹 聖之任者也 柳下惠 聖之和者也 孔子 聖之時者也"

41) 『周易』의 山澤損卦의 三爻에서는 "三人行앤 則損一人코 一人行앤 則得其友로다."라고 하였으며, 風雷益卦의 二爻에서는 "或益之라 十朋之니 龜弗克違하나니 永貞이니 吉하며 王用享于帝라도 吉하니라."라고 하였다.

42) 『周易』의 水山蹇卦의 五爻에서는 "大蹇에 朋來로다."라고 하였고, 澤山咸卦의 四爻에서는 "貞吉悔 亡하리니 憧憧往來면 朋從爾思리라."라고 하였다.

學而篇의 내용은 학문이 중심 문제이며, 학문의 주체는 군자이다. 그렇기 때문에 朋友의 문제는 학문의 관점에서 군자를 중심으로 이해되어야 한다. 한다. 여기서 朋은 먼 지방의 존재로 규정되고 있다. 이 때의 ‘遠方’은 단순한 물리적 공간을 지칭하는 것이 아니다. 왜냐하면 학문과 먼 지방은 직접적인 관련이 없기 때문이다. 그렇다면 ‘遠方’은 학문과 관련된 상징적인 개념이라고 하지 않을 수 없다. 공자는 “天을 원망하지 않고 사람을 원망하지 않아서 아래로 배워서 위에 도달하였으니 나를 아는 자는 그 天이로구나”43)라고 하였을 뿐만 아니라 “君子는 위로 도달하고, 小人은 아래에 도달한다.”44)고 하여 자신이 학문을 통하여 형이하의 세계에서 형이상의 세계에 도달하였으며, 그렇기 때문에 天地之心을 자각함으로써 天과 合德되었음을 논하고 있을 뿐만 아니라 군자 역시 학문을 통하여 형이상의 道의 세계에 도달해야 함을 논하였다. 이렇게 보면 ‘遠方’은 형이상의 세계를 가리키며, ‘遠方’의 존재인 ‘朋’은 天, 天道를 가리킴을 알 수 있다. 따라서 먼 지방으로부터 朋이 온다는 것은 학문하는 군자가 天道를 자각함을 뜻한다. 그렇기 때문에 학문하는 기쁨이 있는 것이다. 이처럼 천도를 자각함을 천도가 벗이 됨으로 나타내고 있는 예는 『周易』에서 찾을 수 있다. 山澤損卦의 五爻와 風雷益卦의 二爻에서는 “十이 朋이 된다”45)라고 하였다. 여기서 十은 천도를 數로 나타낸 것으로 十이 朋이 된다는 것은 천도를 자각함을 뜻한다.

네 번째 부분은 전체 내용의 결론 부분으로 聖人之道를 학문하여 그것을 주체적으로 자각함으로써 盛德된 존재가 군자임을 밝히고 있다. 聖人之道를 학문하여 자각함으로써 성인과 合德한 군자는 盛德을 주체로 明

---

43) 『論語』 憲問篇, “子曰 不怨天 不尤人 下學而上達 知我者 其天乎”
44) 『論語』 憲問篇, “子曰 君子上達 小人下達”
45) 『周易』 山澤損卦 五爻, “六五는 或益之면 十朋之라 龜도 弗克違하리니 元吉하니라.” 및 風雷益卦 二爻, “六二는 或益之라 十朋之니 龜弗克違하나니 永貞이니 吉하며 王用享于帝라도 吉하니라.”

德을 天下에 널리 밝혀서 天下의 백성과 더불어 合德한다. 따라서 앞 부분과 이 부분이 모두 朋友 合德 原理를 나타내고 있다고 할 수 있다. 다만 이 부분은 盛德 군자의 실천을 중심으로 언급되고 있는 것이 앞 부분의 朋友 合德과 다르다. 다시 말하면 앞 부분은 자각의 측면에서 朋友 合德을 논하였으며, 이 부분은 실천의 측면에서 朋友 合德을 논한 것이다.

본성을 자각하여 그것을 주체로 살아가는 존재인 군자는 四德을 실천하며 살아가는 존재이다. 군자가 자각한 본성의 내용은 도덕성으로 그 구체적인 내용은 仁禮義智의 四德이다. 『周易』에서는 "乾道가 變化하여 각각 性命이 바르게 된다."[46]고 하였을 뿐만 아니라 "옛 聖人이 『周易』을 저작한 목적은 후세의 군자로 하여금 性命之理에 순응하게 하도록 하기 위함이다."[47]고 하여 군자의 본성을 性命之理로 규정하고 있다. 그리고 『周易』에서는 군자의 본성을 仁禮義智의 四德으로 규정하고, 四德을 실천하는 존재가 군자[48]임을 밝히고 있다.

군자의 본성인 四德 가운데서 仁과 知는 性이며, 禮와 義는 命이다. 仁과 禮 그리고 知와 義는 體用의 관계이다. 그렇기 때문에 군자는 학문을 통하여 仁知의 性과 禮義의 命을 자각하게 된다. 知는 학문의 가능 근거로 지성을 통하여 천지의 道를 자각하고 人道를 자각할 수 있다. 그리고 인성을 통하여 자각한 天地의 道와 人道를 실천할 수 있다. 그런데 仁과 知가 體가 되어 禮와 義로 작용하게 된다. 따라서 군자는 禮義에 의하여 삶을 살아가는 존재이다.

禮는 가정 윤리로 인격적 관계 맺음의 원리, 인격적 만남의 원리이다.

---

46) 『周易』 重天乾卦 文言, "乾道變化에 各正性命하나니"
47) 『周易』 說卦 第二章, "昔者聖人之作易也는 將以順性命之理니"
48) 『周易』 重天乾卦 文言, "元者는 善之長也ㅣ오 亨者는 嘉之會也ㅣ오 利者는 義之和也ㅣ오 貞者는 事之幹也ㅣ니 君子ㅣ 體仁이 足以長人이며 嘉會ㅣ 足以合禮ㅣ며 利物이 足以和義ㅣ며 貞固ㅣ 足以幹事ㅣ니 君子ㅣ行此四德者ㅣ라 故로 曰乾元亨利貞이라."

인격적이라는 말은 禮의 내용이 仁임을 뜻한다. 그렇기 때문에 공자는 "자기 중심의 사고를 극복하여 禮로 돌아가면 그것이 仁을 행함이다."[49] 고 하였을 뿐만 아니라 "사람이 不仁하면 禮는 어찌하겠는가?"[50]라고 하였다. 義는 禮의 대외적 확장으로 禮가 事物에까지 확장된 것이라고 할 수 있다. 따라서 인격성을 중심으로 禮義를 논할 때 禮를 중심으로 義를 포함하여 논하지 않을 수 없다.

禮는 자신을 낮추는 겸손과 상대방을 높이는 존경으로 나타난다. 『周易』에서는 군자의 본성을 謙德으로 규정하고 군자의 謙德이 天地之道와 人道 그리고 神道를 일관하는 원리[51]임을 밝히고 있다. 이러한 군자의 특성을 강조하기 위하여 부정적 표현을 통하여 나타낸 것이 "남이 나를 알아주지 않아도 화를 내지 않는다면 이 또한 君子가 아니겠는가?"이다. 군자는 남이 나를 알아주지 않더라도 화를 내지 않을 뿐만 아니라 오히려 자신이 남을 알지 못할까 근심한다. 그렇기 때문에 學而篇의 마지막 부분에서는 "다른 사람들이 자신을 몰라주는 것을 걱정하지 말고 자신이 남을 알지 못함을 걱정하라"[52]고 하였다. 군자와 백성의 관계는 合德의 관계이지 별개의 관계가 아니다. 그렇기 때문에 군자는 소인과 군자를 막론하고 그 德을 함께 하여야 한다. 그러나 아직 成德이 되지 못한 학문의 과정에서는 "자신의 地位가 없음을 걱정하지 말고 자신의 존재 근거에 대하여 걱정하며, 他人이 자신을 알지 못함을 걱정하지 말고 알아야 할 것을 구하여야 한다."[53]

군자가 謙德을 본성으로 하는 존재이지만 그러나 소인과 동류가 되지

---

49) 『論語』顏淵篇, "顏淵問仁 子曰 克己復禮爲仁."
50) 『論語』八佾篇, "子曰 人而不仁, 如禮何?"
51) 『周易』地山謙卦 彖辭, "彖曰謙亨은 天道ㅣ 下濟而光明하고 地道ㅣ 卑而上行이라. 天道는 虧盈而益謙하고 地道는 變盈而流謙하고 鬼神은 害盈而福謙하고 人道는 惡盈而好謙하나니"
52) 『論語』學而篇, "子曰 不患人之不己知 患不知人也"
53) 『論語』, 里仁篇, "子曰 不患無位 患所以立 不患莫己知 求爲可知也"

않는다. 그렇기 때문에 “君子는 小人들과 和合하면서 附和雷同하지 않으며”,54) “두루하여 모남이 없으면서도 同類가 되지 않는다.”55)고 하였다. 『周易』에서도 “君子는 小人을 멀리하되 미워하지 않고 엄하게 대한다.”56)고 하여 군자는 小人之道를 멀리하지만 그러나 小人을 미워하지 않음을 분명히 하고 있다.

군자가 “和而不同”하고 “周而不比”한다는 것은 시의성을 따라서 四德을 행함을 뜻한다. 그것은 자신에게 주어진 사회적 사명의 실천이다. 군자가 학문을 통하여 시의성을 자각하면 그것이 자신에게 주어진 사회적 사명으로 자각된다. 시간적 측면에서의 역사적 사명이 군자에 의하여 자각되어짐으로써 사회적 사명으로 변화하는 것이다. 그렇기 때문에 군자의 삶은 자신에게 주어진 사회적 사명의 奉行일 뿐이다. 맹자가 군자에게는 자신의 주위에서 일어나는 모든 사건이 사명이 아님이 없기 때문에 오직 정도를 걸을 뿐이며 그렇기 때문에 天命을 아는 사람은 무너지려는 담 밑에 서지 않는다.57)고 한 까닭이 여기에 있다.

學而篇의 분석을 통하여 밝혀진 내용은 학문의 방법이다. 經典을 통하여 밝혀진 聖人之道를 학문하여 주체화함으로써 시의성을 자각하게 되고 시의성의 자각을 통하여 사회적 사명을 자각하게 됨으로써 학문이 완성된다. 이처럼 자신에게 주어진 사회적 사명을 자각하여 그것을 현실에서 실천하는 존재가 군자이다. 따라서 『논어』에서 제시되고 있는 학문은 군자됨에 있으며, 그 방법은 聖人之道를 학문하여 자신의 본성과 더불어 天命을 자각함이다.

---

54) 『論語』, 子路篇, “子曰 君子 和而不同 小人 同而不和”
55) 『論語』, 爲政篇, “子曰 君子 周而不比 小人 比而不周”
56) 『周易』, 天山遯卦 大象, “天下有山이 遯이니 君子ㅣ 以하야 遠小人호대 不惡而嚴하나니라.”
57) 『孟子』, 盡心章句上, “孟子曰 盡其心者 知其性也 知其性則知天矣 存其心 養其性 所以事天也 夭壽不貳 脩身以俟之 所以立命也 孟子曰 莫非命也 順受其正 是故 知命者 不立乎巖墻之下 盡其道而死者 正命也 桎梏死者 非正命也”

3. 학문의 근거와 내용인 曆數原理

앞에서 學而篇을 중심으로 『論語』의 근본 문제인 학문에 관하여 살펴보았는데 군자의 학문은 도에 뜻을 두고 그것을 주체화하여 본래성을 자각하고 더불어 天命을 자각함으로써 군자가 됨에 있음을 살펴보았다.

학문을 통하여 자신의 본래성과 天命을 자각하였을 때 밝혀지는 것은 학문의 존재 근거이자 군자의 존재 근거인 天地之道이다. 이러한 군자의 주체성인 본성과 그 존재 근거인 天地의 道의 관계를 밝히고 있는 부분은 『論語』의 堯曰篇이다. 따라서 堯曰篇을 통하여 학문의 근거와 내용이 분명하게 드러난다.

堯曰篇에서는 學而篇에서 학문의 내용으로 밝힌 시의성의 원리인 天地之道를 밝히고 있다. 堯曰篇 전체는 그 내용에 따라서 크게 두 부분으로 나눌 수 있다. 첫 번째 부분은 聖統을 중심으로 堯舜에서 공자에게 전하여진 聖人之道의 내용이 무엇인지를 논하고 있으며, 두 번째 부분은 학문의 주체인 군자의 학문 방법을 구체적으로 논하고 있다. 먼저 앞 부분의 내용을 보면 다음과 같다.

> 堯가 말하기를 "그대 舜이여! 天의 曆數가 네 몸에 있으니 진실로 그 中을 잡으라. 四海가 困窮하면 天祿이 영원히 끊어지리라! 58)

위의 내용은 堯가 舜에게 聖人之道를 전하여 주는 내용이다. 堯로부터 聖人之道를 전해 받은 舜 역시 禹에게 聖人之道를 전하여 주었다. 그렇기 때문에 이 부분에 이어서 舜 역시 禹에게 命하였다.59)고 하였다. 禹도 역시 舜으로부터 전해 받은 聖人之道를 湯에게 전하여 주었다. 그렇기

---

58) 『論語』 堯曰篇, "堯曰 咨爾舜 天之曆數 在爾躬 允執其中 四海困窮 天祿永終"
59) 『論語』 堯曰篇, "舜亦以命禹"

때문에 다음에 이어서 湯임금의 말씀을 논하고 있다.60) 그리고 마지막으로 周나라를 세운 文王, 武王에 대하여 논한 후에 공자에 대하여 논하고 있다. 그러면 堯에서 공자에게까지 전하여진 聖人之道의 내용이 무엇인지 살펴보자.

앞의 인용문은 그 내용에 따라서 세 부분으로 구분할 수 있다. 첫째는 "天之曆數 在爾躬"이며, 둘째는 "允執其中"이고 세 번째는 "四海困窮 天祿永終"이다. 위의 내용 가운데서 첫 번째 부분의 내용이 가장 중요하다. 왜냐하면 첫 번째 부분을 어떻게 이해하는가에 따라서 전체의 내용이 달라질 수 있기 때문이다.

첫 번째 부분에 대한 기존의 주석을 보면 朱子를 비롯하여 대부분의 학자들이 運命論的 관점에서 이해하였음을 알 수 있다. 朱子는 "曆數는 帝王들이 서로 王位를 繼承하는 차례로 歲時 氣節의 先後와 같다"61)고 하였다. 그렇게 이해하면 '天之曆數 在爾躬'은 天이 정한 王位의 계승 순서가 되었음을 뜻한다. 그것은 舜이 天子가 될 운명을 타고났음을 의미하는 것 외에 다른 의미가 없다. 그렇다면 다음의 내용과 논리적인 관계가 없다. 그렇기 때문에 朱子는 이 부분은 별로 중요하게 여기지 않고 다음의 두 부분을 중요하게 여겼다.

曆數는 형이상적 관점에서 이해하면 曆數原理가 된다. 曆數原理는 易道, 天道의 내용으로『주역』에서는 天地의 數에 의하여 표상된 天地之道의 내용으로 규정하고 있다. 曆數原理는 曆數의 구성 법칙이 아니라 역수 구성 법칙의 근거가 되는 근원적인 원리이다. 역수 구성 법칙은 천문학적 관점에서 문제되는 것으로 시간의 차원에서 논의되는 것이다. 그러나 曆數原理는 형이상학으로서의 역학의 관점에서 문제되는 것으로 시간

---

60)『論語』堯日篇, "日予小子履 敢用玄牡 敢昭告于皇皇后帝 有罪不敢赦 帝臣不蔽 簡在帝心 朕躬有罪 無以萬方 萬方有罪 罪在朕躬"

61) 朱子,『論語集註』堯日篇, "曆數 帝王相繼之次第 猶歲時氣節之先後也"

의 존재 근거가 되는 시간성의 차원에서 논의되어지는 것이다.

역수가 역수원리를 표상하기 때문에 "天之曆數"는 天의 역수원리가 된다. 그리고 "네 몸에 있다."는 것은 구체적인 내용을 나타낸 것이 아니라 상징적인 의미이다. 역수원리가 인간의 본래성으로 주체화되었음을 상징적으로 나타내는 개념이 '天之曆數 在爾躬'인 것이다. 따라서 이 부분은 舜이라는 개체적 존재만을 언급한 것이 아니라 인간 본성의 존재 근거를 나타낸 것이다. 왜냐하면 인간 본래성은 堯舜은 물론 그 어떤 사람도 모두 같기 때문이다. 위의 내용을 법칙화하여 나타내면 천도의 인간 주체화 원리를 나타내고 있다.

두 번째 부분은 인간 본래성으로 주체화한 천도를 中으로 규정하고 그것을 자각하는 원리를 나타내고 있다. 이 부분이 학문하는 과정에 나타나는 심법의 문제임을 분명하게 나타내고 있는 것은 『서경』이다. 『서경』에서는 舜이 禹에게 전하여준 성인지도를 밝히고 있는데 그 내용을 보면 다음과 같다.

> 天의 曆數(原理)가 네 몸에 있으니 네가 마침내 元后의 位에 오를 것이다. 人心은 위태롭고 道心은 隱微하니 오직 마음을 純粹하고 한결같이 하여야 진실로 네 中을 잡을 것이다…四海가 困窮하면 天祿이 영원히 끊어질 것이다.[62]

위의 내용을 보면 堯曰篇의 내용과 같음을 알 수 있다. 다만 '允執厥中'의 내용이 물리적 사건이 아니라 用心法의 문제임을 분명하게 밝히고 있다는 점에서 堯曰篇의 내용보다 더욱 자세하고 친절하다고 할 수 있다. 그것은 또한 내용 전체를 이해하는 방법을 제시하고 있는 것이라고 할

---

62) 『書經』 大禹謨, "天之曆數 在汝躬 汝終陟元后. 人心惟危 道心惟微. 惟精惟一 允執厥中. 無稽之言勿聽 弗詢之謀勿庸. 可愛非君 可畏非民. 衆非元后 何戴 后非衆 罔與守邦. 欽哉 愼乃有位 敬脩其可願. 四海困窮 天祿永終. 惟口出好興戎 朕言不再."

수 있다. 이미 살펴본 바와 같이 '天之曆數'의 문제를 한대 이후의 학자들과 같이 물리적 曆數의 문제로 이해할 경우 '允執其中'의 문제까지도 올바로 이해할 수 없게 된다. 그렇기 때문에 '允執其中'의 성격을 분명하게 밝히고 있는 것이다. '執中'의 문제는 인간의 심성 내면에서 일어나는 문제로 인간의 본래성을 자각하라는 의미이다. 『中庸』에서는 '中'을 喜怒哀樂의 정이 아직 발동하지 않은 상태[63]로 규정하고 있다. 그것은 '中'이 인간 본래성을 지칭하는 개념임을 나타낸 것이다. 따라서 '執中'은 인간 본래성의 자각이 된다.

"人心惟危 道心惟微"는 집중의 이유를 나타낸 것이다. 본래성이 그대로 드러나면 道心이 되고 본래성을 거슬려서 나타나면 人心이 된다. 道心은 隱微하여 쉽사리 드러나지 않으며, 人心은 본래성을 거슬러서 나타난 것이기 때문에 人心을 따르면 인간의 지평에서 벗어나게 되어 위태롭게 된다. 그렇기 때문에 인간 본래성을 자각하여 그것을 주체성으로 삼아서 살아야 한다.

執中의 방법을 논하고 있는 부분이 精一이다. 집중의 구체적인 방법은 타고난 순수한 마음을 회복하는 精과 한결같게 하는 一이다. 맹자는 精一을 "그 마음을 다함"으로 규정하고 있다. 그리고 "타고난 純粹한 마음을 回復하면 자신의 본래성을 자각하며, 본래성의 자각 그것이 곧 천도의 자각이다."[64]고 하여 집중이 곧 본래성의 자각이며 그것이 바로 천도의 자각임을 밝히고 있다. 이러한 내용을 法則化하여 나타내면 天道의 人間 主體的 自覺 原理이다.

세 번째는 본래성의 자각과 더불어 天命을 자각하여 그것을 실천할 것을 논하고 있다. 인간이 자신의 본래성을 자각하게 되면 더불어 천도를

---

63) 『中庸』第一章, "喜怒哀樂之未發 謂之中 發而皆中節 謂之和 中也者 天下之大本也 和也者 天下之達 道也"
64) 『孟子』, 盡心章上, "孟子曰 盡其心者 知其性也 知其性則知天矣 存其心 養其性 所以事天也 夭壽不貳 脩身以俟之 所以立命也"

자각하게 되는데 천도는 天命으로 자각되어진다. 그렇기 때문에 자신의 본래성을 자각한 사람은 동시에 天命을 자각하게 된다. 자신에게 주어진 天命을 자각한 존재를 『주역』에서는 성인과 군자로 규정하고 있다. 天命을 자각한 성인과 군자는 그것을 현실에서 실천 구현하게 된다. 聖人之道의 傳授 역시 성인에게 주어진 天命의 奉行이다.

이 문장을 수수하는 당사자는 天子와 장차 天子의 位에 오를 존재이다. 그렇기 때문에 정치적 측면에서 天命의 奉行을 논하지 않을 수 없다. 聖人之道의 내용을 授受하는 당사자가 天子의 位를 가진 舜과 장차 天子의 位에 오를 禹이기 때문에 王道政治를 통하여 天命의 奉行을 논하지 않을 수 없는 것이다. 그렇기 때문에 정치를 잘못하여 천하의 백성들이 곤궁하면(四海困窮) 하늘로부터 받은 天祿인 天子의 位를 영원히 잃을 것이다(天祿永終)고 하였다.

앞에서 살펴본 내용을 종합하면 聖人之道의 내용은 역수원리를 내용으로 하는 천도의 인간 주체화 원리와 천도의 인간 주체적 자각 원리 그리고 자각한 天命을 현실에서 실천 구현하는 원리로 구분할 수 있다. 그런데 실천은 자각의 문제에 포함되며 자각은, 曆數原理의 人間 主體化라는 존재론적 문제를 전제로 성립된다. 따라서 聖人之道의 내용은 天道의 내용인 역수원리로 귀결된다. 그렇기 때문에 학문하는 사람이 배워서 익혀야 할 것은 역수원리이다. 역수원리를 한마디로 나타내면 時義性의 原理, 時間性의 原理이다.

시간성의 원리를 자각하였을 때 그것이 자각의 주체에게는 사회적 사명으로 변화하게 된다. 이러한 사회적 사명을 자각한 존재가 군자이다. 『주역』에서는 仁禮義智를 四德으로 규정하고 그러한 사덕을 실천 구현하는 존재를 군자65)라고 하였다. 사덕 원리를 시간성의 측면에서 나타낸

---

65) 『周易』 重天乾卦 文言, "文言曰 元者는 善之長也 ㅣ오 亨者는 嘉之會也 ㅣ오 利者는 義之和也 ㅣ오 貞者는 事之幹也 ㅣ니 君子 ㅣ 體仁이 足以長人이며, 嘉會 ㅣ 足

것이 性命之理이다. 과거적 본성과 미래적 이상을 동시에 나타내는 개념이 성명지리인 것이다. 사덕 가운데서 仁과 智는 性이며, 禮와 義는 命이다. 그러므로 사덕은 성명지리이다. 그렇기 때문에 『주역』에서는 성인이 『주역』을 저작한 목적이 군자로 하여금 성명지리에 순응하게 하기 위함66)이라고 하였다. 이렇게 보면 군자는 반드시 자신에게 주어진 天命을 자각하여 그것을 실천 구현하는 존재이다.

堯曰篇의 앞부분에서 논한 내용은 천도의 내용인 역수원리가 인간의 본래성으로 주체화되었기 때문에 인간의 자신의 본래성을 자각하는 동시에 자신에게 주어진 사회적 사명으로서의 天命을 자각하게 됨이다. 이어서 뒤 부분에서는 학문하는 사람은 반드시 天命을 자각해야 군자가 될 수 있으며, 군자가 天命을 奉行하는 원리로서의 禮義를 통하여 비로소 인간다운 인간으로서의 인격적 존재가 될 수 있음도 논하고 있다. 堯曰篇의 앞부분에서는 天地之道와 인간의 관계를 밝힘으로써 학문의 존재 근거와 그 가능 근거를 밝혔으며, 뒷부분에서는 앞부분의 내용을 바탕으로 군자의 학문하는 방법을 중심으로 人道를 밝힌 것이다. 堯曰篇의 두 번째 부분의 내용을 살펴보면 다음과 같다.

天命을 모르면 君子가 될 수 없으며, 禮를 모르면 인격적 존재로 존재할 수 없고, 말을 모르면 사람을 알 수 없다.67)

위의 내용을 보면 크게 세 부분으로 나누어 볼 수 있다. 그것은 知命과 知禮, 知言의 문제로 知命을 통하여 군자가 될 수 있으며, 知禮를 통하여 인격적 존재로 존재하게 되고, 知言을 통하여 인간 본래성으로서의

以合禮ㅣ며, 利物이 足以和義ㅣ며, 貞固ㅣ 足以幹事ㅣ니, 君子ㅣ 行此四德者ㅣ라 故로 曰乾元亨利貞이라."
66) 『周易』 說卦篇 第二章, "昔者聖人之作易也는 將以順性命之理니"
67) 『論語』 堯曰篇, "不知命, 無以爲君子也, 不知禮, 無以立也, 不知言, 無以知人也"

인격성을 자각하게 된다. 따라서 위의 내용은 學而篇의 처음 부분과 반대 방향으로 논의가 전개되고 있음을 알 수 있다.

"天命을 자각하지 못하면 君子가 될 수 없다(不知命 無爲君子)."는 學而篇에서 언급된 군자를 정의한 부분이다. 이는 자신에게 주어진 天命을 자각한 존재가 군자임을 밝힌 것이다. 군자는 성인이 말씀을 통하여 밝힌 天地之道를 인간 주체적으로 자각함으로써 자신의 역사적 사명을 자각하여 그것을 실천 구현하는 존재이다. 그런데 역사적 사명의 자각은 자신의 본성인 四德을 자각하는 것과 더불어 동시에 이루어진다. 군자가 학문을 통하여 자신의 본래성의 자각과 더불어 그것과 일체화된 天地의 道를 자각함으로써 비로소 자신에게 주어진 역사적 사명을 자각하게 되는 것이다.

군자가 天地之道를 자각하여 자신에게 주어진 天命을 자각하는 것은 聖人之道를 배워서 자각하는 학문을 통하여 가능하다. 그것을 나타내는 부분이 "말씀을 모르면 사람을 알 수 없다(不知言 無爲知人也)."는 것이다. 이 때의 '言'은 聖人之道를 가리킨다. 따라서 '知言'은 聖人之道를 자각함이다. 그리고 '知人'은 인간 본래성을 자각함이다. 따라서 앞의 문장은 聖人之道를 자각하지 못하면 인간 본래성의 자각이 불가능함을 나타낸 것이다.

군자가 자각한 본래성의 내용은 仁禮義智의 四德으로 仁智를 性으로 하여 禮義를 실천하는 것이 군자에게 주어진 天命이다. 그리고 禮는 인격적 존재의 존재 원리로 그 가운데 사물 다스리는 원리인 義가 포함된다. 그렇기 때문에 禮를 실천하는 존재가 바로 군자이며 그가 인격적 존재이다. 군자가 四德을 실천 구현하는 존재임을 禮를 중심으로 밝힌 부분이 "禮를 모르면 인격적 존재가 될 수 없다(不知禮 無爲立也)."이다. 이 때의 '立'은 인격적 존재로 독립한다는 의미로 인격적 존재로 존재한다는 의미이다.

4. 군자의 실천 원리인 正名 원리

앞에서 군자가 성인지도의 내용인 역수원리를 인간 주체적으로 자각함으로써 자신의 본래성을 자각하는 동시에 자신에게 주어진 天命을 자각하는 천도의 인간 주체적 자각 원리가 군자의 학문 원리임을 살펴보았다.

군자가 학문을 통하여 天命을 자각하였을 때 그것을 행하지 않을 수 없다. 그렇기 때문에 학문 원리와 더불어 실천 원리를 논하지 않을 수 없다. 학문과 실천을 막론하고 그 주체는 군자의 본래성이다. 그렇기 때문에 군자가 자각한 天命을 奉行할 때 그 주체는 역시 군자의 사덕이다. 따라서 군자의 실천 원리는 사덕을 중심으로 고찰하지 않을 수 없다.

군자의 사덕을 중심으로 학문과 실천의 문제를 살펴보면 知性은 학문의 주체이며, 仁性은 실천의 주체로 知性을 體로 한 義에 의하여 학문이 이루어지며, 仁性을 體로 한 禮에 의하여 실천이 이루어진다. 다만 四德이 별개의 존재가 아니기 때문에 義와 禮가 엄격하게 학문과 실천 원리로 구분되어지는 것은 아니다. 실천의 문제를 중심으로 禮義를 이해하면 禮는 가정 윤리가 되고, 義는 국가 윤리가 된다. 그렇기 때문에 『논어』에서는 四德을 함께 논하지 않고 상황에 따라서 때로는 禮와 義를 함께 논하기도 하고, 仁과 禮를 함께 논하기도 하고, 知와 仁만을 각각 논하기도 하였으며, 義만을 논하기도 하였다.

학문은 군자의 심성 내면의 문제이지만 실천은 군자와 심성 밖의 대상을 중심으로 이루어지는 문제이다. 그렇기 때문에 군자의 실천 문제는 겉으로 드러나는 삶의 양태인 언행을 중심으로 고찰하지 않을 수 없다. 군자의 본성인 四德이 겉으로 드러났을 때 그 언행은 시의성에 맞는 언행이 된다. 군자는 부모가 되었을 때 부모의 언행을 하고, 자식이 되었을 때 자식의 언행을 하는 것이다. 『周易』에서는 군자의 실천 원리를 시의성을 중심으로 "天道를 따라서 天時를 받들어 行한다."68)고 하였다. 그리고 군자의 道를 표상하는 重山艮卦에서는 "때가 멈출 때는 멈추고, 행할 때는 행하여 動靜에 그 때를 어기지 않아서 그 道가 빛나 밝다."[69]고 하였다.

군자의 언행이 시의성에 맞는다는 것은 부모가 되었을 때는 부모라는 이름과 일치하는 부모다운 언행을 행함을 뜻한다. 그것은 부모라는 이름과 부모다운 언행이 일치하는 것이다. 이처럼 名과 實의 관계를 중심으로 名과 實의 일치로 나타낸 것이 正名이라는 개념이다. 따라서 正名은 개념을 중심으로 이루어지는 개념론이 아니라 名과 實을 일치시키는 名實의 合德 原理이다. 사실 名과 實의 合德은 군자가 四德을 주체로 언행을 행함을 뜻한다. 이러한 정명원리가 『논어』에서 제시하고 있는 군자의 실천 원리이다.

군자가 四德을 매개로 군자의 道를 행할 수 있는 방법은 政治이다. 군자는 정치를 통하여 天下에 밝은 德을 널리 펼치는 것이다. 그렇기 때문에 군자는 반드시 정치를 통하여 천하의 백성들로 하여금 도덕적 세계에서 살도록 인도하는 것이다. 『논어』를 비롯한 유가 경전에서 언제나 정치를 언급하고 있는 까닭이 여기에 있다.

공자는 子路가 만약 정치를 행하게 된다면 무엇을 먼저 할 것이냐고 묻자 반드시 正名할 것[70]이라고 말하였을 뿐만 아니라 정치가 무엇이냐고 묻는 季康子에게 정치는 正名[71]이라고 말하였다. 그것은 사람으로 하여금 正位에서 존재하도록 함으로써 天地人의 三才가 모두 合德 成道하는 三才의 合德 成道 原理를 나타내는 말이다. 군자가 학문을 통하여 성인지도를 자각함으로써 성인지도와 합덕하고 동시에 군자지도를 자각함

---

68) 『周易』, 重天乾卦 文言, "後天而奉天時"
69) 『周易』, 重山艮卦 彖辭, "時止則止하고 時行則行하야 動靜不失其時ㅣ其道ㅣ光明이니"
70) 『論語』, 子路篇, "子路曰衛君 待子而爲政 子將奚先 子曰 必也正名乎"
71) 『論語』 顔淵篇, "季康子 問政於孔子 孔子對曰 政者正也 子帥以正 孰敢不正"

으로써 자신에게 주어진 天命을 자각하여 그것을 실천함으로써 삼재가 合德 成道하는 원리가 正名 原理인 것이다.

正名 原理는 실천 주체인 군자를 중심으로 나타내면 正命 原理가 된다. 자신에게 주어진 天命을 자각하고 그것을 실천하는 존재가 군자이기 때문에 군자의 실천 원리인 正命 原理는 자신에게 주어진 天命을 奉行하는 正命 原理가 된다. 그렇기 때문에 『주역』에서는 "군자는 正位에서 天命을 行한다."[72]고 하여 正命을 규정하였을 뿐만 아니라 正命을 행하는 존재가 군자임을 밝히고 있다.

『주역』에서는 정명 원리의 구체적인 내용을 남녀의 正位 原理로 규정하고 있다. 남녀는 성인과 군자를 지칭하는 말로 學易 군자가 경전의 연구를 통하여 성인지도를 자각하고 그것을 현실에서 실천함으로써 先天의 주체적 존재인 성인을 이어서 後天을 주관하는 것을 남자는 밖에서 바르게 위치하고 여자는 안에서 바르게 위치한다고 하였다. 이는 가정 사회에 비유하여 성인과 군자의 합덕 원리가 正名 原理임을 밝힌 것이다. 성인과 군자의 합덕 원리가 천도의 측면에서는 先後天 합덕 원리이기 때문에 남녀 正位 원리를 논하면서 그것이 천지의 大義[73]라고 규정하였다.

正名 原理는 성인을 중심으로 通神明之德의 관점에서 언급한 것이며, 正命 原理는 군자를 중심으로 類萬物之情의 관점에서 언급된 것이다. 聖人之道를 근거로 君子之道가 형성되기 때문에 正名 原理를 근거로 正命 原理가 형성된다. 성인인 공자가 正名 原理를 논하고, 군자인 맹자가 正命 원리를 논한 까닭이 여기에 있다.

군자가 자신에게 주어진 天命을 자각하여 실천하는 방법은 언행이다.

---

72) 『周易』 火風鼎卦 大象, "君子ㅣ 以하야 正位凝命하나니라."
73) 『周易』 風火家人卦 彖辭, "家人은 女ㅣ 正位乎內하고 男이 正位乎外하니 男女正이 天地之大義也ㅣ라.

그렇기 때문에『주역』에서는 "言行은 군자의 樞機이니, 樞機의 發用이 榮辱의 주체이다. 言行은 군자가 천지를 化成시키는 根據이니 삼가지 않을 수 있겠는가?"[74]라고 하였다. 언행은 성인과 군자의 삶의 양상으로 言을 중심으로 성인의 使命이 주어지며, 行을 근거로 군자의 使命이 주어진다. 성인은 말씀을 통하여 天地의 道와 人道를 미리 밝힌 존재이며, 군자는 성인이 경전을 통하여 말씀으로 밝힌 人道를 자각하고 그것을 행하는 존재이기 때문이다. 그러므로 言을 중심으로 儒家의 실천 원리를 논하면 正名 原理가 되고, 行을 중심으로 실천 원리를 논하면 正命 原理가 된다.

공자는『주역』과『논어』에서 正名 原理를 중심으로 유학의 실천 원리를 밝히고 있다. 먼저『논어』에서 밝히고 있는 正名 原理의 내용을 살펴보면 다음과 같다.

> 名이 바르지 않으면 言이 不順하고, 言이 不順하면 일이 완성되지 않으며, 일이 완성되지 않으면 禮樂이 興作하지 않고, 禮樂이 興作하지 않으면 刑罰이 的中하지 않으며, 刑罰이 的中하지 않으면 백성들은 手足을 둘 곳이 없게 된다. 그러므로 君子는 개념을 규정하면 반드시 말을 할 수 있고, 말을 하면 반드시 行할 수 있으니, 君子는 말을 함에 있어서 구차한 것이 없다.[75]

名이 바르지 않다는 것은 名分이 바르지 않음을 뜻한다. 명분은 大義와 함께 사용되는 개념이며, 大義는 天地와 함께 사용되어지는 개념이다. 天地의 大義를 인간을 중심으로 나타낸 것이 大義 名分인 것이다. 天地

---

74)『周易』繫辭上篇 第八章, "言行은 君子之樞機니 樞機之發이 榮辱之主也ㅣ라 言行은 君子之所以動天地也ㅣ니 可不愼乎아"

75)『論語』子路篇, "名不正則言不順 言不順則事不成 事不成則禮樂不興 禮樂不興則刑罰不中 刑罰不中則民無所措手足 故 君子名之 必可言也 言之必可行也 君子於其言 無所苟已矣"

의 大義인 天地의 道가 天命으로 分與되어 나타난 것이 명분이며, 그것을 名으로 규정한 것이다. 이는 名을 중심으로 그 가운데 命을 포함하여 나타낸 것이라고 할 수 있다. 개체적 측면에서 부모와 자식 또는 스승과 제자, 친구라는 이름으로 불려지는 순간에는 그러한 名에 부합되게 행하여야 할 命이 이미 주어진 것이다. 그렇기 때문에 맹자는 "모든 사건들이 命이 아닌 것이 없으니 오직 正道를 따라서 行할 따름이다."76)고 하였던 것이다.

명분이 바르지 않으면 명분을 담아서 나타낸 말이 天道, 天命에 순응할 수 없다. 그것을 나타내는 것이 名이 바르지 않으면 말이 불순하다는 부분이다. 정치는 말을 통하여 내려지는 명령을 중심으로 이루어진다. 다스리는 사람이 내리는 명령이 名分에 맞지 않다면 그것은 天道와 符合되지 못하는 것이다. 그것은 바꾸어 말하면 명분이 바르다면 명분을 내세워 내려지는 명령의 내용이 天道와 符合됨을 뜻한다. 『주역』에서는 "天地가 天道에 順應하여 운행하기 때문에 日月이 過함이 없으며, 四時가 어그러짐이 없고, 성인이 天地에 順應하여 行하기 때문에 刑罰이 맑아서 백성들이 順從한다."77)고 하여 天地가 順動하고 성인 역시 順動함을 나타내고 있다.

名分이 바르지 못하여 명분을 담아낸 말이 천도에 符合되지 못하면 王天下之事가 이루어지지 않는다. 그렇기 때문에 말이 불순하면 일이 이루어지지 않는다고 하였다. 王天下之事가 실천되지 않는다면 그것은 곧 禮樂이 興作되지 못함을 뜻한다. 왕도 정치의 始終은 재물 다스림을 통한 물리적 생명의 보존과 교육을 통한 인격적 생명의 완성으로 인격적 생명의 완성은 예악의 홍작으로 나타난다. 그렇기 때문에 일이 성사되지 못하

---

76) 『孟子』盡心章句上, "孟子曰 莫非命也 順受其正 是故 知命者 不立乎巖墻之下 盡其道而死者 正命也 桎梏死者 非正命也"
77) 『周易』雷地豫卦 彖辭, "天地ㅣ 以順動이라 故로 日月이 不過而四時ㅣ 不忒하고 聖人이 以順動이라 則刑罰이 淸而民이 服하나니"

면 예악이 흥작하지 못한다고 하였다. 禮樂이 興作하지 못하면 道德 原理에 의하여 형벌이 집행되어질 수 없다. 형벌은 도덕적 생명을 길러주기 위한 도덕적 수단이지 형이하적 생명을 저지하려는 것이 아니다. 따라서 禮樂의 興作하지 못하면 禮樂을 통하여 이루어지는 도덕적 감화의 수단으로서의 형벌이 바르게 집행되어질 수 없다. 형벌이 바르게 집행되지 못하면 백성들이 무엇을 기준으로 살아야 할지를 모르게 된다. 군자가 백성들이 나아가야 할 목표를 제시하고 그것에 어긋날 때 형벌을 통하여 그것을 바로잡아줌으로써 어떻게 살아야하는지를 알게 된다. 그렇기 때문에 형벌이 제대로 집행되지 않는다면 백성들이 나아가야 할 방향이 曖昧해서 어떻게 살아야 할 줄을 모르게 된다. 그것을 나타내는 말이 형벌이 올바로 집행되지 못하면 백성들이 손발을 어디에 두어야 할지 모른다고 하였다. 결국 正名 原理는 정치의 측면에서는 백성들의 뜻을 정하여주는 것으로 나타남을 알 수 있다. 『주역』에서는 그것을 구체적으로 "形而上과 形而下를 분명하게 구분하여 백성들의 뜻을 정하여준다."[78]고 하였다.

공자는 正名 原理를 구체적인 정치를 중심으로 밝힌 부분과 달리 군자 자신을 중심으로 개체적 측면에서 밝히고 있는데 그 내용을 보면 다음과 같다.

> 齊景公이 孔子에게 政治에 관하여 묻자 孔子가 대답하여 말하기를 "임금이 임금다우며, 신하가 신하답고, 부모가 부모다우며, 자식이 자식 다워야 한다."고 하였다.[79]

위의 내용은 正名 原理를 가정과 국가 사회로 나누어서 나타낸 것이다. 君과 臣, 父와 子가 상하의 인격적 관계를 형성하면서 正位에서 명분에 맞게 행할 때 비로소 올바른 정치가 이루어짐을 나타낸 것이다.

---

78) 『周易』 天澤履卦 大象, "君子以하야 辯上下하야 定民志하나니라."
79) 『論語』 顔淵篇, "齊景公問政於孔子 孔子對曰 君君臣臣父父子子"

『논어』를 통하여 논의되어지는 正名 原理의 근거는『주역』으로『주역』에서는 군자의 실천 원리를 類萬物之情으로 규정하고 있다. 유만물지정은 만물을 그 본질인 用途性에 따라서 다스림으로써 인격적 존재로 고양시켜서 도덕적 세계를 구축하는 원리이다.『주역』의 風火家人卦에서는 正名 原理를 가정 사회를 중심으로 다음과 같이 밝히고 있다.

> 家人은 여자가 안에서 바르게 위치하고, 남자가 밖에서 바르게 위치하여, 남녀가 바르게 되는 것이 天地의 大義이다. 家人에는 嚴君이 있으니 父母를 이르는 말이다. 부모가 부모답고, 자식이 자식다우며, 형이 형답고, 아우가 아우다우며, 남편이 남편답고, 아내가 아내다우면 家道가 바르게 되니, 家庭이 바르면 天下가 定하여진다.[80]

위의 내용은 正名 原理가 陰陽 合德 原理이며 그 근거가 天地의 大義, 天地의 道에 있음을 밝힌 부분과 그것을 가정을 중심으로 밝히고 있는 부분 그리고 가정이 正名됨으로써 국가, 나아가서 천하가 바르게 됨을 나타내는 부분으로 구성되어 있다.

처음 부분은 天地가 合德됨으로써 각각의 작용을 하는 것이 天地의 大義이듯이 성인과 군자가 外卦가 표상하는 後天과 內卦가 표상하는 先天에서 각각 주체적 존재가 됨으로써 正位되는 원리가 正名 原理임을 밝히고 있다. 先天에서 성인이 주어진 天命을 奉行하여 正位하고, 後天에서 군자 역시 주어진 天命을 奉行하여 正位하는 것이 正名 原理인 것이다.

正名 原理를 가정 사회를 구성하는 가족을 중심으로 밝힌 것이 다음 부분으로 가족을 구성하는 부모, 자녀, 형제, 부부가 각각 名과 實이 相符

---

80)『周易』風火家人卦 彖辭, "家人은 女ㅣ 正位乎內하고 男이 正位乎外하니 男女正이 天地之大義也ㅣ라. 家人이 有嚴君焉하니 父母之謂也ㅣ라. 父父子子兄兄弟弟夫夫婦婦而家道ㅣ 正하리니 正家而天下ㅣ 定矣리라."

됨으로써 正位가 됨이 家道가 바르게 됨이며, 그것이 正名임을 밝히고 있다.

마지막 부분에서 家道가 바르게 됨으로써 天下가 정하여진다고 하여 국가 사회 역시 正名 원리에 의하여 구축되어짐을 밝힌 것이다.

지금까지 선진 유학의 존재 근거를 밝히고 있는 역학적 관점에서 천도를 천명한 『정역』과 인도를 천명한 『주역』을 중심으로 『논어』의 내용을 살펴보았다. 역수원리를 중심으로 역도를 천명한 『정역』에서 밝히고 있는 역도의 내용을 작용 원리를 중심으로 나타내면 도생역성 작용 원리와 역생도성 작용 원리이다. 이 도역의 생성 작용 원리가 학문의 주체인 군자에 있어서는 학문 원리와 실천 원리가 된다. 역생도성 작용 원리는 군자의 학문 원리의 근거가 되며, 도생역성 작용 원리는 군자의 실천 원리가 된다. 군자의 학문 원리를 중심으로 실천 원리도 밝히고 있는 경전이 『논어』이다.

『논어』는 학문의 방법을 중심으로 그 존재 근거가 역도인 역수원리이며, 역수원리가 인간의 본래성으로 주체화하였기 때문에 본래성의 자각을 통하여 천지지도를 자각해야 함을 밝히고 있다. 그리고 자신의 본래성의 자각과 더불어 천도를 자각함으로써 자신에게 주어진 사명을 자각하고, 그것을 실천하는 존재가 군자이며, 군자는 四德을 실천 구현하는 존재임도 밝히고 있다. 따라서 『논어』는 학문을 통하여 형이하의 세계에서 형이상의 세계로 고양됨으로써 군자라는 인격적 존재가 됨을 논하고 있다. 『논어』에서는 학문을 중심으로 군자지도를 밝히고 있을 뿐만 아니라 군자의 실천 원리도 함께 밝히고 있다. 앞에서 살펴본 내용을 중심으로 『논어』의 내용을 요약하여 나타내면 다음과 같다.

첫째, 『논어』는 학문에 관하여 논한 경전으로 『논어』에서 제시되어진 학문을 한마디로 규정하면 "下學而上達"이다. 그것은 학문의 근본 문제가 형이하의 세계에서 형이상의 세계로 차원의 고양임을 의미한다. 차원의 고양은 인간의 심성 내면에서 이루어지는 것으로 본래성의 자각과 더불어 그 존재 근거인 천지의 도를 자각함으로써 이루어진다. 이를 역학에서는 천도의 인간 주체적 자각이라고 한다. 그러므로『논어』에서 제기하고 있는 학문의 방법은 천도의 인간 주체적 자각이다.

둘째, 학문의 방법인 천도의 인간 주체적 자각의 과정은 입지와 궁리, 진성, 지명의 네 단계로 나누어 볼 수 있다. 이는 천도의 사상 원리에 근거하여 학문의 과정을 구분하여 나타낸 것이다. 왜냐하면 학문의 원리와 실천의 원리가 모두 천지지도에 근거하여 이루어지기 때문이다. 형이상적 존재인 도에 뜻을 두는 입지에 의하여 성인지도를 추구하게 되고, 경전의 연구를 통하여 성인지도를 이치로 연구하는 궁리의 과정을 거쳐서 궁리가 극단에 이르면 이치가 주체화하여 본래성을 자각하는 진성에 이르며, 진성이 되면 자신에게 주어진 역사적 사명을 자각하는 지명에 이르게 된다.

셋째, 학문을 통하여 인간 본래성을 자각하는 동시에 자신의 존재 근거인 천지지도를 자각함으로써 그것을 천명으로 자각하게 된다. 그러므로 군자가 되기 위해서는 반드시 천명을 자각해야 한다. 학문을 통하여 자신에게 주어진 역사적 사명을 자각하여 그것을 실천하는 존재를 군자라고 한다. 그러므로 학문은 군자됨에 그 목표가 있다고 하겠다.

넷째, 천명으로 자각되어진 천지지도는 군자에게 덕으로 주체화한다. 그러므로 군자는 成德된 인격체이다. 德을 주체로 하여 살아가는 존재가 군자인 것이다. 천지지도가 군자의 德으로 주체화한다는 것은 인간 본래성과 일체화되어 천지지도를 자각함을 뜻한다. 인간 본래성의 자각과 더불어 천지지도를 자각하는 것이다. 자각을 통하여 밝혀진 인간 본래성의 내용은 仁禮義智의 四德이다. 그러므로 자신의 본래성을 자각한 군자는 사덕을 실천 구현하는 존재이다.

다섯째, 학문을 통하여 주체적으로 자각해야 할 내용은 성인지도의 내용은 역수원리이다. 역수원리의 본래적 의의를 밝히는 학문은 역학이다. 그러므로『논어』에서 제시되어진 학문 방법은 역학의 학문 방법이다.

여섯째, 자각한 본성을 주체로 사덕을 실천하는 원리는 정명 원리이다. 그것은 유학을 연구한 군자의 삶의 원리가 정명 원리임을 뜻한다. 正名은 명분에 符合됨으로 명분의 내용이 天命이기 때문에 正名은 順天命이다. 그것을 천도를 중심으로 나타내면 天時를 봉행함이다.

일곱째, 유학의 존재 근거인 역도의 근본 원리는 无位數 原理이다. 무위수 二十은 본체 원리를 중심으로 나타내면 十五와 五의 합덕원리를 표상하며, 작용 원리를 중심으로 나타내면 十에서 一까지의 도생역성 원리와 一에서 十까지의 역생도성 원리를 표상한다. 그것은 도생역성 작용 원리와 역생도성 작용 원리가 일체적 작용일 뿐만 아니라 작용 원리가 본체 원리의 내용이며, 본체 원리가 작용 원리로 밝혀짐을 뜻한다. 따라서 무위수 원리를 근거로 형성된 군자지도는 학문 원리와 실천 원리를 함께 고찰해야 할 뿐만 아니라 그 존재 근거인 천지의 도 역시 함께 고찰해야 한다. 그렇기 때문에 도수 원리를 객관화하여 도덕 원리를 중심으로 나타낸 도라는 개념에는 존재 원리뿐만 아니라 학문 원리, 실천 원리가 모두 포함되어 있다. 도라는 개념 자체가 만물의 존재 근거인 근원적 존재를 나타낼 뿐만 아니라 학문의 방법을 나타내기도 하고, 학문의 목표를 나타내기도 하며, 실천 원리를 나타내기도 하는 것이다.

第五章 『孟子』의 易學的 이해

孟子는 공자에 의하여 집대성된 선진 유학을 계승하여 당시에 횡행하였던 小人之道로부터 聖人之道를 보호하였을 뿐만 아니라 그것을 후세에 전하였다. 예로부터 유학을 孔孟의 학문으로 부를 만큼 儒學史에서 맹자의 위상을 지대하게 여긴 까닭이 여기에 있다. 그는 "나는 人心을 바르게 하여 邪說을 멈추게 하고, 잘못된 행동을 막으며, 淫辭를 추방함으로써 禹와 周公, 孔子 세 聖人의 道를 계승하고자 한다."[1]고 하여 자신이 성인지도를 계승하였음을 분명하게 밝히고 있다.

맹자는 "天이 높고 星辰이 멀지만 진실로 그 존재 원리를 자각하면 千年 후의 冬至와 夏至라도 앉아서 도달할 수 있다."[2]고 하여 성인지도를 자각하였음을 밝히고 있다. 그러나 맹자는 자신에게 주어진 역사적 사명을 자각하였기 때문에 공자의 도를 계승하여 군자지도를 실천 원리를 중심으로 왕도 정치 원리로 밝혔다. 그는 齊나라의 宣王이 齊의 桓公과 晉나라의 文公에 관하여 말하기를 청하자 공자의 문하에서는 桓公과 文公의 일을 말하지 않기 때문에 후세에 전하여진 것이 없어서 자신이 들은 바가 없다고 말하고 그만두지 않기를 원한다면 왕도 정치 원리에 관하여

---

1) 『孟子』滕文公章句下, "我亦欲正人心, 息邪說, 距詖行, 放淫辭, 以承三聖者, 豈好辯哉 予不得已也. 能言距楊墨者, 聖人之徒也."
2) 『孟子』離婁章句下, "天之高也, 星辰之遠也, 苟求其故, 千歲之日至, 可坐而致也."

말하겠다[3]고 하여 그 점을 분명하게 밝히고 있다.

맹자는 『맹자』를 저작하여 공자의 도를 군자의 실천 원리를 중심으로 왕도 정치 원리로 밝혔을 뿐만 아니라 당시의 제후들을 찾아다니면서 왕도 정치의 실천을 강력하게 권하였다. 그가 『맹자』를 통하여 왕도 정치 원리를 밝힌 까닭은 성인지도와 소인지도를 엄격하게 구분하여 소인지도를 막고 성인지도를 顯揚하기 위해서이다. 그는 세상에 道가 衰微해졌기 때문에 邪說과 暴行이 일어나면서 신하가 임금을 죽이고, 자식이 부모를 죽이는 일이 있게 되었고 공자가 이를 두려워하여 『春秋』를 지었다.[4]고 말하고 자신 역시 소인지도를 막고 성인지도를 선양하는 것을 사명으로 여겼다. 그는 당시에 천하에 가득한 楊朱와 墨翟의 주장을 임금과 부모를 없애는 小人之道로 규정하고 그것이 사라지지 않으면 공자의 道가 드러나지 않으며, 그렇게 되면 邪說이 백성들을 현혹하게 되고, 그렇게 되면 仁義가 막혀서 드러나게 되며, 仁義가 막히게 되면 짐승을 이끌어서 사람을 먹는 것은 물론 장차 사람이 사람을 먹게 될 것이라고 말하고 자신이 그렇게 될 것을 두려워하여 성인의 道를 보호하고 楊朱와 墨翟의 주장을 막아서 잘못된 주장을 버려서 邪說이 다시 일어나지 않게 하겠다[5]고 하였다.

맹자가 철저하게 공자의 철학을 계승하였기 때문에 『맹자』는 공자의 철학을 바탕으로 이해되어야 한다. 공자가 집대성한 선진 유학은 『주역』을 통하여 천명된 역도를 존재 근거로 한다. 공자는 역도를 근거로 하여 禮樂의 측면에서 『시경』을 刪定하였고, 정치 원리의 측면에서 『서경』을

---

3) 『孟子』梁惠王章句上, "齊宣王問曰 齊桓 晉文之事可得聞乎? 孟子對曰 仲尼之徒無道桓文之事者, 是以 後世無傳焉 臣未之聞也. 無以, 則王乎"
4) 『孟子』滕文公章句下, "世衰道微, 邪說暴行有作, 臣弑其君者有之, 子弑其父者有之. 孔子懼, 作春秋."
5) 『孟子』滕文公章句下, "楊墨之道不息 孔子之道不著, 是邪說誣民, 充塞仁義也. 仁義充塞, 則率獸食人, 人將相食. 吾爲此懼, 閑先聖之道, 距楊墨, 放淫辭, 邪說者不得作."

산정하였으며, 학문의 방법을 중심으로 『논어』를 정리하였다. 이처럼 인도를 중심으로 역도를 밝힌 『주역』을 근거로 삼경이 쓰였을 뿐만 아니라 삼경을 근거로 사서가 저작되었기 때문에 『맹자』 역시 역도를 근거로 이해하지 않을 수 없다.

『맹자』가 『주역』을 근거로 쓰였음은 『맹자』의 도처에서 확인할 수 있다. 맹자가 주장하는 왕도 정치 원리는 『주역』에서 밝힌 군자지도의 내용으로 『주역』에서는 군자지도를 실천의 측면에서는 類萬物之情 原理로 규정하고 그 내용을 사물과 사람을 다스리는 원리로 밝히고 있다. 그리고 맹자가 왕도 정치 원리로 제시하고 있는 仁義가 왕도 정치 원리임을 밝히고 있다. 『주역』에서는 "사물을 다스리고 言辭를 바르게 하며, 백성들로 하여금 非人道的 세계로 가지 않도록 하는 것을 義라고 한다."고 하여 왕도 정치 원리를 義로 밝히고 있다. 뿐만 아니라 『주역』에서는 인도의 내용을 군자를 중심으로 仁義之道로 규정하고 있다.[6] 맹자가 주장한 性善說 역시 『주역』의 繫辭上篇 第五章[7]에서 이미 제기되어진 것이며, 인간의 본래성이 仁禮義智의 四德的 구조임은 밝히고[8] 그것을 다시 性命的 구조를 통하여 性命之理로 규정한 것[9] 역시 『주역』에서 이미 제기한 문제이다. 이처럼 『주역』을 통하여 天道와 人道의 관계, 人道의 내용, 인간 본래성의 내용이 밝혀지지 않았다면 『맹자』에서 왕도 정치 원리를 논할 수 없었을 것이다.

---

6) 『周易』 說卦 第二章, "是以立天之道曰陰與陽이오 立地之道曰柔與剛이오 立人之道曰仁與義이니"

7) 『周易』 繫辭上篇 第五章, "一陰一陽之謂道니 繼之者善也오 成之者性也라."

8) 『周易』 重天乾卦 文言, "元者는 善之長也ㅣ오 亨者는 嘉之會也ㅣ오 利者는 義之和也ㅣ오 貞者는 事之幹也ㅣ니 君子ㅣ 體仁이 足以長人이며 嘉會ㅣ 足以合禮ㅣ며 利物이 足以和義ㅣ며 貞固ㅣ 足以幹事ㅣ니 君子ㅣ行此四德者ㅣ라 故로 曰乾元亨利貞이라."

9) 『周易』의 重天乾卦의 彖辭에서는 "乾道變化에 各正性命하나니 保合大和하야 乃利貞하니라."라고 하였고, 說卦 第二章에서는 "昔者聖人之作易也는 將以順性命之理니"라고 하여 君子의 本性을 性命之理로 규정하고 있다.

『주역』에서는 역도를 삼재지도로 규정하고, 천지지도의 내용이 역수원리이며, 인도의 내용이 성인지도와 군자지도임을 밝히고 있다. 『주역』에서 역도를 삼재지도로 규정한 까닭은 『주역』의 관점이 천지지도 자체를 밝히는 데 있는 것이 아니라 인도를 밝히는 데 있기 때문이다. 그것은 三才之道가 人道로 집약되며, 人道는 君子之道로 집약되어짐을 나타낸 것이다. 그렇기 때문에 성인이 군자를 위하여 君子之道를 밝힌 『주역』을 저작하였다.10) 따라서 『맹자』를 역학적 관점에서 고찰함은 군자지도를 중심으로 고찰함을 뜻한다.

『맹자』는 인도를 중심으로 성인지도를 밝힌 전적으로 실천 원리를 중심으로 군자지도를 밝히고 있다. 군자지도의 내용은 실천 원리를 중심으로 나타내면 왕도 정치 원리가 된다. 『주역』에서 作易 原理인 類萬物之情 原理를 君子之道로 규정하고 그것을 정치 원리로 밝히고 있는 까닭이 여기에 있다. 『논어』에서도 군자가 자신의 본래성을 자각하고 그것을 정치를 통하여 실천해야 함을 강조하고 있다.

四書가 각각 독특한 문제를 갖고 있을 뿐만 아니라 구성 체계 역시 서로 다르다. 특히 『맹자』는 구성 체계뿐만 아니라 논리를 전개하는 방식이 독특하다. 그렇기 때문에 『맹자』를 이해하기 위해서는 먼저 논리의 전개 방식을 알아야 한다. 『논어』는 학문을 중심 문제로 제기하였기 때문에 逆生倒成의 관점에서 논하고 있지만 『맹자』는 본성의 내용인 四德을 실천하는 문제를 중심으로 그것을 정치의 측면에서 논하고 있기 때문에 倒生逆成의 관점이 위주가 되어 있다. 그렇기 때문에 맹자와 대화의 대상인 당시의 諸侯나 弟子가 逆生의 관점에서 질문을 던지면 맹자는 언제나 倒生의 관점에서 대답하고 있다. 예를 들면 梁惠王이 利와 義를 구분하지

---

10) 『周易』 說卦 第二章, "昔者聖人之作易也는 將以順性命之理니 是以立天之道曰陰與陽이오 立地之道曰柔與剛이오 立人之道曰仁與義니 兼三才而兩之라 故로 易이 六畫而成卦하고 分陰分陽하며 迭用柔剛이라 故로 易이 六位而成章하니라."

못하고 利를 논하면 孟子는 義를 중심으로 그 가운데서 利를 논하였다. 묻는 사람이 형이하의 관점에서 문제를 제기하면 맹자는 언제나 형이상의 관점에서 형이하를 포괄하여 대답하였던 것이다. 齊宣王이 先王의 樂과 世俗의 樂을 논하자 맹자는 그것을 주체화하여 예나 지금이나 음악을 즐기는 원리는 같다고 말하고 더 나아가서 樂 뿐만 아니라 田獵, 靈囿를 즐기는 것도 말하고 있다. 이는 道樂의 차원에서 구체적인 耳目之官의 즐김까지 논한 것이다. 또한 齊宣王이 好貨, 好色, 好勇을 말하면 백성들과 함께 財貨를 좋아하고, 色을 좋아하며, 용맹을 좋아하는 것을 말하고 있다. 告子가 인간의 본능만을 들어서 그것을 인간의 근본 성품으로 규정하자 맹자는 性命을 통하여 형이상적 본성과 사명을 논하여 性과 心 그리고 身을 모두 논하고 있다. 『맹자』의 전편에서 논의되고 있는 모든 내용들이 이러한 구조를 갖고 있기 때문에 그것을 이해하지 못하면 『맹자』를 올바로 이해할 수 없다.

형이상과 형이하를 엄격하게 구분하고 그것을 바탕으로 형이상하를 일관하는 원리를 제시하고 있는 『맹자』의 특성을 바탕으로 먼저 『맹자』의 구성 체계와 내용이 어떤지를 고찰한 후에 이어서 『孟子』의 근본 문제인 왕도 정치 원리에 대하여 살펴보고, 다음에는 왕도 정치가 이루어질 수 있는 가능 근거에 관한 議論인 性善說과 四端說에 대하여 살펴본 후에 이어서 왕도 정치 원리의 존재 근거인 聖人之道에 대하여 살펴보고, 왕도 정치의 실천 주체인 군자를 중심으로 正命 原理에 관하여 고찰하고자 한다.

1. 『孟子』의 구성 체계와 내용

앞에서 밝힌 바와 같이 『맹자』에서 밝히고자 하는 내용은 군자지도이다. 군자지도는 크게 역생도성의 관점과 도생역성의 관점에서 언급되어질 수 있다. 역생도성의 관점에서 군자지도를 논할 때 그 내용은 학문 원리가 된다. 반면에 도생역성의 관점에서 군자지도를 논하면 실천 원리가 된다.『논어』가 역생도성의 관점에서 학문 원리를 중심으로 군자지도를 밝히고 있는 것과 달리『맹자』는 도생역성의 관점에서 실천 원리를 중심으로 군자지도를 밝히고 있다. 따라서 그 내용을 중심으로 논리적 관계를 보아도『논어』를 근거로『맹자』가 형성되었음을 알 수 있다.

학문 문제는 군자 자신을 중심으로 제기되어지는 문제이지만 실천의 문제는 사람과 사물이라는 대상을 중심으로 제기되어지는 문제이다. 학문이 군자 자신의 向內的 문제인 것과 달리 실천은 군자와 다른 존재들과의 관계를 중심으로 제기되어지는 문제인 것이다. 그렇기 때문에 군자의 실천 원리는 군자가 학문을 통하여 이루어진 德을 주체로 그것을 언행을 통하여 천하에 널리 행하는 정치의 문제가 그 내용이 되지 않을 수 없다.

맹자는『맹자』를 통하여 군자지도의 내용을 실천 원리를 중심으로 왕도 정치 원리로 밝히고 있다. 왕도 정치 원리는 왕에 의하여 다스려지는 정치 원리가 아니라 자신의 본성을 자각함으로써 그것을 주체로 살아가는 도덕적 존재에 의하여 이루어지는 정치를 가리키는 말이다. 따라서 왕이라는 개념은 당시의 정치 제도에 의하여 형성된 개념일 뿐 군주 제도 자체를 가리키는 말이 아니다. 선진 유학에서는 자신의 본성을 자각하고 그 내용인 四德을 주체로 살아가는 인격적 존재를 군자라고 한다. 그렇기 때문에 德에 의하여 행하여지는 왕도 정치는 군자에 의하여 이루어지는 정치이다.

『맹자』의 내용이 왕도 정치 원리인 점과 더불어 고려되어야 할 문제는 구성 체계이다.『맹자』의 구성은 上下 七篇으로 전체는 十四篇이다. 易道를 바탕으로『맹자』의 내용이 왕도 정치 원리라는 점과 구성 체계가 上

下의 十四篇이라는 점을 살펴보면 坤策 聖統에 참여한 열네 성인에 의하여 밝혀진 聖人之道의 내용이 君子之道라는 점과 일치한다. 물론 『맹자』를 上下의 七篇으로 구성한 것은 후대의 일이기 때문에 그것을 맹자 자신이 스스로 구성한 것이라고는 할 수 없다. 그러나 맹자가 『맹자』를 저작하면서 역경을 통하여 闡明된 역도에 근거하였다는 점에서 그 구성 체계가 맹자 자신의 마음을 그대로 드러낸 것이라고 하지 않을 수 없다.

上下의 七篇을 합하면 十四篇이되는데 十四라는 수는 『정역』에서 밝힌 역수원리를 중심으로 살펴보면 坤策 聖統에 참여한 성인을 나타낸다. 坤策 聖統에 참여한 성인은 坤策 聖人으로 有巢, 燧人, 伏羲, 神農, 黃帝, 堯, 舜, 禹, 湯, 箕子, 文王, 武王, 周公, 孔子의 十四 聖人이다. 이 가운데서 有巢, 燧人, 伏羲, 神農, 黃帝, 堯, 舜,의 七聖은 河圖的 聖統에 참여한 성인이며, 禹, 湯, 箕子, 文王, 武王, 周公, 孔子의 七聖은 洛書的 聖統에 참여한 성인이다. 坤策 聖統은 坤道에 근거하여 형성된 聖統으로 君子之道를 闡明하는 사명이 坤策 聖統에 참여한 성인에게 공통적으로 주어진 天命이다. 따라서 上下 七篇은 坤策 聖統에 참여한 성인에 의하여 闡明된 君子之道를 왕도정치 원리를 중심으로 闡明한 것임을 나타내기 위함이라고 할 수 있다.

『맹자』는 『주역』에서 밝히고 있는 君子之道의 내용을 政治의 측면에서 王道 政治 原理로 밝히고 있다. 맹자는 『주역』, 『논어』에서 밝히고 있는 正名 原理를 君子를 중심으로 正命 原理로 규정하고, 그것을 실천의 측면에서 왕도 정치 원리로 闡明하였으며, 왕도 정치의 가능 근거로 인간의 본성이 천지의 본성인 道德性임을 밝힌 性善說을 제기하였고, 正命 原理, 王道 政治 原理, 性善說의 존재 근거가 圖書原理를 내용으로 하는 天地之道임을 밝혔던 것이다.

梁惠王章句를 통하여 仁義를 주체로 하여 이루어지는 왕도 정치 원리를 밝히고 그것이 유가의 정치 원리임을 밝히고 있다. 公孫丑章句에서는 왕도 정치의 주체인 仁義를 仁禮義智의 四德을 중심으로 논하면서 그것이 인간의 본성임을 그것이 발현된 四端之心을 통하여 논증하고 있다. 滕文公章句에서는 왕도 정치를 井田制, 稅制, 士農工商의 分業 등의 구체적인 제도를 중심으로 논하였을 뿐만 아니라 왕도 정치 원리가 堯舜이래 자신에게까지 전하여진 성인지도의 내용임을 밝히고 있다. 離婁章句에서는 성인지도의 근거가 天地之道인 圖書원리임을 밝히고 있다. 그렇기 때문에 天道와 人道의 관계를 분명하게 밝히고 있을 뿐만 아니라 堯舜에서 공자에 이르기까지의 聖統과 연관시켜서 왕도 정치 원리를 논하고 있다. 萬章章句에서는 君臣 關係, 父子 關係, 君과 父의 관계, 師와 君의 관계를 논하였으며, 禪讓과 父子 繼承에 대하여 논하였다. 告子章句에서는 왕도 정치의 주체인 인간 본래성의 본성에 관한 이론인 性善說을 논하였다. 마지막으로 盡心章句에서는 인간의 본성을 자각함으로써 天命을 자각함을 논하고 군자에게 주어지는 모든 사건이 天命의 流行임을 논하여 王道政治의 실천이 군자에게 주어진 天命임을 밝히고 있다.

2. 君子의 실천 원리인 王道 政治 原理

『맹자』 전체의 첫 편인 梁惠王 章句 上下篇은 맹자가 자신의 주장을 요약하여 그 대체를 밝힌 부분이다. 특히 양혜왕장구 상편의 시작 부분은 양혜왕장구 상하편의 내용을 집약시켜서 장차 논하게 될 근본 문제를 제기하고 있다. 그러면 『맹자』에서 제기되어진 근본 문제가 무엇인지를 파악하기 위하여 양혜왕장구 상편의 첫 부분을 검토하여 보자. 양혜왕 장구 상편의 첫 부분의 내용은 다음과 같다.

맹자가 양혜왕을 만나니 王이 말하기를 "德이 높은 선생님께서 千里를 멀다하지 않고 우리나라에 오시니 장차 우리나라에 어떤 이익이 있겠습니까?"라고 하였다. 孟子가 이에 대하여 말하기를 "王께서는 어찌 利를 말하십니까? 오직 仁義만이 있을 따름입니다. 王께서 '어떻게 해야 우리나라가 이롭겠는가'라고 말하고, 大夫가 '어떻게 하면 우리 家門에 이로움이 있겠는가'라고 말하며, 士와 百姓들이 '어떻게 하면 나에게 이로움이 있겠는가'라고 말하여 위로는 王으로부터 아래로 百姓에 이르기까지 서로 이로움만을 貪하면 나라가 위태로워집니다. 萬乘의 나라에서 그 임금을 죽이는 것은 반드시 千乘의 家門이고, 千乘의 나라에서 그 임금을 弑害하는 자는 반드시 百乘의 家門입니다. 萬乘의 국가가 千乘의 국가를 취하고, 千乘의 국가가 百乘을 취하는 것은 많지 않아서 그러는 것이 아닙니다. 진실로 利를 앞세우고 義를 뒤로하면 아무리 빼앗아도 그것을 싫어하지 않을 것입니다. 仁이 있으면서 兩親 父母를 버리는 사람은 없으며, 義가 있으면서 君을 버리는 者는 없습니다. 王께서는 仁義를 말씀하지 않고 어찌 利를 말씀하십니까?"라고 하였다.[11]

위의 내용을 겉으로 보면 利를 주장하는 梁惠王과 仁義를 주장하는 맹자 사이에 이루어지는 문답으로 생각할 수 있다. 그러나 어떤 주장을 막론하고 그 주장이 제기되어질 수 있는 기본 전제가 있을 수밖에 없다. 국익을 최고의 목표로 생각하는 梁惠王과 仁義를 제기한 맹자 역시 대전제가 깔려있다. 두 주장의 근저에는 국가 사회의 본질이 무엇이며, 정치의 본질이 무엇인지 그리고 국가의 구성 요소가 무엇이고 그러한 구성 요소의 관계가 무엇인가라는 근본 문제에 관한 다른 견해가 깔려 있는

---

11) 『孟子』梁惠王章句上, "孟子見梁惠王 王曰 叟! 不遠千里而來, 亦將有以利吾國乎 孟子對曰 王 何必曰利 亦有仁義而已矣. 王曰, '何以利吾國?' 大夫曰, '何以利吾家?' 士庶人曰, '何以利吾身?' 上下交征利而國危矣. 萬乘之國, 弑其君者, 必千乘之家, 千乘之國, 弑其君者, 必百乘之家. 萬取千焉, 千取百焉, 不爲不多矣. 苟爲後義而先利, 不奪不饜. 未有仁而遺其親者也, 未有義而後其君者也. 王亦曰仁義而已矣, 何必曰利"

것이다.

　梁惠王이 利를 주장하는 것은 王과 大夫에서 士와 庶人에 이르기까지 利로 맺어진 사회가 국가 사회임을 전제로 한다. 그러한 국가는 인격적 세계가 아니라 힘이 바탕이 되어 구축된 사회로 물리적 힘이 강한 사람을 정점으로 맺어진 지배와 복종의 사회이다. 힘이 바탕이 되어 형성된 세계에서는 가장 힘이 센 자가 모든 것을 소유하기 때문에 백성과 영토, 국가가 모두 왕의 소유가 될 뿐이어서 왕과 백성 사이에 인격적 평등 관계는 존재할 수 없다. 왕은 자신의 힘을 강화시키기 위한 수단으로 정치를 하기 때문에 정치는 왕 개인의 이익을 위하여 이루어지게 된다. 그러한 정치의 목표는 利가 될 수밖에 없다. 그렇기 때문에 강한 군대를 양성하고 그것으로 다른 나라를 倂呑하여 영토를 넓혀서 많은 백성들을 거느리고자 하는 것이다. 따라서 이러한 국가에서는 강자가 약자를 죽이고 소유물을 빼앗는 殺戮과 强奪만이 있을 뿐 강자가 약자를 사랑으로 감싸는 것은 없다. 그렇기 때문에 맹자는 萬乘의 나라에서 임금을 죽이는 사람은 千乘을 가진 사람으로 그 원인은 가진 것이 적어서가 아니라 그럴 수밖에 없다고 하여 梁惠王이 추구하는 국가의 실정을 밝혔던 것이다.

　맹자는 서로 이익을 추구하면 국가가 위태롭다고 하여 그것이 국가 사회의 본질이 아님을 밝히고 동시에 부자와 군신을 논하여 국가 사회가 인륜에 의하여 맺어진 사회임을 闡明하였다. 父子는 가정을 형성하는 중심축이며, 君臣은 국가 사회를 구성하는 중심축으로 모두 인격적 관계이다. 가정은 仁을 體로 하여 작용하는 禮에 의하여 맺어진 사회이며, 국가는 義를 근거로 맺어진 사회이다. 그렇기 때문에 맹자는 "仁이 있으면서 兩親 父母를 버리는 사람은 없으며, 義가 있으면서 君主를 버리는 사람은 없다."고 하여 利 대신에 仁과 義를 들어서 仁이 父子간의 인격적 관계를 형성하는 윤리이며, 義가 군신간의 인격적 관계를 형성하는 원리임을 밝히고 있다.

국가 사회가 인류의 사회이기 때문에 국가를 구성하는 요소간에 지배
와 복종이라는 관계는 없다. 맹자는 국가의 구성 요소를 王과 社稷 그리
고 백성으로 규정하면서도 백성이 가장 중요하고, 다음이 社稷이며, 王이
가장 가볍다12)고 하여 가장 위에 있는 왕이 가장 아래 있는 백성을 가장
중요하게 여겨야 함을 강조하였다. 국가 사회는 힘에 의한 사회가 아니라
윤리에 의한 사회이며, 국가 사회를 구성하는 요소가 왕과 백성이기 때문
에 왕과 백성은 가치상의 우열이 없는 동등한 인격체이므로 서로 인격적
관계를 맺어야 함을 밝힌 것이다. 왕과 백성의 관계를 다스림과 다스려짐
이라는 관계를 중심으로 그 본성인 인격적 관계로 환원하면 父子가 된다.
부모와 자식은 仁으로 맺어진 관계이기 때문에 서로를 仁의 작용인 禮를
주체로 대하여야 한다. 부모는 자식을 자애라는 禮로 대하여야 하며, 자
식은 효도라는 禮로 부모를 대하여야 한다. 이러한 관계가 국가 사회의
측면에서는 義로 맺어진 君民의 관계가 된다. 맹자가 왕을 백성의 부모
로 규정하고13) 부모가 어린 아이를 대하듯이 백성들을 대하라14)고 한 까
닭이 여기에 있다.

국가 사회의 본질이 윤리이기 때문에 국가 사회를 경영하는 정치 역시
윤리가 주체가 된다. 그렇기 때문에 맹자는 인간의 본래성의 내용인 仁義
를 주장하였다. 仁義가 주체가 되어 이루어지는 정치는 仁義의 확충으로
天下에 仁義를 널리 펼치는 것이 바로 정치인 것이다. 맹자가 "정치를 펴
서 仁을 베풀라"15)고 한 까닭이 여기에 있다. 그런 점에서 넓은 영토와
많은 백성들을 얻기 위하여 백성들을 전쟁터로 몰아대는 정치는 올바른
정치라고 할 수 없다. 맹자는 힘에 의한 정치를 覇道 政治로 그리고 仁義
에 의한 정치를 王道 政治로 규정하였다.16) 따라서 맹자가 仁義를 제기

---

12) 『孟子』盡心章句下, "民爲貴, 社稷次之, 君爲輕"
13) 『孟子』梁惠王章句上, "爲民父母, 行政, 不免於率獸而食人, 惡在其爲民父母也"
14) 『孟子』滕文公章句上, "儒者之道, 古之人若保赤子"
15) 『孟子』梁惠王章句上, "發政施仁"

하는 까닭은 王道 政治를 주장하기 위함이다.

왕도 정치는 선택이 가능한 제도가 아니라 반드시 실천되어야 할 제도이다. 왜냐하면 국가의 存亡은 물론 개인의 存亡의 근거가 仁義이기 때문에 仁義를 근거로 이루어지는 王道 政治의 실천 여부가 그대로 개인과 국가의 存亡으로 이어지기 때문이다. 맹자는 "夏殷周의 三代에 천하를 얻은 것은 仁 때문이며, 天下를 잃은 것은 不仁 때문이다. 국가의 存敗興亡 또한 그러하니 天子가 不仁하면 四海를 보존할 수 없고, 諸侯가 不仁하면 社稷을 보존할 수 없으며, 卿大夫가 不仁하면 宗廟를 보존할 수 없고, 선비와 백성들이 不仁하면 四體를 보존할 수 없다. 그럼에도 불구하고 지금의 사람들이 죽기를 싫어하면서 不仁을 즐기는 것은 마치 취하기를 싫어하면서 억지로 술을 마시는 것과 같다.[17]"고 하여 仁政인 王道 政治가 반드시 행하여져야 함을 논하고 있다.

왕도 정치는 왕에 의하여 행하여지는 정치가 아니라 왕도에 근거하여 이루어지는 정치를 말한다. 왕은 현실적 지위를 중심으로 나타낸 개념으로 백성들을 다스리는 사람을 일컫는다. 백성들을 능히 다스릴 수 있는 능력을 가진 사람은 덕을 이룬 존재이다. 『주역』에서는 "오직 인간 본래성인 仁을 자각한 사람이라야 능히 다른 사람을 인격적 존재로 완성시켜 줄 수 있다."[18]고 하여 德을 이룬 존재가 남을 다스릴 수 있음을 논하고 있다. 이처럼 덕을 쌓은 존재를 군자[19]라고 한다. 그러므로 정치의 주체인 왕과 덕의 주체인 군자는 동일한 존재를 가리키는 개념이다. 그렇기 때문에 왕도는 군자가 걸어가야 할 길이며, 왕도 정치는 군자에 의하여

---

16) 『孟子』 公孫丑章句上, "孟子曰, "以力假仁者覇, 覇必有大國, 以德行仁者王, 王不待大"
17) 『孟子』 離婁章句上, "孟子曰 三代之得天下也以仁 其失天下也以不仁 國之所以廢興存亡者亦然 天子不仁不保四海 諸侯不仁 不保社稷 卿大夫不仁 不保宗廟 士庶人不仁 不保四體 今惡死亡而樂不仁 是猶惡醉而强酒"
18) 『周易』 重天乾卦 文言, "君子 體仁이 足以長人이오"
19) 『周易』 重天乾卦 文言, "君子ㅣ 以成德爲行하나니"

이루어지는 정치이고, 왕도 정치 원리는 군자지도이다.

　군자는 자신의 본래성을 자각하여 그것을 실천하는 사람이다. 군자의 본성은 仁禮義智의 사덕으로 사덕을 행하는 사람이 군자인 것이다. 맹자는 "군자의 性인 仁義禮智가 마음을 근거로 겉으로 드러남에 있어서 홀연히 얼굴에 나타나고 등에 가득하여 四體에 나타난다."[20]고 하여 군자의 본성이 인예의지의 사덕이며, 그것을 자각하면 四體를 통하여 드러나게 됨을 논하였다. 『주역』에서도 "군자는 仁禮義智의 사덕을 행하는 사람[21]"이라고 하여 그 점을 분명하게 밝히고 있다. 사덕 가운데서 仁과 知는 性이며, 禮와 義는 命으로 仁을 體로 禮로 작용하고, 知를 體로 義로 작용하게 된다. 그렇기 때문에 禮義는 군자가 실천해야 할 윤리이다. 맹자는 "대저 義는 길이며, 禮는 문이니 오직 君子라 능히 이 길을 따라서 이 문으로 출입한다."[22]고 하여 禮義가 군자가 행해야 할 德임을 밝히고 있다. 그럼에도 불구하고 맹자가 禮義 가운데서 義를 강조한 까닭은 禮가 가정 윤리인 반면에 義는 국가 윤리이기 때문이다.

　인간 본래성의 내용인 사덕은 四端之心으로 발현된다. 맹자는 사단지심을 不忍人之心으로 규정하고 그것을 왕도 정치의 근거로 삼고 있다. 不忍人之心에 의하여 이루어지는 不忍人之政이 王道政治라는 것이다. 그것은 四德에 의하여 이루어지는 정치가 王道 政治임을 밝힌 것이다. 맹자가 四端之心을 통하여 王道 政治를 논한 부분의 내용은 다음과 같다.

　사람마다 모두 不忍人之心을 갖고 있다. 왕도 정치를 행한 先王 역시

---

20) 『孟子』盡心章句上, "君子所性 雖大行 不加焉 雖窮居 不損焉 分定故也 君子所性 仁義禮智 根於心 其生色也 晬然見於面 盎於背 施於四體 四體不言而喩"
21) 『周易』重天乾卦 文言, "元者는 善之長也ㅣ오 亨者는 嘉之會也ㅣ오 利者는 義之和也ㅣ오 貞者는 事之幹也ㅣ니 君子ㅣ 體仁이 足以長人이며 嘉會ㅣ 足以合禮ㅣ며 利物이 足以和義ㅣ며 貞固ㅣ 足以幹事ㅣ니 君子ㅣ行此四德者ㅣ라 故로 曰乾 元亨利貞이라."
22) 『孟子』萬章章句下, "夫義, 路也, 禮, 門也. 惟君子能由是路, 出入是門也 ."

不忍人之心이 있었기 때문에 不忍人之政을 행할 수 있었다. 不忍人之心으로 不忍人之政을 행함은 천하를 손바닥 위에서 다스리는 것과 같다. 이른바 사람들이 모두 不忍人之心을 갖고 있다는 것은 이제 어린 아이가 우물에 빠지려는 것을 보고 모두 깜짝 놀라고 惻隱해하는 마음을 갖게 되니 그것은 어린 아이의 부모와 교분을 맺으려고 하는 까닭도 아니며, 마을 사람들과 벗들로부터 칭찬을 듣기 위한 것도 아니고, 비난의 소리를 듣기 싫어서도 아니다. 이로서 보면 惻隱之心이 없으면 사람이 아니며, 羞惡之心이 없으면 사람이 아니고, 辭讓之心이 없으면 사람이 아니며, 是非之心이 없으면 사람이 아니다. 惻隱之心은 仁의 端緒이며, 羞惡之心은 義의 端緒이고, 辭讓之心은 禮의 端緒이며, 是非之心은 智의 端緒이다. 사람에게 이 四端之心이 있는 것은 사람에게 四體가 있는 것과 같다. 이 四端이 있으면서 仁義를 행할 수 없다고 말하는 것은 자신을 스스로 해치는 것이며, 임금이 仁義를 행할 수 없다고 말하는 것은 그 임금을 해치는 것이다. 무릇 나에게 있는 四端을 모두 擴充할 줄을 알면 마치 불이 처음 붙기 시작하는 것과 같고 물이 흐르기 시작하는 것과 같아서 진실로 능히 그것을 擴充하면 四海를 보존할 수 있으며, 擴充하지 못하면 父母를 모실 수도 없다.23)

不忍人之心은 차마 남의 불행을 참고 있지 못하는 마음으로 그것은 곧 생명을 사랑하는 마음이다. 이는 인간의 본성이 그대로 발현된 마음을 가리키는 말이다. 이 不忍人之心을 분석하면 惻隱之心과 羞惡之心, 辭讓之心, 是非之心을 내용으로 한다. 모든 존재를 사랑하고 아끼는 마음이 생

---

23)『孟子』公孫丑章句上, "人皆有不忍人之心. 先王有不忍人之心, 斯有不忍人之政矣. 以不忍人之心, 行不忍人之政, 治天下可運於掌上. 所以謂人皆有不忍人之心者, 今人乍見孺子將入於井, 皆有怵惕惻隱之心 非所以內交於孺子之父母也, 非所以要譽於鄕黨朋友也, 非惡其聲而然也. 由是觀之, 無惻隱之心, 非人也, 無羞惡之心, 非人也, 無辭讓之心, 非人也, 無是非之心, 非人也. 惻隱之心, 仁之端也, 羞惡之心, 義之端也, 辭讓之心, 禮之端也, 是非之心, 智之端也. 人之有是四端也, 猶其有四體也. 有是四端而自謂不能者, 自賊者也, 謂其君不能者, 賊其君者也. 凡有四端於我者, 知皆擴而充之矣, 若火之始然, 泉之始達. 苟能充之, 足以保四海, 苟不充之, 不足以事父母."

명이 단절되는 현상을 통하여 그것을 측은해하는 惻隱之心으로 나타나는
데 그것은 仁性이 발현된 것이다. 그렇기 때문에 惻隱之心은 仁의 端緒
라고 하였다. 생명의 단절에 대한 측은한 마음은 존재 자체에 대한 긍정
으로 생명의 단절은 잘못된 것이며, 天命을 다하여 죽는 것이 옳음을 아
는 是非之心으로부터 나타난다. 是非之心은 知性이 발현된 것이기 때문
에 그것을 知性의 단서라고 하였다. 옳음을 실천하지 못하였을 때 그것
을 부끄러워하고 싫어하는 것은 義를 행하고 不義를 행하지 않음을 아는
羞惡之心으로 義가 발현된 것이다. 그렇기 때문에 생명의 단절을 막는
것이 義로우며, 그렇지 못하면 不義라는 것을 알기 때문에 만약 그것을
행하지 못하면 스스로 부끄러워하고 미워하는 마음이 생기게 된다. 義로
운 일을 위하여 자신의 일을 양보하고 義를 먼저 행하는 것은 辭讓之心
이 있기 때문으로 辭讓之心은 자신을 낮추는 겸손과 남을 높이는 尊敬을
내용으로 하는 禮가 발현된 것이다. 그렇기 때문에 辭讓之心은 禮의 단
서라고 하였다.

四端之心을 내용으로 하는 不忍人之心을 정치에 적용하였을 때 不忍
人之政이 된다. 백성들의 불행을 차마 참지 못하는 마음으로 백성을 사
랑하는 정치를 펴는 것이 仁政이며, 왕도 정치인 것이다. 不忍人之心이
四德의 발현이기 때문에 四端之心에 의한 정치는 德에 의한 德治이다.
그것은 정치의 주체가 될 뿐만 아니라 인격적 삶의 주체인 동시에 인격
적 天地의 주체이기도 한다. 그렇기 때문에 四端之心을 넓혀서 채우면
가까이는 부모를 섬길 수 있게 되고 멀리는 天下를 다스릴 수 있게 되는
것이다. 이러한 관점에서 보면 맹자가 주장하는 왕도 정치는 정치 제도를
구성하는 정치 制度論이 아니라 政治를 운용하는 주체에 관한 이론임을
알 수 있다.

군자에 의하여 이루어지는 왕도 정치의 구체적인 내용은 두 부분으로
나누어서 이해할 수 있다. 본래 정치는 백성들을 그 타고난 본성대로 인

간다운 인간으로 완성시켜주는 것으로 그것을 왕도 정치로 규정한 것이다. 인간다운 인간은 본성대로 살아가는 인간으로 그것은 德을 쌓은 존재이다. 德은 교육을 통하여 이루어지며, 교육은 물리적 생명이 바탕이 되어 이루어진다. 그렇기 때문에 왕도 정치 역시 백성들의 물리적 생명을 윤택하게 해주는 것으로 시작하여 백성들의 形而上的 生命을 윤택하게 해주는 것으로 끝을 맺는다. 그것을 맹자는 王道 政治의 始終으로 규정하고 있다.

『주역』에서는 "財物을 다스리고 言辭를 바르게 하여 백성들로 하여금 비인격적 존재로 墮落하지 않도록 하는 것을 義라고 한다.[24]"고 하여 백성들의 의식주를 해결하여 물리적 생명의 보존을 꾀하는 理財와 교육을 통하여 백성들을 인격적 존재로 변화시켜주는 正辭, 禁民爲非의 두 문제를 군자의 실천 문제로 제기하고 더불어 그것이 이루어질 수 있는 근거가 義임을 밝히고 있다. 이러한 의식주와 교육의 문제를 맹자는 왕도 정치의 始終으로 규정하고 있다. 그는 養生喪事에 유감이 없는 것이 왕도 정치의 시작이라고 하였다. 이는 백성들의 물리적 생명을 보존할 수 있도록 하는 것이 왕도 정치의 시작임을 나타낸 것이다. 그러므로 그는 구체적으로 당시의 主業인 농사가 잘되어 풍년이 들 때에는 부모를 봉양하고 처자를 기르며, 조상의 은덕을 기리는 제사를 지내는 데 유감이 없어야 하며, 아무리 흉년이 될지라도 부모를 봉양하고 처자를 기르는 데 부족함이 없어야 한다고 하였다. 그리고 이어서 王道 政治의 終은 교육을 통하여 孝悌之義를 널리 펼치는 것[25]이라고 하였다. 교육을 통하여 백성들로 하여금 예의를 행하며 살아가는 인격적 존재로 존재하게 해주는 것이 왕도 정치의 최후 목표인 것이다.

---

24) 『周易』 繫辭下篇 第二章, "理財하며 正辭하며 禁民爲非曰 義라."
25) 『孟子』 梁惠王章句上 및 下篇 參照.

3. 王道 政治의 가능 근거인 性善說과 四端說

앞에서 맹자가 주장하는 근본 내용은 왕도 정치 원리인 仁義之道이며, 仁義에 의하여 이루어지는 道德 政治가 王道 政治이고, 王道 政治를 실천 구현하는 존재가 자신의 본성을 자각하여 成德된 존재인 군자임을 살펴보았다.

왕도 정치 원리가 仁義에 의한 道德 政治라면 그 실천 주체인 군자의 본성이 도덕성일 뿐만 아니라 정치의 대상인 백성이 도덕성을 본성으로 해야 한다. 그것은 정치의 주체와 대상이 모두 인격적 존재가 될 수 있는 가능성을 선천적으로 타고나야 함을 뜻한다. 이로부터 왕도 정치의 가능 근거가 확보되기 위해서는 인간의 본성에 대한 存在論的 糾明이 선행되어야 함을 알 수 있다.

맹자는 性善說을 통하여 군자의 본성을 논하고 있다. 군자는 모든 사람들이 목표로 해야 할 이상적인 인격체를 가리킨다. 그렇기 때문에 군자의 본성을 밝히는 문제는 모든 인간의 본성을 밝히는 문제가 된다. 그는 性善說을 통하여 인간은 누구나 도덕성을 본성으로 함을 밝히고 있다. 性善說의 性은 인간의 본래성을 지칭하는 개념이다. 인간 본래성은 인간의 타고난 본성인 동시에 인간이 완성해야 할 미래이기도 하다. 그것은 형이상적 존재로 인간을 인간으로 존재하게 하는 본질이다. 이 인간 본래성의 내용은 도덕성으로 그것을 『주역』에서는 性命之理로 규정하는 동시에 그 구체적인 내용을 仁禮義智의 四德으로 논하고 있다.26) 맹자도 역시 인간 본래성을 논하면서 仁禮義智의 四德을 논하고 있다. 이처럼 인간의 본래성이 도덕성을 본성으로 하는 형이상적 존재이기 때문에 인간이 갖는 속

---

26) 『周易』 重天乾卦의 象辭에서는 "乾道變化에 各正性命하니라"라고 하여 인간의 本來性을 性命으로 논하였고, 說卦篇에서는 "將以順性命之理"라고 하여 君子의 本性을 性命之理로 규정하고 있다.

성으로서의 본능을 본래성이라고 하지 않는다.

맹자의 제자인 公都子는 당시에 제기되어진 性에 관한 주장들을 제기하면서 性善說과 기존의 주장과의 차이를 묻고 있다. 그는 性無善無不善論, 性可以爲善爲不善論, 有性善有性不善論을 거론하였다. 性無善無不善論은 告子의 주장으로 性은 善도 없고 不善도 없다는 주장이며, 性可以爲善爲不善論은 性은 善이 될 수도 있고 不善이 될 수도 있다는 주장이고, 有性善有性不善論은 性이 善한 사람도 있고 性이 不善한 사람도 있다는 주장이다. 性無善無不善과 性可以爲善爲不善論은 서로 연관된 주장으로 모두 告子의 주장이다. 告子는 性은 善과 不善으로 구분할 수 없어서 善이 되기도 하고 不善이 되기도 한다고 주장하였다. 이와 반대의 주장이 有性善有性不善論으로 性 자체를 善과 不善의 두 가지로 구분하여 나타낸 것이다.

性 자체에 善과 不善이 없다는 주장과 性에 善과 不善이 있다는 주장은 서로 반대의 주장이지만 그러나 그 주장이 제기되어지는 차원은 동일하다. 이 두 가지 주장의 공통점은 性을 형이상적 존재로 인식하지 못하였다는 것이다. 그들은 인간의 본성이 형이상적 존재임에도 불구하고 형이하의 사물적 존재로 착각하여 사물의 속성을 본질로 오해하는 것처럼 사람의 속성인 본능을 본성으로 오해하였던 것이다. 인간의 본성은 형이상적 존재이기 때문에 형이하의 사물적 존재와 같이 속성에 따라서 이것과 저것으로 나누어 나타낼 수 없다. 그런 점에서 有性善有性不善은 잘못된 주장으로 韓愈의 性三品說의 경우도 역시 그러한 오류를 범하고 있다.

맹자가 기존의 性에 관한 주장들을 비판하는 관점도 그러한 주장들이 性 자체를 형이하의 사물적 존재가 갖는 속성으로 오해하고 있다는 점이다. 告子와 孟子 사이에 주고받은 문답을 통하여 그 내용을 살펴보자.

告子가 말하기를 "생득적인 것을 性이라고 한다."라고 하였다. 이에 대하여 孟子가 말하기를 "그것은 백색 그것을 일러 백색이라고 하는 것과 같은가?" "그렇다." "흰 깃의 백색은 흰 눈의 백색과 같고 흰 눈의 백색은 백옥의 백색과 같은가?" "그렇다" "그렇다면 개의 性은 소의 性과 같으며, 소의 性은 사람의 性과 같겠구나"27)

告子가 말하는 타고난 것으로서의 性은 물리적 생명의 탄생과 더불어 갖게 된 속성으로서의 본능을 말한다. 그것은 물리적 생명이 갖는 속성으로 생명의 시작과 더불어 존재하고 生命이 사라지면 역시 사라지는 성질이다. 그것은 굶주렸을 때 먹고 싶어하고 이성과 접촉을 원하는 욕구와 같은 것이다. 告子가 "食色이 性이다."28)고 한 것을 보면 이 점이 분명하다. 그러나 이러한 욕구는 모든 생명체가 갖는 속성일 뿐 그것이 인간의 존재 특성으로서의 본성은 아니다. 그렇기 때문에 맹자는 告子에게 질문하여 告子가 사용하는 性의 의미를 다시 확인하였던 것이다. 맹자는 흰 눈과 흰 옥, 흰 깃을 모두 희다고 말하듯이 인간의 본성을 생명체가 갖고 있는 속성으로 규정하게 될 때 사람의 본성과 동물의 본능이 같다는 결론이 도출될 수밖에 없음을 보여서 결국 告子의 주장이 잘못되었음을 밝히고 있다.

고자의 주장과 같이 人性을 본능으로 규정할 때 仁義는 외재적 존재가 될 수밖에 없다. 告子의 다음과 같은 주장이 그 점을 분명하게 드러내고 있다.

性은 버들과 같고 義는 버들가지로 만든 그릇과 같다. 人性으로써 仁義가 됨은 버들가지로 그릇을 만드는 것과 같다.29)

---

27) 『孟子』 告子章句上, "告子曰, '生之謂性.' 孟子曰, '生之謂性也, 猶白之謂白與?' 曰, '然.' '白羽之白也, 猶白雪之白, 白雪之白猶白玉之白與?' 曰, '然.' '然則犬之性猶牛之性, 牛之性猶人之性與?'"

28) 『孟子』 告子章句上, "告子曰 食色, 性也."

위의 주장을 보면 人性과 仁義는 별개의 것으로 仁義가 후천적으로 얻어지는 외재적 존재임을 알 수 있다. 그것은 告子가 밝히고 있는 人性이 仁義라는 道德性과 별개적 존재임을 뜻한다. 그렇기 때문에 告子는 性은 善도 不善도 없다고 말하고, 오직 후천적으로 善이 되기도 하고 不善이 되기도 한다고 하였다. 그는 性에 善, 不善이 없음을 다음과 같이 논하고 있다.

> 性은 여울물과 같아서 동쪽으로 물길을 내면 동쪽으로 흐르고 서쪽으로 물길을 내면 서쪽으로 흐른다. 人性이 善, 不善의 구분이 없음은 물이 東西로 나누어지지 않음과 같다.[30]

버들가지를 구부려서 그릇을 만드는 것이 버들가지 자체의 본성이 아니라 사람에 의해 인위적으로 나타나는 현상이듯이 물이 東으로 흐르고 西로 흐르는 것 역시 물 자체의 본성이 아니다. 그 점이 告子의 접근 방법이 철저하게 본성 자체를 문제삼는 것이 아니라 본성이 발현된 현상의 측면에서 논하고 있음을 보여준다. 그렇기 때문에 孟子는 告子의 주장을 다음과 같이 반박하고 있다.

> 그대는 버들가지 자체의 性品에 따라서 그릇을 만들 수 있겠는가? 장차 버들을 죽인 이후에야 비로소 그릇을 만들 수 있을 것이다. 장차 버들을 죽여서야 그릇을 만들 수 있다면 또한 사람을 죽여서야 仁義를 이룰 수 있겠구나? 천하의 사람들을 이끌어서 仁義를 해치게 할 것이 그대의 말이로다.[31]

---

29) 『孟子』 告子章句上, “告子曰, ‘性猶杞柳也, 義猶桮棬也, 以人性爲仁義, 猶以杞柳爲桮棬.’ 孟子曰, ‘子能順杞柳之性而以爲桮棬乎? 將戕賊杞柳而後以爲桮棬也? 如將戕賊杞柳而以爲桮棬, 則亦將戕賊人以爲仁義與? 率天下之人而禍仁義者, 必子之言夫!’”

30) 『孟子』 告子章句上, “告子曰, ‘性猶湍水也, 決諸東方則東流, 決諸西方則西流. 人性之無分於善不善也, 猶水之無分於東西也.’

맹자의 이러한 비판에는 본성은 인간의 신체나 마음에 속하는 성질이 아니라 인간의 존재 근거임을 밝힌 동시에 仁義가 바로 인간의 본성의 내용이라는 점을 밝히려는 것이다. 이러한 맹자의 주장을 분명하게 나타내고 있는 것이, 告子가 人性이 여울물과 같아서 東西가 없다는 주장에 대한 비판이다.

> 물에 진실로 東西가 없다고 하여 上下의 구분이 없겠는가? 人性의 善함은 물이 아래로 흐르는 것과 같으니 人性에는 不善이 없고 물은 아래로 흐르지 않음이 없다. 이제 물을 쳐서 튀어 오르게 하면 이마를 지날 수 있으며, 激하게 흐르게 하면 산 위에까지 올라가게 할 수 있으니 그것이 어찌 물의 성질이겠는가? 그 勢가 그렇게 만든 것이다. 사람으로 하여금 不善하게 하는 것 역시 그 특성이 이와 같은 것이다.[32]

여기서 맹자는 인간이 不善하게 된 것 자체가 바로 버들가지를 휘어서 그릇을 만들고, 물을 쳐서 이마 위나 산으로 흐르게 하는 것과 같이 본성의 발현이 아니라 본성에 반해서 나타나는 현상임을 밝히고 있다. 그리고 물의 본래 성질은 아래로 흐르는 것으로 그것은 마치 인간의 본성이 善으로 드러나는 것과 같다고 하였다. 이는 물의 성질을 통하여 人性을 나타낸 것으로 人性이 形而上的 존재이기 때문에 形而下의 세계로 자신을 드러내는 것이 본성임을 밝힌 것이다. 맹자의 다음과 같은 性에 관한 언급은 이 점을 분명하게 나타내고 있다.

> 君子의 性은 비록 크게 행하여도 더함이 없으며, 비록 困窮하게 거처

---

31) 『孟子』告子章句上, "孟子曰, 子能順杞柳之性而以爲桮棬乎? 將戕賊杞柳而後以爲桮棬也? 如將戕賊杞柳而以爲桮棬, 則亦將戕賊人以爲仁義與? 率天下之人而禍仁義者, 必子之言夫!"

32) 『孟子』告子章句上, "孟子曰, "水信無分於東西, 無分於上下乎? 人性之善也, 猶水之就下也. 人無有不善, 水無有不下. 今夫水, 搏而躍之, 可使過顙, 激而行之, 可使在山. 是豈水之性哉? 其勢則然也. 人之可使爲不善, 其性亦猶是也.""

하여도 덜어짐이 없으니 그것은 주어진 分數에 따라서 정하여지기 때문이다. 君子의 性인 仁義禮智가 마음을 근거로 겉으로 드러남에 있어서 홀연히 얼굴에 나타나고 등에 가득하여 四體에 나타나니 四體는 말하지 않아도 저절로 알아서 행한다.[33]

위의 내용을 보면 군자가 처한 환경은 주어진 사명에 따라서 달라지는 것으로 그것과 무관한 존재인 形而上的 존재가 性임을 알 수 있다. 性은 마음을 매개로 四肢로 나타나지만 마음 자체는 아니며, 그 내용은 仁禮義智의 四德이다. 人性은 마음의 근거가 되는 근원적 존재로 仁禮義智를 내용으로 하는 道德性이 그 본성인 것이다. 그렇기 때문에 몸이 갖는 속성에 불과한 本能과 本性을 엄격하게 구분하지 않을 수 없다.

맹자는 本能이 本性을 體로 하였을 때 군자가 행해야 할 사명이 된다고 하였다. 본능은 군자가 正道로 행해야 할 대상이지 본성이 아니다. 그는 인간 본래성을 자각하여 成德된 존재인 성인과 군자를 중심으로 性과 命에 대하여 다음과 같이 논하고 있다.

맹자가 말하기를 "입이 맛을 알고, 눈이 빛깔을 보며, 귀가 소리를 듣고, 코가 냄새를 맡으며, 四肢가 安逸을 추구하는 것은 인간의 타고난 것이지만 命이 있기 때문에 君子는 그것을 性이라고 하지 않는다. 父子의 仁과 君臣의 義, 賓主의 禮, 賢者의 智, 聖人의 天道는 命이지만 그러나 性이 있기 때문에 君子는 命이라고 하지 않는다."고 하였다.[34]

위의 내용을 보면 군자는 味·色·聲·臭·安逸과 연관시켜서 논하고, 성인은 仁禮義智의 四德과 天道를 관련시켜서 논하고 있다. 군자는 성인

---

33) 『孟子』 盡心章句上, "君子所性 雖大行 不加焉 雖窮居 不損焉 分定故也 君子所性 仁義禮智 根於心 其生色也 睟然見於面 盎於背 施於四體 四體不言而喩"

34) 『孟子』 盡心章句下, "孟子曰 口之於味也 目之於色也 耳之於聲也 鼻之於臭也 四肢於安佚也 性也 有命焉 君子不謂性也 仁之於父子也 義之於君臣也 禮之於賓主也 智之於賢者也 聖人之於天道也 命也 有性焉 君子不謂命也"

이 밝힌 天道를 인간 주체적으로 자각하여 그것을 실천 구현하는 존재이다. 군자의 실천은 四肢와 耳目口鼻의 감각 기관을 매개로 하여 이루어진다. 그렇기 때문에 군자 역시 耳目口鼻와 四肢에 의하여 발생하는 본능을 타고났지만 그것은 올바르게 다스려서 본성을 발현하는 매개로 사용해야 할 命이 주어졌기 때문에 군자는 그것을 性이라고 하지 않는다. 반면에 성인은 天道를 자각하고 더불어 仁禮義智의 四德을 자각하여 그것을 闡明할 命이 주어진 존재이다. 그러나 군자는 성인이 밝힌 四德을 본래성으로 살아가야 할 존재이기 때문에 命이라고 하지 않고 性이라고 한다. 이러한 맹자의 性命에 관한 언급을 보면 그 관점이 철저하게 形而上의 차원에 있음을 알 수 있다.

성선설이 形而上的 차원에서 언급되고 있기 때문에 性을 形而上的 차원에서 이해하는 것과 같이 善의 의미 역시 形而上的 차원에서 이해되어야 한다. 성선설을 形而下的 차원에서 이해할 때 性惡說과 반대의 주장으로 오해하게 된다. 언뜻 보면 善과 惡이라는 반대 관계의 개념이 서로 다를 뿐이기 때문에 그 내용 자체도 동일한 차원의 반대 주장으로 오해하게 되는 것이다. 그러나 성선설과 성악설은 그 차원이 다르다. 본래 인간의 본성 자체는 形而上者이기 때문에 善과 惡의 가치 개념을 부여할 수 없다. 그렇기 때문에 맹자는 善과 不善을 말하였을 뿐 惡을 논하지 않고 있다. 그것은 惡의 실재를 인정하지 않음을 뜻한다. 따라서 性善說의 善은 일상적인 의미와 달리 이해하여야 한다.

맹자가 논한 善은 존재론적 언급이지 결코 인식론적 언급이 아니다. 性善의 善은 성악설에서 언급된 惡에 대응하는 개념으로서의 善이 아니다. 善은 道 자체의 본성을 나타내는 개념으로 그것이 인간 주체화함으로써 본성이 된다. 그렇기 때문에 性의 내용은 善으로 그것을 나타내는 것이 성선설이다. 맹자의 성선설은 『주역』에 의하여 제시되어진 것으로 『주역』에서는 인간의 본성과 그 존재근거인 道에 대하여 다음과 같이 논하고 있다.

> 한번은 陰으로 작용하고 한번은 陽으로 작용하는 陰陽의 迭運 作用 原理를 道라고 한다. 道의 本性에 의하여 작용이 끊임없이 이루어지는 성질을 善이라고 하며, 그것이 인간 주체화한 것을 性이라고 한다.[35]

여기서 道의 본성이 善이며, 그것이 인간 본래성의 본성으로 주체화되었음을 알 수 있다. 그렇기 때문에 善은 존재론적 개념인 것이다. 따라서 성선설은 인간 본래성의 내용이 善性이라는 말이다. 善을 道의 작용이 끊임없이 이어지는 성질이라고 하는 까닭은 道의 作用性을 나타내는 개념이 善임을 뜻한다. 이러한 善性이 인간 본래성이 되었기 때문에 인간 본래성 역시 작용을 막는 인위적인 요소가 없으면 저절로 드러나는 성질을 갖는다. 맹자는 이러한 성질을 물이 아래로 흐르고 불이 擴散되는 현상에 비유하여 나타내고 있다. 그렇기 때문에 자신의 본성을 擴充하는 教育論이 성립되어질 수 있다. 이렇게 보면 맹자의 성선설은 인간 본래성의 내용이 善性임을 밝힌 것으로 천지의 도가 인간의 본래성으로 주체화하였기 때문에 천지의 본성인 도덕성이 인간 본래성의 내용임을 밝힌 것이다.

인간 본래성이 천지의 본성인 도덕성이며, 그것이 선성이기 때문에 천지의 도가 도역생성 작용을 하듯이 인간 역시 도역의 생성 작용을 하지 않을 수 없으니 그것이 학문과 실천이다. 학문은 본성의 자각과 천명의 자각의 문제이며, 실천은 본성의 발현의 문제이다. 사실 왕도 정치 원리도 다름 아닌 본성을 중심으로 그것을 현실에서 발현하는 문제이다. 그렇기 때문에 성선설과 더불어 본성을 발용하는 문제가 제기되지 않을 수 없다. 맹자는 확충원리를 통하여 본성의 발용을 논하고 있는데 그것이

---

35) 『周易』 繫辭上篇 第五章, "一陰一陽之謂ㅣ 道ㅣ니 繼之者ㅣ 善也ㅣ오 成之者ㅣ 性也ㅣ라."

바로 실천 원리이다. 그렇기 때문에 맹자는 왕도 정치 원리를 논하면서 그것이 본성이 발현된 四端의 마음을 확충하는 것이라고 하였다.

본래성의 내용이 인예의지이기 때문에 그것이 발현된 마음 역시 네 부류로 구분하여 이해할 수 있다. 맹자는 사덕이 발현된 마음을 각각 측은지심, 사양지심, 수오지심, 시비지심으로 규정하고 그것을 사단지심으로 규정하고 있다. 사덕이 그대로 발현된 것이 사단지심이기 때문에 그것이 인간의 인간된 所以가 된다. 그렇기 때문에 사단지심이 없다면 사람이라고 할 수 없다. 맹자가 사단지심을 사덕과 인간과 관련시켜서 논하고 있는 부분을 살펴보면 다음과 같다.

> 惻隱의 마음이 없으면 사람이 아니며, 羞惡의 마음이 없으면 사람이 아니고, 辭讓의 마음이 없으면 사람이 아니며, 是非의 마음이 없으면 사람이 아니다. 惻隱의 마음은 仁이 나타난 것이며, 羞惡의 마음은 義가 나타난 것이고, 辭讓의 마음은 禮가 나타난 것이며, 是非이 마음은 智가 나타난 것이다.36)

맹자는 사덕이 사단지심으로 나타남을 밝힌 후에 사단지심이 인간의 고유하고 본유한 존재임을 밝히고 있다. 그것은 사단지심이 개체적 측면에서는 언행의 기본적인 요소이며, 정치의 측면에서는 왕도 정치의 시발점이 됨을 밝힌 것이다. 맹자는 사단지심을 하나로 하여 不忍人之心으로 규정하고 그것으로 차마 백성들의 고통을 참지 못하는 정치를 행할 것을 제시하고 있다. 不忍人之心으로 不忍人之政을 행하는 것이 왕도 정치의 실천이요, 그것이 바로 仁政이라는 것이다.

사람마다 사단지심을 갖고 있기 때문에 자신의 사단지심을 넓혀서 천

---

36) 『孟子』 公孫丑章句上, "由是觀之, 無惻隱之心, 非人也, 無羞惡之心, 非人也, 無辭讓之心, 非人也, 無是非之心, 非仁也. 惻隱之心, 仁之端也, 羞惡之心, 義之端也, 辭讓之心, 禮之端也, 是非之心, 智之端也."

지에 가득하게 하는 것이 군자의 삶이다. 맹자는 사단지심을 넓혀서 천하
에 가득 채우는 것을 擴充으로 규정하고 있는데 그 내용을 살펴보면 다
음과 같다.

> 사람에 이 四端이 있음은 四體가 있는 것과 같다. 이 四端이 있음에
> 도 불구하고 스스로 四德을 행할 수 없다고 말하는 사람은 스스로 자
> 신을 해치는 사람이며, 임금을 보고 왕도 정치를 행할 수 없다고 말하
> 는 사람은 그 임금을 해치는 사람이다. 무릇 나에게 있는 이 四端을 모
> 두 擴充할 줄 알면 불이 처음 타오르는 것과 같고 물이 처음 솟아나는
> 것과 같아서 진실로 능히 확충하면 족히 四海를 보존할 수 있으며, 능
> 히 확충하지 못하면 父母를 섬길 수 없다.37)

위의 인용문에서 맹자는 사단지심의 확충이 부모를 섬기고 천하를 보
존하는 인격적 삶의 내용임을 밝히고 있다.

그런데 맹자는 가운데서 확충을 논하면서 "知皆擴而充之"라고 하여 확
충과 知를 연관시켜서 논하고 있다. 사단지심을 매개로 본성을 확충하려
면 본성을 자각하는 학문의 과정이 선행되어야 한다. 본성은 고유하고 본
유한 존재이기 때문에 자각은 본성의 보존이기도 하다. 그렇기 때문에 학
문은 잃어버린 사단지심을 찾는 것이라고 할 수밖에 없다. 그렇기 때문에
맹자는 학문 원리는 잃어버린 마음을 찾는 것이라고 하였다.38) 따라서

---

37) 『孟子』 公孫丑章句上, "由是觀之, 無惻隱之心, 非人也, 無羞惡之心, 非人也, 無辭
讓之心, 非人也, 無是非之心, 非仁也. 惻隱之心, 仁之端也, 羞惡之心, 義之端也,
辭讓之心, 禮之端也, 是非之心, 智之端也. 人之有是四端也, 猶其有四體也. 有是
四端而自謂不能者, 自賊者也, 謂其君不能者, 賊其君者也. 凡有四端於我者, 知皆
擴而充之矣, 若火之始然, 泉之始達. 苟能充之, 足以保四海, 苟不充之, 不足以事
父母."

38) 『孟子』 告子章句上, "孟子曰, 仁, 人心也, 義, 人路也. 舍其路而弗由, 放其心而不
知求, 哀哉! 人有雞犬放, 則知求之, 有放心而不知求. 學問之道無他, 求其放心而
已矣. 孟子曰, 今有無名之指屈而不信, 非疾痛害事也, 如有能信之者, 則不遠秦楚
之路, 爲指之不若人也. 指不若人, 則知惡之, 心不若人, 則不知惡, 此之謂不知類

확충이 실천의 문제로 이해할 수도 있지만 학문의 문제로 이해되어야 함을 알 수 있다.

擴充은 인간 본래성의 내용을 倒生逆成의 관점에서 밝힌 것이다. 인간 본래성을 작용 원리를 중심으로 도생역성의 관점에서 밝힌 것이 擴充인 것이다. 확충은 공자가 『논어』에서 실천원리로 밝힌 推己及人의 방법이다. 공자는 "대저 仁을 자각한 사람은 자신이 서고 싶으면 다른 사람을 세우고, 자신이 도달하고 싶으면 다른 사람을 도달하게 해준다. 능히 가까운 것으로부터 取하여 그것을 미루어서 다른 것을 알아서 실천한다면 그것이 仁을 실천하는 방법이라고 할 수 있을 것이다."39)고 하였다. 이는 仁의 실천 방법이 推己及人임을 밝힌 것으로 仁은 인간의 본래성을 나타내는 것이다. 그렇기 때문에 추기급인은 인간 본래성의 실천 방법이라고 할 수 있다. 추기급인은 나와 남이라는 구조를 중심으로 밝힌 것이지만 그것을 인간 본래성의 관점에서 주체화하여 이해하면 나는 인간 본래성을 가리키기 때문에 내 본래성을 다른 사람에게 發用시키는 원리가 되는 것이다.

공자가 본성의 발현 원리로 제시한 推己及人을 맹자는 확충으로 규정하였다. 맹자가 확충은 논하였다는 것은 그의 논점이 인간 본래성이라는 형이상적 관점임을 뜻한다. 그렇기 때문에 본성이라는 형이상적 존재가 형이하적 세계에서 자신을 현현하는 것이 문제가 될 수밖에 없고 그것을 맹자가 확충으로 규정한 것이다. 맹자가 본성 자체의 관점에서 논의를 전개하고 있음은 『맹자』의 도처에서 확인할 수 있다. 그는 당시의 齊宣王, 梁惠王 등이 제후이면서도 스스로 왕이라고 부르는 것을 알면서도 왕도정치를 행할 것을 권하였다. 그것은 공자가 제시한 正名原理에 배치되는

　　也."
39) 『論語』 雍也篇, "夫仁者, 己欲立而立人, 己欲達而達人 能近取譬, 可謂仁之方也已."

것이 아니라 시의성 때문이다. 그는 인간은 누구나 도덕성을 내용으로 하는 본성을 갖고 있으며, 그것을 발현시키면 도덕적 존재가 될 수 있음을 전제로 왕도 정치를 권한 것이다. 그렇기 때문에 그들이 스스로 好貨, 好勇, 好色, 好樂 등의 폐단을 갖고 있어서 왕도 정치를 행할 수 없다고 말하고 그것을 부끄러워하자 그것이 그대로 인간 본성의 발현이기 때문에 그것을 확충하라고 권하였던 것이다.

맹자는 본성이 발현된 마음을 不忍人之心, 四端之心으로 규정하였는데 일상의 사람들은 자신의 不忍人之心을 스스로 알지 못하는 경우가 많다. 그렇기 때문에 자신은 도덕적 존재가 될 수 없다는 자포자기를 하게 된다. 그것은 스스로 그러는 것이지 본래부터 그런 것이 아니다. 그렇기 때문에 맹자는 자포자기하는 사람과는 언행을 함께 할 수 없다[40]고 하였다. 언행을 함께 할 수 없다는 것은 함께 도덕적 세계에서 살아갈 수 없다는 의미이다. 그렇기 때문에 맹자는 齊宣王이 釁鍾을 위하여 끌려가는 소를 보고 양으로 바꾸라고 명령한 사건을 통하여 그것이 죄 없이 死地에 끌려가는 소를 보고 인간 본래성이 發動된 不忍人之心의 결과임을 스스로 알도록[41] 한 후에 그것을 백성에게 확충하면 왕도 정치가 이루어질 것임을 분명하게 밝히고 있다. 맹자가 齊宣王에게 권한 不忍人之心을 확충하는 구체적인 방법에 관하여 논한 부분을 살펴보면 다음과 같다.

내 부모를 부모로 모심으로써 그것이 남의 부모에게 미치게 하며, 내 어린 아이를 양육함으로써 그것이 남의 어린 아이에게 미치게 하면 천하를 다스리는 것이 가히 손바닥을 움직이는 것과 같이 쉬울 것입니다. 詩에서 말하기를 "내 아내에게 모범이 되어 형제에게 미치게 하여 가정과 나라를 다스린다."고 하였으니 이 마음을 들어서 저들에게 미치게

---

40) 『孟子』 離婁章句上, "孟子曰 自暴者, 不可與有言也, 自棄者, 不可與有爲也. 言非禮義, 謂之自暴也, 吾身不能居仁由義, 謂之自棄也."

41) 『孟子』 梁惠王章句上, "曰 無傷也, 是乃仁術也, 見牛未見羊也. 君子之於禽獸也, 見其生, 不忍見其死, 聞其聲, 不忍食其肉. 是以君子遠庖廚也."

하는 것을 말한 것입니다. 그러므로 은혜를 확충하면 四海를 보존할 수 있지만 확충하지 못하면 妻子를 보존할 수 없습니다. 옛 사람들이 보통 사람들과 다른 것은 다른 것이 아니라 자기의 본성을 잘 확충하기 때문입니다. 지금 은혜가 족히 禽獸에게 미치면서 오직 功이 백성들에게 미치지 못하는 것은 무슨 까닭입니까? 무게를 달아보아야 가볍고 무거운 것을 알며, 길이를 잰 후에 길고 짧음을 아니 만물이 모두 그렇지만 마음은 더욱 심합니다. 왕께 청합니다. 스스로 마음을 돌이켜서 본성을 확충하십시오.42)

위의 내용은 맹자가 당시의 齊宣王이 창고에는 곡식이 가득하고 마구간에는 살찐 말이 가득한데도 불구하고 굶주리고 추위에 떠는 백성들을 구제하지 않는 것을 보고 은혜가 禽獸에게까지 미치면서 오직 백성들에게 미치지 못함을 지적하여 不忍人之心을 확충하여 仁政을 베풀 것을 권한 것이다. 맹자는 확충의 방법을 논하면서 더불어 權度를 행할 것을 밝히고 있다. 그는 권도를 행하지 못하면 하나를 취하고 나머지 모든 것을 버리는 穿鑿이 되기 때문에43) 반드시 권도를 행할 것을 밝히고 있다. 사물이 그 본질인 用途性에 따라서 다양한 형태를 가지고 있듯이 不忍人之心을 확충할 때에도 권도를 행해야 한다는 것이다. 그것은 확충을 존재 양상에 따라서 구분하여 행할 것을 밝힌 것으로 그것이 확충의 단계라고 할 수 있다. 그는 인격적 존재인 사람과 비인격적 존재인 사물을 구분하고, 사람 가운데서도 자신의 부모와 다른 사람을 구분하여 양친 부모를 禮로 대함을 미루어서 백성들을 사랑하고, 백성들을 사랑함을 미루어서

---

42) 『孟子』 梁惠王章句上, "老吾老, 以及人之老, 幼吾幼, 以及人之幼. 天下可運於掌. 詩云, '刑于寡妻, 至于兄弟, 以御于家邦.' 言擧斯心加諸彼而已. 故 推恩足以保四海, 不推恩無以保妻子. 古之人所以大過人者, 無他焉, 善推其所爲而已矣. 今恩足以及禽獸, 而功不至於百姓者, 獨何與? 權, 然後知輕重, 度, 然後知長短. 物皆然, 心爲甚. 王請度之."

43) 『孟子』 盡心章句上, "子莫執中. 執中爲近之. 執中無權, 猶執一也. 所惡執一者, 爲其賊道也, 擧一而廢百也."

사물을 아끼라고 하였다.44) 이처럼 자신의 본성을 주체로 그것을 양친에게 확충하고 다시 다른 사람들에게 확충하며, 사물까지 확충하는 것이 확충의 구체적인 방법이다. 이러한 맹자의 관점에서 오늘날 우리들의 살아가는 모습을 비추어보면 齊宣王의 잘못을 그대로 행하고 있다. 권력을 좋아하고, 명예를 좋아하고, 재물을 좋아하면서 정작 사람을 사랑하지 못할 뿐만 아니라 다른 사람은 姑舍하고 자신의 부모마저 사랑할 줄 모른다. 온갖 동물들은 아끼고 사랑하면서도 정작 자신의 부모를 사랑하지 못하고, 가족을 사랑하지 못하는 것은 은혜가 禽獸에게 미치면서도 백성들에게는 미치지 못하여 백성들을 죽음으로 몰아갔던 齊宣王과 다를 것이 하나도 없다. 맹자는 자신의 본성을 확충할 수 없다면 가족을 지킬 수 없으며, 본성을 확충하면 천하를 보존할 수 있다고 하였다. 정치가 국가 사회의 관점에서 삶의 원리를 밝힌 것일 뿐 그것이 가정을 다스리는 원리와 다르지 않으며, 그것이 바로 개체적 존재의 삶의 원리이기 때문에 본성을 주체로 그것을 발현하는 삶을 살아가는 것이 오늘날 우리들에게 가장 절실하게 요청되는 과제라고 하지 않을 수 없다.

4. 王道 政治 原理와 正命 原理

가. 聖人之道와 曆數原理

앞장에서 맹자가 왕도 정치의 실천 주체인 군자의 본성에 관하여 闡明한 내용을 고찰하였다. 맹자는 성선설을 통하여 군자의 본성이 道德性으

---

44) 『孟子』 盡心章句上, "君子之於物也, 愛之而弗仁, 於民也, 仁之而弗親. 親親而仁民, 仁民而愛物."

로 그 본질이 善性이기 때문에 본성에 순응함이 왕도 정치로 나타남을 밝힌 것이다.

맹자가 군자의 본성을 仁禮義智의 四德을 내용으로 하는 도덕성으로 규정한 것은 맹자 자신의 思惟에 의하여 구성한 것이 아니라 聖人之道에 근거하여 논한 것이다. 그는 "政治를 행하면서 先王之道에 근거하지 않으면 어찌 지혜롭다고 하겠는가?"[45]라고 하여 先聖인 先王의 道에 의한 정치가 왕도 정치임을 밝히고 있다. "孟子는 性善을 말하였으며, 말하면 반드시 堯舜을 칭하였다."[46]고 한 것을 보면 이 점을 분명하게 알 수 있다. 이는 맹자의 성선설이 堯舜으로부터 공자를 거쳐서 자신에게 전하여진 성인지도를 근거로 제기되어진 것임을 밝힌 것이다.

聖人之道는 성인의 말씀이라는 의미와 더불어 성인이 밝힌 道라는 의미가 있다. 성인은 말씀을 통하여 道를 밝히는 존재이기 때문에 성인의 말씀 가운데는 道가 담겨 있다. 그렇기 때문에 성인의 말씀이 그대로 성인이 밝힌 道인 것이다. 聖人之道는 일정한 傳授 系統을 따라서 전하여지게 되는데 그것을 聖統이라고 한다. 그러므로 맹자 역시 聖人之道를 논 할 때는 聖統과 더불어 논하고 있다. 맹자는 聖統을 논하면서 聖人之道가 자신에게 전하여졌음을 논하고, 자신의 여러 주장들이 聖人之道에 근거하였으며, 聖人之道를 보존하여 후세에 전하는 것이 자신의 임무임을 밝히고 있다. 그는 聖人之道에 근거하여 이루어진 王道 政治를 聖統에 참여한 성인인 堯, 舜, 禹, 周公, 武王, 孔子를 통하여 다음과 같이 논하고 있다.

天下의 역사가 시작된 지 오래되어 治亂이 계속되었다. 堯가 다스리던 때에는 물이 逆流하여 온 나라에 氾濫하니 뱀과 龍이 살게 되어 백

---

45) 『孟子』離婁章句上, "故曰, 爲高必因丘陵, 爲下必因川澤, 爲政不因先王之道, 可謂智乎?"

46) 『孟子』滕文公章句上, "孟子 道性善 言必稱堯舜"

성들의 거처할 곳이 없어서 낮은 지역에서는 둥지를 틀고 높은 지역에서는 굴을 파서 살았다. 『書經』에서 "降水가 나를 경계하게 한다."하였으니 降水는 洪水이다. 禹王으로 하여금 다스리게 하니 禹가 땅을 파서 바다로 흘러가게 하고 뱀과 龍을 몰아서 늪으로 追放하여 물이 地中으로 흘러가게 되었으니 江, 淮, 河, 漢이 그것이다. 험하고 가로막는 곳이 이미 멀리 사라지고 사람을 해치는 鳥獸가 사라진 然後에 사람들이 平地에서 居住하게 되었다. 堯舜이 돌아가니 聖人之道가 쇠퇴하여 暴君이 연이어 나와서 宮室을 무너뜨려 웅덩이와 못으로 만들어서 百姓들이 편안하게 쉴 곳이 없었으며, 農地를 버려서 동산을 만들어 백성들로 하여금 衣食을 얻지 못하게 하였고, 삿된 말과 난폭한 행동이 일어나 동산, 웅덩이, 못이 많아지자 禽獸가 나타났으니, 紂에 이르러서는 天下가 다시 크게 어지러워졌다. 周公이 武王을 도와서 紂를 베고 奄나라를 征伐한지 3년 만에 그 임금을 베고 飛廉을 바다 끝으로 몰아서 죽이니, 나라를 멸망시킨 것이 50으로, 호랑이와 표범, 코뿔소와 코끼리를 몰아내어 멀리 쫓으니 天下가 크게 기뻐하였다. 『書經』에서 말하기를 "빛나도다, 文王의 計策이여! 크게 계승하였도다, 武王의 功烈이여! 우리 後世의 사람들을 도와서 啓導하되 모두 正道로 하여 결함이 없도록 하는구나."라고 하였다. 세상이 衰하고 道가 微弱하여 삿된 말들과 난폭한 행동들이 다시 나타나서 임금을 弑害하는 臣下가 있고, 父母를 弑害하는 자식이 있는 까닭에 孔子가 이를 두려워하여 『春秋』를 지었으니, 『春秋』는 天子의 일이다. 그런 까닭에 孔子는 "나를 알아주는 것도 오직 『春秋』이며, 나를 죄주는 것도 오직 『春秋』이다"고 하였다.47)

---

47) 『孟子』滕文公章句下, "天下之生久矣, 一治一亂. 當堯之時, 水逆行, 氾濫於中國, 蛇龍居之, 民無所定, 下者爲巢, 上者爲營窟. 書曰, '洚水警余.' 洚水者, 洪水也. 使禹治之. 禹掘地而注之海, 驅蛇龍而放之菹, 水由地中行, 江 淮 河 漢是也. 險阻旣遠, 鳥獸之害人者消, 然後人得平土而居之. 堯舜旣沒, 聖人之道衰, 暴君代作, 壞宮室以爲汙池, 民無所安息, 棄田以爲園囿, 使民不得衣食. 邪說暴行又作, 園囿汙池 沛澤多而禽獸至. 及紂之身, 天下又大亂. 周公相武王誅紂, 伐奄三年討其君, 驅飛廉於海隅而戮之, 滅國者五十, 驅虎 豹 犀 象而遠之, 天下大悅. 書曰, '丕顯哉, 文王謨! 丕承者, 武王烈! 佑啓我後人, 咸以正無缺.' 世衰道微, 邪說暴行有作, 臣弑其君者有之, 子弑其父者有之. 孔子懼, 作春秋. 春秋, 天子之事也, 是故孔子曰, '知我者其惟春秋乎! 罪我者其惟春秋乎!'"

위의 내용을 보면 堯舜으로부터 孔子에 이르기까지의 聖統을 논하면서 더불어 先王들이 행한 王道 政治에 대하여 논하고 있다. 그 구체적인 내용을 보면 성인에 의하여 다스려지던 때와 小人에 의하여 어지러웠던 때를 구분하여 밝힘으로써 聖人之道에 의하여 이루어지는 王道 政治가 반드시 시행되어야 함을 밝히고 있다. 그리고 이어서 맹자는 당시의 상황이 小人之道가 천하에 가득하여 어지러운 때임을 밝히고 그 까닭이 聖人之道에 근거한 왕도 정치가 시행되지 않기 때문임을 밝히면서 자신이 堯舜으로부터 孔子에게 전하여진 聖人之道를 繼承하였음을 다음과 같이 논하고 있다.

聖王이 나오지 않아서 諸侯가 放恣하고, 草野의 선비들이 마음대로 의논하여 楊朱와 墨翟의 말이 천하에 가득 찼으니, 天下의 말이 楊朱에 돌아가지 않으면 墨翟에게도 돌아간다. 楊朱는 자신만을 위하는 자이니 이는 王이 없는 자이며, 墨翟은 남의 부모와 나의 부모를 똑같이 사랑하는 자이니 부모가 없는 자이다. 부모와 왕이 없으면 이는 禽獸이다. … 楊朱와 墨翟의 말들이 멈추지 않으면 孔子의 道가 드러나지 않으니 이는 邪慝한 말로 百姓들을 속여서 仁義를 막는 것이다. … 내가 이를 두려워하여 聖人의 道를 보존하고 楊朱와 墨翟의 말을 막아서 거짓된 말을 추방하여 그릇된 말들을 하는 자들이 생기지 않도록 하려고 한다.[48]

---

48) 『孟子』滕文公章句下, "聖王不作, 諸侯放恣, 處士橫議, 楊朱 墨翟之言盈天下. 天下之言不歸楊, 則歸墨. 楊氏爲我, 是無君也, 墨氏兼愛, 是無父也. 無父無君, 是禽獸也. 公明儀曰, '庖有肥肉, 廐有肥馬, 民有飢色, 野有餓莩, 此率獸而食人也.' 楊墨之道不息, 孔子之道不著, 是邪說誣民, 充塞仁義也. 仁義充塞, 則率獸食人, 人將相食. 吾爲此懼, 閑先聖之道, 距楊墨, 放淫辭, 邪說者不得作. 作於其心, 害於其事, 作於其事, 害於其政. 聖人復起, 不易吾言矣. 昔者禹抑洪水而天下平, 周公兼夷狄, 驅猛獸而百姓寧, 孔子成春秋而亂臣賊子懼. 詩云, '戎狄是膺, 荊舒是懲, 則莫我敢承.' 無父無君, 是周公所膺也. 我亦欲正人心, 息邪說, 距詖行, 放淫辭, 以承三聖者, 豈好辯哉? 予不得已也. 能言距楊墨者, 聖人之徒也."

위의 내용 역시 聖人之道와 小人之道를 대비시켜서 논하고 있다. 양주와 묵적으로 대표되는 小人之道가 天下를 금수와 같은 비인격적 세계로 인도함을 밝히고 있을 뿐만 아니라 聖人之道와 小人之道는 결코 함께 할 수 없음을 밝히고 있다. 맹자가 양주와 묵적의 주장을 無父와 無君으로 규정한 것은 그들의 주장이 가정과 국가라는 인격적 세계가 성립될 수 없는 주장을 펴고 있음을 밝힌 것이다. 부모와 자식이라는 인격적 관계가 가정을 이루는 근간이며, 임금과 신하라는 인격적 관계가 국가 사회를 이루는 근간이다. 부자와 군신의 관계는 仁義가 나타남으로써 형성된 관계이다. 따라서 無父와 無君의 세계는 仁義가 행해질 수 없는 사회이고, 仁義가 행하여질 수 없는 사회가 禽獸의 무리이다. 이처럼 楊朱와 墨翟의 주장이 공자의 道를 가로막기 때문에 자신이 성인의 道를 보존하기 위하여 仁義에 의한 왕도 정치를 주장하였다고 하여 그가 밝힌 왕도 정치 원리가 聖人之道에 근거하였음을 밝힌 것이다.

맹자가 근거한 聖人之道의 내용이 무엇인지는 經典의 聖統을 논한 부분을 통하여 알 수 있다. 『주역』에서는 성통을 논하면서 그 근거가 역도임을 분명하게 밝히고 있다.[49] 따라서 성통을 따라서 전하여진 聖人之道의 내용이 역도임을 알 수 있다. 『주역』에서는 역도의 내용을 三極之道와 三才之道로 밝히고 있다.[50] 三極之道는 河圖와 洛書를 통하여 표상된 역수원리로 그것이 天地之道이다. 天地之道인 三極之道, 역수원리를 人道 중심으로 객관화하여 나타내면 三才之道가 된다. 三才之道는 卦爻를 통하여 표상된 卦象原理로 그 내용은 君子之道이다. 이처럼 天地之道에

---

49) 『周易』의 繫辭下篇 第二章에서는 聖統을 논하면서 모두 重卦의 原理를 취하였다고 하여 聖統의 근거가 易道임을 밝히고 있다.

50) 『周易』의 繫辭上篇 第二章에서는 "六爻之動은 三極之道也ㅣ니"라고 하여 易道의 내용이 三極之道임을 밝히고 있으며, 繫辭下篇 第十一章에서는 六爻에 대하여 "兼三才而兩之라 故로 六이니 六者는 非他也ㅣ라 三才之道也ㅣ니"라고 하여 易道의 내용이 三才之道임을 밝히고 있다.

근거하여 人道인 君子之道가 형성되는 것이다.

天地之道에 근거하여 人道가 형성되기 때문에 맹자 자신이 天道의 내용을 자세하고 분명하게 밝히고 있지는 않으나 언제나 天道에 의하여 논지를 전개하였다.[51] 그는 "天道를 따르는 사람은 生存하고 天道를 거스르는 사람은 死亡한다."[52]고 하여 天道를 따르는 것이 人道임을 밝혔을 뿐만 아니라 "誠 자체는 天道이며, 誠을 실천하는 것이 人道이다"[53]고 하여 天道와 人道를 분명하게 구분하여 天道가 人道의 근거임을 밝히고 있다.

『서경』과 『논어』에서는 堯가 舜에게 전하고, 舜이 禹에게 전하여 준 聖人之道의 내용을 다음과 같이 논하고 있다.

> 天의 曆數原理가 네 本來性으로 主體化하였으니, 진실로 네 本來性을 自覺하고 더불어 네 本來性과 一體化시켜서 天道를 自覺함으로써 天命을 自覺하라. 自覺한 天命의 奉行이 政治를 통하여 이루어지지 못하고 四海가 困窮하면 天으로부터 너에게 주어진 天子의 位를 잃을 것이다.[54]

위의 내용을 보면 역수원리를 내용으로 하는 天道와 그것이 주체화된 인간 본래성, 그리고 인간 본래성을 자각하여 실천하는 人道의 세 가지 문제를 天道와 人道의 관계를 중심으로 종합적으로 나타내고 있음을 알 수 있다. 이러한 聖人之道의 내용을 天道와 人道의 관계를 중심으로 정

---

51) 孟子 자신은 天地之道와 人道를 밝힌 天命을 부여받은 聖人이 아니라 天地之道를 인간 主體的으로 自覺하여 人道로 밝혀서 그것을 실천 구현해야 할 君子이기 때문에 天地之道를 직접 밝힐 수는 없었다.
52) 『孟子』 離婁章句上, "順天者存, 逆天者亡"
53) 『孟子』 離婁章句上, "誠者, 天之道也, 思誠者, 人之道也."
54) 『書經』의 大禹謨篇에서는 "天之曆數 在汝躬 汝終陟元后 人心惟危 道心惟微 惟精惟一 允執厥中 四海困窮 天祿永終"이라고 하였으며, 『論語』의 堯曰篇에서는 "天之曆數 在爾躬 允執其中 四海困窮 天祿永終"이라고 하였다.

리하여 나타내면 천도의 인간 주체화 원리와 천도의 인간 주체적 자각 원리가 된다. 천도가 인간의 본래성으로 주체화하였기 때문에 인간 본래성의 내용은 天性이라고 하지 않을 수 없는데 맹자가 성선설을 통하여 그 점을 밝힌 것이다.

성선설의 존재 근거가 聖人之道이며 그 내용이 역수원리를 내용으로 하는 天道이기 때문에 왕도 정치 원리의 존재 근거 역시 역수원리를 내용으로 하는 天道이다. 그렇기 때문에 맹자는 왕도 정치가 聖人之道에 근거함을 다음과 같이 논하고 있다.

> 規矩는 方圓의 지극함이요, 聖人은 人倫의 지극함이다.[55]

위의 내용을 겉으로 보면 規矩와 方圓의 관계를 통하여 성인이 人倫의 根據임을 밝힌 것으로만 이해할 수 있다. 그런데 맹자는 "羿는 사람들에게 활쏘기를 가르칠 때 반드시 활을 힘껏 당김에 뜻을 두게 하였기 때문에 배우는 사람 역시 반드시 활을 힘껏 당김에 뜻을 두었다. 큰 목수가 사람들을 가르칠 때 반드시 規矩를 사용하였으니 배우는 사람 역시 반드시 規矩로 배워야 한다."[56]고 하여 規矩를 學問과 관련시켜서 논하고 있다. 따라서 規矩와 方圓이 상징하는 의미를 통하여 그것과 성인과 人倫의 관계를 이해하는 것이 필요하다.

『주역』에서는 "圖書를 통하여 표상된 天地之道는 원만하면서도 神妙하며, 卦爻를 통하여 표상된 人道는 方正하면서도 지혜롭다."[57]고 하였다. 이는 天地之道와 人道를 각각 圓而神과 方而知로 규정한 것으로 天地之道를 圓의 원리로, 人道를 方의 원리로 규정한 것이다. 圓方原理는

---

55) 『孟子』 離婁章句上, "規矩, 方員之至也, 聖人, 人倫之至也."
56) 『孟子』 告子章句上, "羿之教人射, 必志於彀, 學者亦必志於彀. 大匠誨人必以規矩, 學者亦必規矩."
57) 『周易』 繫辭上篇 第十一章, "是故로 蓍之德은 圓而神이오 卦之德은 方以知오"

天道와 地道의 관계를 나타내는 것으로부터 비롯된 것이다. 天道를 圓으로 표상하고, 地道를 方으로 표상한 것이 그것이다. 그렇기 때문에 方圓은 天地의 세계를 나타내며, 規矩는 方圓之道로서의 天地之道를 표상함을 알 수 있다.

方圓을 天地와 연관시켜서 이해하면 規矩는 天地之道가 된다. 이렇게 보면 위의 내용은 맹자가 規矩와 方圓을 통하여 天地之道와 天地의 관계를 논하고, 성인과 人倫의 관계를 통하여 人道를 논한 것임을 알 수 있다. 맹자는 天地之道에 의하여 天地가 主宰되듯이 성인에 의하여 人倫의 세계가 전개됨을 논하고 있을 뿐만 아니라 天地之道를 주체적으로 자각하여 그것을 본성으로 하는 존재가 성인이기 때문에 人倫의 근거가 天地에 있으며, 성인의 根據가 天地之道에 있음을 밝히고 있다.

앞에서 이미 밝힌 것과 같이 天地之道를 표상하는 체계는 河圖와 洛書이다. 그렇기 때문에 天地之道를 그 표상 체계를 중심으로 나타내면 圖書原理이다. 河圖는 天道를 표상하며, 洛書는 地道를 표상한다. 河圖에 의하여 표상된 天道를 상징적으로 나타내는 말이 圓이며, 洛書에 의하여 표상된 地道를 상징적으로 나타내는 말이 方이다. 따라서 規矩는 方圓之道를 표상하는 圖書 原理를 상징한다. 이렇게 보면 위의 내용은 학문하는 사람은 반드시 聖人之道의 내용인 圖書原理[58]에 근거해야 함을 밝힌 것임을 알 수 있다.

나. 曆數原理의 君子 主體的 自覺과 正命 原理

앞에서 살펴본 바와 같이 왕도 정치의 실천 주체인 군자의 본성은 四德을 내용으로 하는 도덕성으로 그 존재 근거는 천지지도이며, 천지지도

---

58) 圖書原理의 구체적인 내용에 대하여서는 拙稿, 「圖書原理의 내용인 曆數原理」를 참고 바람.

의 내용과 인도의 내용 그리고 그 관계를 밝힌 존재는 성인으로 성인이 밝힌 그러한 내용을 성인지도라고 한다.

군자는 자신의 본래성의 자각과 더불어 성인지도를 주체적으로 자각함으로써 成德된 존재이다. 이처럼 군자가 자신의 본래성을 자각하는 것과 더불어 성인지도의 내용인 천지지도를 자각하였을 때 그것이 天命으로 자각되어진다. 그렇기 때문에 군자는 자신에게 주어진 역사적 사명으로서의 천명을 자각하여 그것을 실천하는 것이다. 맹자는 군자지도를 왕도 정치 원리로 규정하고 있다. 그것은 왕도 정치 원리의 내용이 군자가 자신에게 주어진 역사적 사명을 자각하여 실천함을 뜻한다.

맹자는 왕도 정치 원리를 군자에 의하여 자각되어진 천명을 중심으로 正命 원리로 규정하고 있다. 正命은 『주역』에서 언급된 "군자가 正位에서 주어진 命을 行함"59)을 나타내는 개념이다. 그렇기 때문에 맹자 역시 "그 道를 다하여 죽는 것이 正命이며, 죄를 지어 형벌로 죽는 것은 非正命이다.60)"고 하여 자신에 주어진 천명을 봉행하는 삶을 사는 것이 정명임을 밝히고 있다.

천명은 천도를 그 본성인 인격성을 중심으로 나타낸 개념으로 천명의 유행이 천지의 변화 현상으로 나타난다. 인격적 존재인 天地之心의 유행이 天地의 변화 현상인 것이다. 이처럼 天命이 인격성을 갖기 때문에 그것은 오직 인격적 존재인 天과 인간의 사이에서만 문제가 된다. 天命은 오직 인격적 존재인 인간의 심성 내면을 통하여 밝혀지는 존재로 그것이 자각의 주체인 군자의 존재 근거가 된다. 그렇기 때문에 『중용』에서는 "天命 그것을 일러 本性이라고 한다."61)고 하였다.

天命이 天과 人間의 사이에 발생하는 문제이며, 그것이 인간의 존재

---

59) 『周易』 火風鼎卦 大象, "君子 以하야 正位凝命하나니라."
60) 『孟子』 盡心章句下, "盡其道而死者 正命也 桎梏死者 非正命也"
61) 『中庸』 第一章, "天命之謂性"

근거임을 맹자는 다음과 같이 밝히고 있다. 그는 "인간이 할 수 없는 일을 행하는 것이 天이며, 인간이 완성할 수 없는 일을 완성하는 것이 命이다.[62]"고 하여, 天地 간에 일어나는 모든 일들이 天道에 근거하여 이루어지기 때문에 天道를 인간 주체적으로 자각한 군자에게는 주위에서 일어나는 모든 일들이 해결해야 할 사명으로 자각됨을 밝히고 있다. 그렇기 때문에 맹자는 "命이 아닌 것이 없으니 그 正道를 쫓아야 한다. 命을 아는 사람은 무너지려는 담 밑에 서지 않는다."[63]고 하였다.

군자가 天命을 실천하기 위해서는 天命을 자각하는 것이 필요하다. 『논어』에서는 "命을 알지 못하면 君子가 될 수 없다."[64]고 하여 이 점을 분명하게 밝히고 있다. 자신에게 주어진 사명을 자각하지 않고는 무엇을 실천할 것인지를 알 수 없기 때문이다. 그렇기 때문에 맹자는 正命을 天命의 자각과 관련시켜서 다음과 같이 논하고 있다.

> 그 마음을 다하는 사람은 本性을 自覺하며, 本性을 自覺하면 天道를 알게 된다. 그 마음을 保存하여 本性을 기르는 것이 天을 섬기는 것이며, 물리적 생명의 長短에 구애받지 않고 몸을 닦아서 命을 기다림은 命을 세우는 것이다.[65]

위의 내용 가운데서 盡心, 知性, 知天은 本來性과 天道를 자각하는 문제이며, 事天과 立命은 實踐의 문제이다. 그 마음을 다하여 본래성을 자각하고 더불어 天道를 자각함으로써 本心과 本性을 存養하는 것이 바로 인격적 존재인 天을 받드는 것인 동시에 天道를 順承하는 것이다. 따라서 事天은 군자의 심성을 중심으로 形而上的 측면에서 언급된 것이다.

---

62) 『孟子』 萬章章句上, "莫之爲而爲者, 天也, 莫之致而至者, 命也"
63) 『孟子』 盡心章句下, "孟子曰 莫非命也 順受其正 是故 知命者 不立乎巖墙之下"
64) 『論語』 堯曰篇, "子曰 不知命 無以爲君子也"
65) 『孟子』 盡心章句上, "孟子曰, "盡其心者, 知其性也. 知其性, 則知天矣. 存其心, 養其性, 所以事天也. 殀壽不貳, 修身以俟之, 所以立命也.""

存心養性은 形而下的 존재인 身과 더불어 행하여져야 한다. 그것이 다음의 내용으로 夭折하고 오래 사는 물리적 생명의 장단을 떠나서 修身하여 그 생명이 다할 때까지 기다리는 것이 命을 실천하는 立命이다. 본성의 자각을 통하여 자신에게 주어진 天命을 자각하고 그것을 받들어 행하는 것이 군자의 正命인 것이다. 따라서 이 부분은 앞에서 언급된 正命을 事天과 立命이라는 두 측면으로 나누어서 언급한 것임을 알 수 있다.

군자가 심성을 存養하였을 때 모든 일을 天命으로 받아들여서 행하는 樂天知命이 이루어진다. 천명을 알고 천도를 즐거워하는 군자의 마음을 맹자는 不動心으로 규정하고 있다. 따라서 부동심을 기르는 방법이 심성을 존양하는 방법이라고 할 수 있다. 맹자는 부동심을 기르는 방법을 知言과 養浩然之氣를 통하여 밝히고 있다. 따라서 存心養性의 방법은 지언과 양호연지기를 중심으로 고찰할 수 있다.

맹자가 밝힌 지언과 양호연지기는 각각 性과 心을 중심으로 그것을 존양하는 방법을 밝힌 것으로 知言은 養性의 방법을 밝힌 것이며, 養浩然之氣는 存心의 방법을 밝힌 것이다. 맹자는 性과 心을 志와 氣를 중심으로 그 관계를 밝히고 있다. 그는 본성이 발현된 마음과 마음이 발현된 氣를 중심으로 養性과 存心을 밝힌 것이다.

知言은 성인지도를 통하여 인간 본래성을 자각함을 밝힌 것이다. 공자는 "말씀을 알지 못하면 사람을 알 수 없다."[66]고 하였다. 이때의 말씀은 聖人之道를 가리키며, 사람은 人道를 가리킨다. 그러므로 위의 언급은 성인지도를 연구하여 인간의 본성을 자각함을 가리킨다. 『주역』에서는 "中心에서 우러나오는 진실한 마음과 믿음이 德을 향상시키는 길이며, 성인의 말씀을 닦아서 誠을 세우는 것이 군자가 事業을 행하는 길이다."[67]고

---

66) 『論語』 堯曰篇, "不知言, 無以知人也."
67) 『周易』 重天乾卦 文言, "君子ㅣ 進德修業하나니 忠信이 所以進德也ㅣ오 修辭立
　　其誠이 所以居業也ㅣ라."

하였다. 誠은 군자의 본성을 천명과의 관계를 중심으로 역생도성의 관점에서 밝힌 것이다. 그렇기 때문에 위의 내용은 忠信을 바탕으로 성인지도를 연구하여 본성을 자각함을 뜻한다. 본성을 자각한 군자는 다른 사람을 말을 들으면 말 가운데 담긴 내용의 진위를 파악할 수 있게 된다. 그렇기 때문에 맹자는 知言을 논하면서 상대방의 말에 담긴 드러나지 않는 내용을 파악할 수 있음을 다음과 같이 밝히고 있다.

> 치우친 말을 들으면 그 감추어져 있는 것을 알며, 방탕한 말을 들으면 그 陷溺되어 있는 것을 알고, 邪慝한 말을 들으면 그 乖離되어 있는 것을 알며, 도망가는 말을 들으면 窮한 것을 아니, 그 마음에서 일어나서 그 政令을 해치고, 政令에서 發하여 그 일을 해친다.[68]

이는 군자가 학문을 통하여 자신의 본성을 자각하였기 때문에 본성이 발현되어 형성된 군자의 말과 그렇지 못한 소인의 말을 구분하여 이해하게 됨을 나타낸 것이다. 그렇기 때문에 소인의 말일지라도 그것을 단서로 본성을 찾아가는 문제는 군자라야 해결할 수 있다.

군자가 聖人之道를 연구하여 본성을 자각함으로써 不動心을 가졌을 때 그것을 몸을 중심으로 나타낸 것이 浩然之氣이다. 본성과 그것이 발현된 뜻, 본성과 契合된 마음인 부동심, 그리고 호연지기는 같은 존재를 본성, 마음, 뜻, 몸의 관점에서 각각 나타낸 것일 따름이다. 그렇기 때문에 호연지기는 물리적 에너지나 일상적으로 언급되는 도덕성이 도외시된 氣와는 다르다. 『주역』에서도 乾을 剛健하고 中正한 精이라고 하였고,[69] 文言에서는 初爻를 설명하면서 陽氣가 물속에 잠겨 감추어져 있다[70]고 하였을 뿐만 아니라 精氣가 만물이 된다[71]고 하여 형이상적 존재인 천도

---

68) 『孟子』 公孫丑上, “詖辭知其所蔽, 淫辭知其所陷, 邪辭知其所離, 遁辭知其所窮. 生於其心, 害於其政, 發於其政, 害於其事.”
69) 『周易』 重天乾卦 文言, “大哉라 乾乎여 剛健中正純粹ㅣ精也ㅣ오”
70) 『周易』 重天乾卦 文言, “潛龍勿用은 陽氣潛藏일새오”

를 형이하적 관점에서 정기로 나타내고 있다.

맹자는 호연지기를 본성과 일체적 관점에서 뜻과 더불어 언급하기도 하고, 호연지기와 뜻을 서로 구분하여 나타내기도 한다. 그가 호연지기를 본성과 일체적인 관점에서 뜻과 함께 밝힌 부분을 살펴보면 다음과 같다.

> 뜻이 하나가 되면 氣를 움직이고, 氣가 하나가 되면 뜻을 움직인다. 지금 넘어지고 달리는 것은 氣가 도리어 그 마음을 움직인 것이다.[72]

이는 몸과 氣 그리고 뜻이 일체적 관계임을 밝힌 것으로 뜻이 하나가 되어 기를 움직이게 하지만 기가 하나가 되면 오히려 마음을 움직이게 되는 것이다. 마음과 뜻 그리고 기를 구분하여 나타내면 뜻은 본체이며, 기는 작용과 같다. 그렇기 때문에 맹자는 기에서 얻을 수 없는 것은 마음에서 얻어야 된다고 하였다. 맹자가 밝히고 있는 마음과 호연지기의 관계를 살펴보면 다음과 같다.

> "선생님의 不動心과 告子의 부동심이 어떻게 다른지 말씀하여 주십시오." "고자가 말하기를 말에서 얻지 못하면 마음에서 구하지 말고, 마음에서 구하지 못하면 氣에서 구하지 말라고 하였다. 마음에서 얻을 수 없으면 氣에서 구하지 않는 것은 옳거니와 말에서 얻을 수 없으면 마음에서 구하지 말라는 것은 옳지 않다. 대저 뜻[志]은 氣를 기르는 장수와 같으며, 氣는 몸을 가득 채운 것이다. 대저 뜻은 지극한 것이며, 氣는 버금가는 것이다. 그러므로 말하기를 '그 뜻을 유지하고, 그 氣를 포악하게 해서는 안 된다.'고 하였다."[73]

---

71) 『周易』 繫辭上篇 第四章, "精氣爲物이오 游魂爲變이라."
72) 『孟子』 公孫丑章句上, "志壹, 則動氣, 氣壹, 則動志也, 今夫蹶者趨者, 是氣也, 而反動其心."
73) 『孟子』 公孫丑章句上, "敢問夫子之不動心與告子之不動心, 可得聞與? 告子曰, '不得於言, 勿求於心, 不得於心, 勿求於氣.' 不得於心, 勿求於氣, 可, 不得於言, 勿求於心, 不可. 夫志, 氣之帥也, 氣, 體之充也. 夫志至焉, 氣次焉, 故曰, '持其志, 無暴其氣.'"

호연지기는 본래성이 발현된 존재이기 때문에 그것은 도덕성을 본성으로 한다. 맹자는 호연지기가 道義에 의하여 형성됨을 다음과 같이 밝히고 있다.

그 氣가 됨이 지극히 크고 지극히 강하여 곧게 길러서 해침이 없으면 천지의 사이에 가득 차게 된다. 그 氣가 됨이 道義와 더불어 짝하는 것으로 道義가 없으면 굶주리게 된다. 이는 義가 모아짐으로써 발생하는 것으로 義는 훔쳐서 얻을 수 있는 것이 아니다.[74]

위의 내용을 보면 호연지기가 도의를 본성으로 하는 존재임을 알 수 있다. 군자가 자신의 본래성을 자각함으로써 발현되어지는 존재가 호연지기인 것이다. 도의를 내용으로 하는 호연지기를 기르는 방법은 성인지도를 주체화하는 것이다. 그러므로 맹자는 曾子가 마음 가운데 심어진 성인지도를 주체화는 守約을 중심으로 부동심을 기르는 방법[75]을 밝히고 있다. 맹자가 제시한 호연지기를 기르는 방법은 다음과 같다.

반드시 일이 있을 때 비로소 마음을 바르게 하는 것이 아니라 항상 잊지도 말고 조장하지도 말아서 송나라 사람과 같아서는 안 된다. 송나라 사람 가운데 그 싹이 자라지 않는 것을 걱정하여 뽑은 사람이 있었는데 그는 황망하게 집으로 돌아와서 가족들에게 말하기를 "오늘 나는 피곤하다. 나는 싹이 자라도록 도와주었다."고 하였다. 그 아들이 쫓아가서 살펴보니 그 싹이 말라 있었다. 천하에 싹이 빨리 자라기를 돕지 않는 사람은 적다. 無益하다고 여겨서 버리는 사람은 싹이 자라도록 김을 매지 않는 사람이며, 싹이 자라는 것을 돕는 사람은 싹을 뽑아버리는 것이니 한갓 무익한 것이 아니라 또한 해친다.[76]

---

74) 『孟子』公孫丑章句上, "敢問何謂浩然之氣. 難言也. 其爲氣也, 至大至剛, 以直養而無害, 則塞於天地之間. 其爲氣也, 配義與道, 無是, 餒也. 是集義所生者, 非義襲而取之也. 行有不慊於心, 則餒矣."

75) 『孟子』公孫丑章句上, "孟施舍之守氣, 又不如曾子之守約也."

　위의 내용을 보면 밖에서 일이 생겼을 때 이르러서 마음을 바르게 하려고 하지 않고 항상 뜻을 세워서 억지로 행함이 없이 인간의 본래성을 확충하는 것이다. 함이 없이 본성을 확충하는 것이 호연지기를 기르는 방법인 것이다.

　군자가 자신의 본성을 자각하였을 때 天道 역시 자각되어진다. 天道는 시간성의 원리로 그것이 군자 자신의 본래성의 자각과 더불어 자신의 존재 근거로 자각된다. 天道가 자각의 주체인 군자의 존재 근거로 자각된다는 것은 그것이 자신의 본성임이 자각되어지는 동시에 天道의 본성인 인격성이 자각되어짐을 뜻한다. 天道의 본성인 인격성이 자각되어졌을 때 그것은 天命으로 자각된다. 그런데 군자는 역사적 존재인 성인과 달리 사회적 존재이기 때문에 군자 자신에게 주어진 사회적 사명이 자각되어진다. 그렇기 때문에 군자에게 주어진 天命은 사회적 사명이 그 내용이다.

　사회는 인격적 세계를 지칭하는 개념으로 가정과 국가가 그 대표적인 세계이다. 그렇기 때문에 군자에게는 가정과 국가 그리고 더 나아가서 天下를 다스려야 할 사명이 주어진 것이다. 天道의 내용이 시간성의 원리이기 때문에 군자가 天道에 순응하여 사회를 다스리는 것은 곧 天時를 奉行하는 것이다. 『주역』에서는 "때가 멈출 때면 멈추고 때가 행할 때면 행하여 動靜에 그 때를 잃지 않으면 그 道가 빛나고 밝다."[77]고 하여 군자가 天時를 奉行하는 존재임을 밝히고 있다. 進退存亡의 때를 알아서 動靜에 그 때를 잃지 않고 행동하고 침묵하고 말하는 것이 바로 군자가

---

76)　『孟子』 公孫丑章句上, "必有事焉, 而勿正, 心勿忘, 勿助長也. 無若宋人然, 宋人有閔其苗之不長而揠之者, 芒芒然歸, 謂其人曰, '今日病矣! 予助苗長矣!' 其子趨而往視之, 苗則槁矣. 天下之不助苗長者寡矣. 以爲無益而舍之者, 不耘苗者也, 助之長者, 揠苗者也 非徒無益, 而又害之."

77)　『周易』 重山艮卦 彖辭, "時止則止하고 時行則行하야 動靜不失其時ㅣ 其道ㅣ 光明이니"

행할 正命 原理인 것이다.

天時의 세계가 공간상으로는 사회가 되기 때문에 天時에 순응함이 모든 때에 명분에 맞는 언행으로 나타나게 된다. 그런 점에서 正命은 正名이다. 공자는 『논어』에서 "政治는 正名이다."[78]고 말하여 聖人之道 가운데서 제시되어진 정치 원리가 바로 正名 原理임을 밝히고 그 구체적인 내용으로 "임금이 임금답고 신하가 신하다우며, 부모가 부모답고 자식이 자식다움"[79]이라고 하였다. 正名은 모든 인격적 존재가 주어진 명분에 맞게 사는 것으로 그것은 時義를 따라서 언행을 행함을 뜻한다. 이렇게 보면 성인에게 주어진 역사적 사명이 군자에게는 사회적 사명으로 바뀌면서 성인의 時中 原理가 군자의 正名 原理로 표현되었음을 알 수 있다.

正命 原理의 내용이 正名 原理임을 『주역』을 통하여 알 수 있다. 『周易』에서는 공간적 세계인 가정을 중심으로 그것과 국가 사회의 관계를 통하여 다음과 같이 正名 原理를 논하고 있다.

> 여자가 안에서 바른 위치를 정하고, 남자가 밖에서 바른 위치를 정함으로서 男女가 바르면 천하게 바르게 되니, 그것이 天地의 大義이다. 인격의 세계인 가정에는 嚴君이 있으니 父母이다. 부모가 부모답고 자식이 자식다우며, 형이 형답고 동생이 동생다우며, 남편이 남편답고 아내가 아내다우면 家道가 바르게 되고, 家道가 바르면 天下가 정하여진다.[80]

위의 내용은 가정을 중심으로 正名 原理를 나타낸 것으로 그렇기 때문에 가정을 구성하는 기본 요소를 남녀로 규정하고 있다. 가정 사회를 天

---

78) 『論語』 顔淵篇, "政者 正也"
79) 『論語』 顔淵篇, "君君臣臣父父子子"
80) 『周易』 風火家人卦 彖辭, "彖曰 家人 女正位乎內하고 男이 正位乎外하리 男女正이 天地之大義也라. 家人이 有嚴君焉하니 父母之謂也라. 父父子子兄兄弟弟夫夫婦婦而家道 | 正하리니 正家而天下 | 定矣리라."

地를 중심으로 이해하면 남녀는 성인과 군자를 가리킨다. 따라서 남녀가 내외에서 正位한다는 것은 聖人之道가 體가 되어 君子之道로 작용함을 나타낸 것으로 그것이 天地의 大義라는 것이다. 이러한 大義가 행하여지는 사회가 가정과 국가로 가정에서는 부자와 부부, 형제가 모두 자신에게 주어진 역사적 사명을 유감없이 奉行하게 된다. 이러한 사회가 正名된 사회로 군자가 자신의 본래성을 자각하여 四德을 행함으로써 구축된 세계가 正名된 세계로서의 가정과 국가인 것이다.

지금까지 『맹자』를 왕도 정치 원리를 중심으로 역학적 관점에서 고찰하였는데 그 내용을 요약 정리하여 나타내면 다음과 같다.

첫째, 『맹자』의 근본 주제는 왕도 정치 원리이다. 맹자는 君子之道를 실천의 측면에서 국가 사회를 중심으로 밝히고 있는데 그것이 왕도 정치 원리이다. 왕도 정치 원리는 정치 제도를 구성하는 원리가 아니라 정치 주체를 중심으로 제도를 운용하는 원리이다. 정치의 주체를 중심으로 제기된 것이 맹자의 왕도 정치 원리인 것이다. 『맹자』의 왕도 정치 원리는 군자의 본성이 그대로 드러남으로써 그 결과로 이루어지는 것을 정치로 규정한 것이다. 그렇기 때문에 맹자는 군자의 본성 가운데서 실천의 주체인 仁性을 중심으로 이루어진 정치가 왕도 정치라고 하였다.

둘째, 왕도 정치의 근거는 군자의 四德 가운데서 義이다. 義는 비인격적 존재인 사물을 그 본질인 用途性에 따라서 다스리는 원리로 인격적 존재인 백성과 군자가 만나는 인격적 만남의 원리인 禮가 사물에까지 확산된 것이다. 따라서 왕도 정치는 仁을 體로 한 禮가 바탕이 되어 智를 體로 한 義를 근거로 이루어진다.

셋째, 왕도 정치의 구체적인 내용을 始終으로 구분하여 나타내면 始는 물리적 차원에서 사물을 다스림으로써 백성들의 물리적 생명을 보존함이며, 終은 교육을 통하여 백성들을 인격적 존재로 변화시킴으로써 백성과 사물이 모두 인격적 존재가 되는 것이다.

넷째, 왕도 정치의 목표는 그 실천 주체인 군자는 물론 대상인 백성이 모두 인격적 존재로 변화하도록 하는 것이다. 따라서 왕도 정치가 가능하기 위해서는 주체와 대상인 인간의 본성이 道德性임이 전제되어야 한다. 맹자는 性善說을 통하여 인간의 본래성이 仁禮義智의 四德을 내용으로 하는 도덕성이며, 그 본성을 作用性을 중심으로 善性으로 규정하고, 善性에 의하여 四端으로 작용하는 것을 四端說을 통하여 밝히고 있다.

다섯째, 성선설과 사단설을 바탕으로 제기되어지는 맹자의 왕도 정치 원리는 그 근거가 聖人之道에 있다. 성인지도의 내용은 천지지도이다. 그렇기 때문에 맹자는 자신의 주장이 타당함을 堯舜, 禹, 湯, 文王, 武王, 周公, 孔子 등의 성인지도를 근거로 들고 있다. 또한 方圓이 規矩에 근거함을 예로 들어서 天地之道를 근거로 聖人之道가 존재하며, 聖人之道가 人倫의 근거임을 밝히고, 聖人之道를 근거로 왕도 정치가 이루어짐을 논하고 있다.

여섯째, 천지지도를 내용으로 하는 성인지도를 군자가 주체적으로 자각하였을 때 天命이 자각되어지고, 天命을 봉행함이 君子之道의 실천이다. 그것을 맹자는 正命으로 규정하고 있다. 맹자의 正命 原理는 공자의 正名 原理에 근거하여 형성된 것이다. 그는 인간 본성을 善性으로 밝히고, 善性이 四端으로 작용함을 논하였기 때문에 본성을 發用시키는 擴充의 관점에서 正命 原理를 제기한 것이다. 맹자는 군자가 만나는 모든 것이 天命이기 때문에 본성을 擴充하여 그것을 행하는 正命을 주장한 것이다.

일곱째, 맹자가 제기한 왕도 정치 원리를『周易』에서 실천 원리로 제기한 類萬物之情 原理를 군자를 중심으로 밝힌 것이다. 왕도 정치 원리를 四德을 중심으로 나타내면 仁政 原理이며, 실천 주체인 군자를 중심으로 나타내면 君子之道이고, 天命을 중심으로 나타내면 正命 原理이다.

第六章 『大學』의 易學的 이해

　　오늘날 학계에서는 『대학』의 저자와 저작 연대 그리고 사상의 내용에 관하여 논란이 많다. 저작 연대에 관하여서는 春秋 末에서 戰國 初라는 주장에서부터 秦末 漢初라는 주장에 이르기까지 다양하며, 사상의 연원에 있어서도 맹자의 계통이라는 주장과 荀子 계통이라는 주장, 孟子와 荀子의 영향을 받았다는 주장 그리고 유가 사상과 다른 사상의 영향을 받았다고 주장이 제기되었으며, 저자에 관하여서도 朱子는 曾子를 저자로 주장하였으나 저자를 알 수 없다는 주장이 있다.[1]

　　저자와 사상 연원에 관한 논의를 보면 대체로 『대학』이 『맹자』보다 후대에 저작되었다는 것을 전제로 언급되고 있다. 그것은 사상 자체의 내용을 중심으로 제기되어진 문제가 아니라 『대학』의 서술 체계나 그와 관련된 당시의 시대 상황 그리고 특정한 개념의 사용 방법 등을 중심으로 제시되어진 것이다.

　　『대학』의 저작 연대와 저자를 밝힐 수 있는 객관적 자료가 충분하다고 할지라도 『대학』의 사상을 중심으로 다른 전적들과의 관계를 밝히는 것은 다른 문제이다. 왜냐하면 하나의 사상이 형성된 시점과 문자화의 시점이 반드시 일치하지 않기 때문이다. 어떤 사상의 傳承 歷年이 아무리 길

---

1) 岑溢成 著, 황갑연 옮김, 『大學哲學』과 김철운 지음, 『유가가 보는 평천하의 세계』를 참조 바람.

지라도 그것이 뒤늦게 문자화되어질 수도 있는 것이다. 따라서『대학』의 사상 연원을 밝히기 위해서는 반드시 사상을 중심으로 유가의 다른 전적들과 비교하여 연구하는 것이 필요하다.

사상을 중심으로『대학』을 선진 유학의 다른 전적들과 비교하여 연구함에 있어서 선행되어야 할 문제는 선진 유학의 내용이 무엇인가이다. 소위 유가의 전적이라고 일컬어지는 삼경과 사서를 일관하는 내용은 무엇이며, 그것과 선진 유학과는 어떤 관계를 밝힌 후에 비로소『대학』과 다른 유가 전적을 비교하여 연구가 가능하게 된다.

그럼에도 불구하고 지금의 학계의『대학』에 관한 연구 성과들을 보면 선진 유학의 내용에 관한 엄밀한 연구 성과를 토대로 논의가 이루어지고 있지 못하다. 그런 점에서 주자의『대학』의 연구 방법은 하나의 시사점을 보여준다. 그는 선진 유학의 경전에서 제시하고 있는 聖統을 바탕으로『대학』을 연구한 결과『대학』이『맹자』보다 먼저 저작되었다고 주장하였던 것이다.

성통을 중심으로『대학』을 연구하는 것은 사실적 측면에서 접근한 것이 아니라 철학을 중심으로『대학』을 연구하였음을 의미하는 동시에 선진 유학의 관점에서『대학』을 연구하였음을 뜻한다. 왜냐하면 선진 유학의 근본 원리는 성통 원리이기 때문이다. 그렇기 때문에 삼경과 사서에는 성통 원리가 근저에 깔려 있다.『서경』에서는 堯舜으로부터 禹, 湯, 周公으로 이어지는 성통을 중심으로 왕도정치 원리를 논하고 있으며,『주역』에서도 역학을 伏羲, 神農, 黃帝, 堯, 舜으로 이어지는 성통을 중심으로 논하고 있고,2)『논어』에서도 성통을 중심으로 유학의 근본 문제가 성인 지도임을 밝히고 있다.3) 이를 통하여 선진 유학의 연구는 성통을 따라서

---

2)『周易』의 繫辭下篇 第二章에서는 伏羲로부터 神農, 黃帝, 堯, 舜을 거쳐서 一夫에 이르는 聖統을 논하고 있다.

3)『論語』의 堯曰篇에서는 堯로부터 舜, 禹, 湯을 거쳐서 孔子에 이르는 聖統을 논하고 聖統을 따라서 전하여진 聖人之道의 내용을 밝히고 있다.

전하여진 성인지도를 중심으로 연구되어야 함을 알 수 있고, 그렇기 때문에 주자의『대학』의 연구 방법은 올바르다고 할 수 있다.

그러나 주자의『대학』연구는 그 방법이 옳았음에도 불구하고 선진 유학의 존재 근거인 역도의 내용을 파악하지 못하고『대학』을 연구하였기 때문에『대학』의 章節을 옮기고 일부의 글자를 고쳤으며, 빠졌다고 생각되는 일부의 내용을 보충하였음에도 불구하고 그 내용에 관한 논란을 멈추게 하지 못하였다. 그러면 먼저『대학』이라는 경전이 형성된 과정을 살펴보고 기존의『대학』에 관한 연구가 어떤 문제점을 갖고 있는지 구체적으로 살펴보자.

본래『예기』에 속해 있던『대학』이 하나의 독립된 경전으로서의 위상을 갖기까지는 주자를 비롯한 여러 학자들의 功을 필요로 하였다. 주자는 "나는 일생에 다만 이 文字를 보아 꿰뚫어 통하여 先賢들이 도달하지 못한 곳을 보았다. 司馬溫公이『通鑑』을 짓고 평생의 정력이 모두 이 책에 있다고 말하였는데 나 역시『대학』에 대하여 그렇다."[4]고 말하였을 정도로『대학』을 중요하게 여겼을 뿐만 아니라 宣揚에 많은 공을 기울였다. 그는『대학』을 개편하여 章節을 구분하고 시작부분을 經으로 그리고 나머지 부분을 傳으로 나눈 후에 經과 傳을 합하여 모두 十一章으로 개편하였다. 또한 그는 구체적인 설명이 없는 格物致知에 관한 부분을 첨가하여『大學章句』를 형성하고,『大學章句』에 註解를 가하여 오늘날 전하여진『大學章句集註』를 구성하였다. 그리고『대학장구』에서 미처 다하지 못한 말은『大學或問』을 통하여 註釋에 대한 註釋을 가함으로로써『대학』을 연구하는 사람들을 위하여 친절을 아끼지 않았다.

朱子의 개정을 거친『大學章句』는 원문보다 엄밀한 구조를 갖추게 되었다. 그가『대학』의 연구를 통하여 스스로 얻은 내용을 중심으로『대학』

---

4) 朱子,『大學章句』讀大學法, "某一生 只看得這文字透 見得前賢所未到處 溫公 作 通鑑 言平生精力盡在此書 某於大學 亦然"

을 정리하였기 때문에 후학들에게는 한층 이해하기가 쉽게 된 것은 사실
이다. 그러나 그가 경전의 편제를 고치고 逸失된 부분을 補之하는 과정
에서 자신의 의견이 자연스럽게 첨부되면서 그것이 『대학』 자체의 내용
과 일치하는가의 문제와 더 나아가서 선진 유학의 근본 정신과 일치하는
가의 문제가 제기되지 않을 수 없다.

주자가 『대학』 자체에 관심을 갖고 그 근본 의미를 문제로 삼은 것처
럼 陽明 역시 『대학』의 근본 의미를 문제로 삼았다. 그는 주자의 『대학장
구주해』가 『대학』의 본질에서 벗어났다고 비판하고 주장의 『大學章句』
역시 『고본대학』을 훼손하였기 때문에 『古本大學』을 연구할 것을 주장하
였다. 그 결과 양명은 주자와 다른 새로운 주장을 제기하였다.

주자와 양명의 『대학』 이해는 그 관점이 다르기 때문에 주장 역시 다
를 수밖에 없다. 주자와 양명의 주장이 가장 극명하게 드러나는 부분은
格物致知에 관한 이해이다. 격물치지는 『대학』을 이해하는 데 있어서 중요
한 개념이기 때문에 격물치지에 관한 이해에 따라서 전체의 주장이 달라
지지 않을 수 없다. 주자는 격물을 사물에 나아가서 그 이치를 궁구함으
로, 치지를 지식이 窮極處에 도달함으로 해석하여 物理와 心을 중심으로
논의를 전개하였으나 양명은 인간의 良知를 바탕으로 그것을 發用시키는
致良知를 중심으로 논의를 전개하였다.

주자와 양명이 『대학』에는 나타나지 않는 물리와 양지라는 개념을 통
하여 자신들의 주장을 전개했다는 점에서 그 타당성이 문제되지 않을 수
없다. 혹자는 『대학』이 비록 大人之道를 제시하고 있지만 그 대체만을
제시하였을 뿐 구체적인 내용이 없기 때문에 새로운 개념을 사용할 수밖
에 없었다고 주장한다.5) 『대학』 자체에 나타나지 않는 새로운 개념을 사

---

5) 중국의 岑溢成은 『大學』에는 修己治人의 구체적인 내용이 없기 때문에 二程과 朱
子가 그것을 儒家의 기본 경전의 기점으로 삼아서 初學者들이 德性 學問에 들어
가는 門으로 여겼다고 말하고 그렇기 때문에 朱子와 陽明이 다른 개념을 사용하
여 『大學』을 이해할 수밖에 없었다고 하였다. 이에 관하여는 岑溢成지음 황갑연

용하거나 다른 경전에 나타난 개념을 사용하는 것 자체가 문제가 되지는 않는다. 본래 『대학』의 이론 체계가 겉으로 드러나지 않기 때문에 끊임없이 새롭게 재해석되어질 수 있는 가능성을 안고 있다. 그렇기 때문에 설사 주자와 양명이 『대학』 자체에서는 없는 개념을 사용하여 『대학』을 재해석하였을지라도 그것이 『대학』의 내재된 이론 체계와 논리적 모순이 없다면 그 나름대로의 가치가 있다.

그러나 주자와 양명이 각각 다른 주장을 제기하면서도 그 내용이 선진 유학의 근본 정신을 계승하였다고 주장하는데 문제가 있다. 그들은 자신들의 주장이 堯舜으로부터 禹, 湯, 文王, 武王, 周公을 거쳐서 공자에 이르러서 집대성된 선진 유학의 정신을 계승하였다고 주장하였다. 그들은 『서경』의 大禹謨篇에서 논한 "人心은 위태롭고 道心은 隱微하니 오직 마음을 순수하고 한결같이 하여야 그 中道를 자각할 수 있다."[6]는 내용을 孔門에서 전하여진 心法으로 간주하였다. 주자는 그것이 공자와 二程을 거쳐서 자신에게 계승되었다고 주장하였고, 양명은 맹자와 象山을 거쳐서 자신에게 계승되었다고 주장하였다.[7] 그렇다면 논리적 측면에서 보면

옮김, 『大學哲學』, 서울, 서광사, 2000년을 참고 바란다.

6) 『書經』 大禹謨, "天之曆數在汝躬 汝終陟元后 人心惟危 道心惟微. 惟精惟一 允執厥中 無稽之言勿聽 弗詢之謀勿庸 可愛非君 可畏非民. 衆非元后 何戴 后非衆 罔與守邦. 欽哉 愼乃有位 敬脩其可願. 四海困窮 天祿永終."

7) 朱子는 「中庸章句序」에서 "蓋自上古 聖神繼天立極而道統之傳 有自來矣 其見於經則允執厥中者 堯之所以授舜也 人心惟危 道心惟微 惟精惟一 允執厥中者 舜之所以授禹也 堯之一言 至矣盡矣 而舜復益之以三言者 則所以明夫堯之一言 必如是而後可庶幾也…自是以來 聖聖相承 若成湯文武之爲君 皐陶伊傅周召之爲臣 旣皆以此而接夫道統之傳 若吾夫子 則雖不得其位 而所以繼往聖 開來學 其功 反有賢於堯舜者 然當是時 見而知之者惟顔氏曾氏之傳 得其宗 及其曾氏之再傳 而復得夫子之孫子思 則去聖遠而異端起矣 子思懼夫愈久而愈失其眞也 於是 推本堯舜以來相傳之意 質以平日所聞父師之言 更互演繹 作爲此書…自是而又再傳 以得孟氏 爲能推明是書 以承先聖之統 及其沒而遂失其傳焉…然而尙幸此書之不泯 故程夫子兄弟者出 得有所考 以續夫千載不傳之緒 得有所據 以斥夫二家似是之非 蓋子思之功 於是爲大 而微程夫子 則亦莫能因其語而得其心也"라고 하였으며, 陽明은 「象山文集序」에서 "聖人之學心學也 堯舜禹之相授受曰 人心惟危 道心惟微 惟精惟一 允執厥中

주자와 양명이 주장이 다 같이 옳을 수 없는 모순 관계일 가능성도 있게
된다.

주자와 양명의 『대학』에 관한 주장이 선진 유학의 근본 정신에 부합되
는가의 문제는 선진 유학의 근본 정신이 무엇인가라는 문제와 『대학』의
본래적 의의가 무엇인가라는 두 가지 문제를 안고 있다. 이 두 문제를 해
결하기 위해서는 『대학』을 선진 유학의 관점에서 재해석하는 것이 필요
하다. 그것은 선진 유학의 이론 체계를 바탕으로 『대학』의 내재된 이론
체계를 드러내어 밝히는 작업이라고 할 수 있다.

어떤 이론 체계를 세우거나 이미 세워진 이론 체계를 밝히기 위해서는
그 방법과 범주가 필요하다. 그것은 하나의 이론 체계를 분석하고 종합하
는 틀과 방법의 문제라고 할 수 있다. 선진 유학을 집대성한 공자는 자신
의 학문 연원이 堯舜으로부터 禹·湯·文王·武王·周公을 거쳐서 전하
여진 성인지도에 있음을 분명하게 밝히고 있다. 그러므로 성인지도를 바
탕으로 『대학』을 다시 이해하는 것이 필요하다.

주자와 양명이 孔門의 전수 心法으로 여긴 執中은 본래 『논어』에서도
언급된 것8)으로 堯舜으로부터 禹·湯·文·武·周公을 거쳐서 공자에게
전하여진 성인지도의 내용을 제시하는 과정에서 밝혀진 것이다. 그 내용
은 『서경』에서 언급된 내용과 같으며, 執中에 관한 자세한 설명이 부연
되고 있다. 『논어』의 내용을 중심으로 성인지도의 내용을 살펴보면 "天之
曆數가 在爾躬하니 允執其中하라 四海困窮하면 天祿永終하리라"라고 말
하고 있다. "天之曆數 在爾躬"은 천도인 역수원리가 인간의 본래성으로
주체화되었음을 밝힌 부분이며, "允執其中"은 인간 본래성의 자각을 통
하여 천도인 역수원리를 인간 주체적으로 자각함이고, "四海困窮 天祿永

此心學之源也"라고 하였다.

8) 『論語』堯曰篇, "堯曰 咨爾舜 天之曆數 在爾躬 允執其中 四海困窮 天祿永終 舜亦
以命禹"

終"은 자각된 天命을 왕도 정치를 통하여 실천함이다. 이렇게 보면 堯舜에서 禹・湯・文王・武王・周公을 거쳐서 공자에게 전하여진 성인지도의 내용은 천도가 인간의 본래성으로 주체화하였음의 문제와 학문을 통하여 자신의 본성을 자각함의 문제 그리고 본성의 자각과 더불어 자각되어진 天命을 실천함의 문제이다.

성인지도를 천도와 지도 그리고 인도의 삼재지도로 밝히고 있는 경전은 『주역』이다. 『주역』에서는 천도를 陰陽 原理로, 地道를 剛柔 原理로, 人道를 仁義 原理로 밝히고 있다.9) 그러나 『주역』에서는 천지의 도가 인도의 존재 근거임을 밝히고 있을 뿐 천지의 도 자체는 밝히고 있지 않으며, 인도를 중심으로 삼재지도를 밝히고 있다. 『주역』에서 인도의 근거로 밝히고 있는 천지의 도의 내용인 역수원리를 밝히고 있는 경전은 『정역』이다. 따라서 성인지도의 내용은 『정역』과 『주역』을 통하여 밝혀지게 된다.

선진 유학의 여러 경전에서 성인지도의 내용을 밝히고 있는 집중 원리는 인도이며, 인도의 존재 근거는 천도인 역수원리임에도 불구하고 주자와 양명은 역수원리를 근거로 집중 원리를 이해하지 못하였기 때문에 그들의 주장이 한계를 갖게 되었다. 따라서 역수원리를 천명한 역경인 『정역』과 그것을 인도 중심으로 밝힌 『주역』을 바탕으로 『대학』을 연구하는 것이 필요하다.

---

9) 『周易』의 繫辭下篇 第十二章에서는 "易之爲書也ㅣ 廣大悉備하야 有天道焉하며 有人道焉하며 有地道焉하니 兼三才而兩之라 故로 六이니 六者는 非他也ㅣ라 三才之道也ㅣ니"라고 하여 『周易』의 내용이 三才之道임을 밝히고 있고, 說卦 第二章에서는 "是以立天之道曰陰與陽이오 立地之道曰柔與剛이오 立人之道曰仁與義니"

1. 대학의 구성 체계와 내용

『정역』에서 밝힌 倒逆 生成 원리를 중심으로 사서를 이해하면『대학』은 도생역성의 관점에서 실천 원리를 중심으로 군자지도를 밝히고 있다. 『대학』이 군자지도를 실천 원리를 중심으로 밝히고 있다는 점에서는『맹자』와 같다. 그러나『맹자』는 왕도 정치를 중심으로 군자지도를 밝히고 있으며,『대학』은 군자를 중심으로 실천 원리를 논하고 있는 점에서 차이가 있다.『서경』도 역시 정치 원리를 중심으로 군자지도를 논하고 있으나 성통을 중심으로 논하고 있다는 점에서『맹자』와 다를 뿐만 아니라『대학』과도 그 성격이 다르다.

『대학』이 실천 원리를 중심으로 군자지도를 논하고 있음을 확인할 수 있는 부분은 그 내용을 大學之道, 君子之道로 규정하고 있는 부분이다. 대학은 周나라의 학제를 의미하는 동시에 대학에서 가르치는 학문의 내용을 나타내기도 하고, 대학에서 가르치는 책을 나타내기도 한다. 小學과 구분되는 大學이라는 학교에서 가르치는 학문 과목인 大學의 내용이 大人之學으로서의 大學이며, 大人之學인 大學을 담고 있는 전적이『대학』이다. 따라서『대학』의 내용과 특성은 대인지학으로서의 대학이라는 개념으로부터 찾을 수 있다. '대인지학'10)에서의 대인은 성인을 후천의 관점에서 부르는 말이다. 선진 유학에서는 성덕된 존재를 선천의 관점에서는 성인과 현인으로 규정하고, 후천의 관점에서는 대인과 군자로 규정하고 있다. 따라서 대인지학으로서의 대학은 덕을 중심으로 살펴보면 성인에 의하여 형성된 학문인 동시에 군자를 위하여 저작되었고, 그 내용은 군자지도이다.

『대학』은 처음 부분에서 군자지도의 대체를 제시하고 나머지 부분에서

---

10) 朱子,『大學章句』, "大學者大人之學也"

삼경의 글들을 인용하여 그 타당성을 논증하는 동시에 구체적인 내용을 설명하는 형식을 띠고 있다. 그렇기 때문에 주자는『대학』을 두 부분으로 나누어서 대학의 대체를 제시하고 있는 앞 부분을 經으로 규정하고 나머지 부분을 傳으로 규정하여 經一章과 傳十章의 전체 十一章으로 구분하였다. 그리고 經一章은 孔子의 말씀을 曾子가 기술하였으며, 나머지 傳十章은 曾子의 뜻을 曾子의 門人들이 서술하였다[11]고 하였다. 주자의 구분에 의하면 經一章은 처음부분에서부터 "而其所薄者厚 未之有也"까지이며, 傳十章은 다음 부분에서 끝 부분까지이다.

군자지도를 밝히고 있는 처음 부분은 그 내용에 따라서 네 부분으로 구분할 수 있다. 첫째 부분은 "大學의 道는 明明德에 있으며, 親民에 있으며, 至善에 머무름에 있다(大學之道 在明明德 在親民 在止於至善)."이며, 둘째 부분은 "그칠 곳을 안 후에 뜻을 정함이 있고, 뜻을 정함이 있는 후에 고요할 수 있으며, 고요할 수 있는 후에 편안할 수 있고, 편안할 수 있는 연후에 思慮할 수 있으며, 思慮할 수 있는 연후에 自得할 수 있다(知止而后有定 定而后能靜 靜而后能安 安而后能慮 慮而后能得)."이고, 셋째 부분은 "物件에는 本末이 있으며, 事件에는 終始가 있으니 그 先後하는 바를 알면 道에 가깝다(物有本末 事有終始 知所先後 則近道矣)."이며, 넷째 부분은 "옛날에 明德을 天下에 밝히고자 한 사람은 먼저 그 나라를 다스렸으며, 나라를 다스리고자하는 사람은 먼저 그 가정을 다스렸고, 가정을 다스리고자 하는 사람은 먼저 그 몸을 닦았으며, 그 몸을 닦고자 하는 사람은 먼저 그 마음을 바르게 하였고, 마음을 바르게 하고자 하는 사람은 먼저 그 뜻을 정성스럽게 하였으며, 그 뜻을 정성스럽게 사고자 하는 사람은 먼저 그 지식을 지극히 하였으니 지식을 지극히 함은 존재 원리를 자각함에 있다. 존재 원리를 자각한 후에 지식을 지극하게 할 수 있고,

---

11) 朱子,『大學章句』, "右經一章 蓋孔子之言而曾子述之 其傳十章則曾子之意 而門人記之也"

지식이 지극한 후에 뜻을 정성스럽게 할 수 있으며, 뜻이 정성스러운 후에 마음이 바르게 되고, 마음이 바른 연후에 몸이 닦여지며, 몸이 닦여진 후에 가정이 다스려지고, 가정이 다스려진 후에 국가가 다스려지며, 국가가 다스려진 후에 천하가 화평해진다. 천자로부터 백성들에 이르기까지 하나같이 모두 修身이 근본이니 그 근본이 어지럽고 枝末이 다스리는 것은 없으며, 그 도타워야 할 것을 박하게 하고 그 박하게 해야 할 것은 도탑게 하는 것은 있지 않다(古之欲明明德於天下者 先治其國 欲治其國者 先齊其家 欲齊其家者 先修其身 欲修其身者 先正其心 欲正其心者 先誠其意 欲誠其意者 先致其知 致知在格物 物格而后知至 知至而后意誠 意誠而后心正 心正而后身修 身修而后家齊 家齊而后國治 國治而后天下平 天子以至於庶人 壹是皆以修身爲本 其本亂而末治者否矣 其所厚者薄 而其所薄者厚 未之有也)."이다.

처음 부분에서는 君子之道가 자신의 본래성을 자각하고 그것을 실천하여 至善의 세계를 구축하는 것임을 밝히고 있다. 자각의 측면에서 明明德으로, 실천의 측면에서 親民으로, 그리고 자각과 실천이 이루어진 세계를 至善으로 규정한 것이다. 둘째 부분은 明明德의 구체적인 방법을 나타낸 것으로 君子之道에 뜻을 두고, 聖人之道를 연구하여 그것을 인간 주체적으로 자각하는 방법을 나타낸 것으로 物에서 事로, 事에서 그 존재 근거인 시간성으로 나아가야 함을 밝히고 있다. 넷째 부분에서는 앞의 내용을 종합적으로 나타낸 것으로 明明德을 格物致知誠意正心修身으로 규정하고, 親民의 내용을 齊家治國平天下로 규정하고 있다.

2. 君子之道와 大學之道

선진 유학의 존재 근거를 밝히고 있는 역경인『정역』에서 천명한 천도의 내용은 삼극지도이며,[12) 그것을 객체화하여 공간성의 원리로 나타내면 『주역』에서 밝힌 삼재지도이다. 삼재지도의 내용은 천도와 지도 그리고 인도이다. 天道는 음양 원리가 그 내용이며, 地道는 강유 원리가 그 내용이고, 人道는 인의 원리가 그 내용이다.[13]

그런데 천지의 도는 인도의 존재 근거로 천지의 도를 인간 주체적으로 자각하였을 때 인도가 밝혀진다. 인도는 天道的 사명을 띤 성인에게 주어진 성인지도와 地道的 사명을 띤 군자가 실천해야 할 군자지도가 그 내용이다. 그렇기 때문에 『주역』에서는 "乾道를 근거로 성인지도가 형성되고, 坤道를 근거로 군자지도가 형성된다."[14]고 하였다. 뿐만 아니라 역도의 내용을 성인지도로 규정하고, 그 내용을 군자지도로 밝힘으로써 역도의 내용이 인도의 측면에서 성인지도와 군자지도이고, 성인지도의 내용이 군자지도임을 밝히고 있다.[15]

성인과 군자는 자신의 본래성을 자각하고 천명을 자각하여 그것을 주체로 살아가는 인격적 존재라는 측면에서는 하등의 차이가 없다. 성인과 군자는 德位에 있어서는 동일하지만 천명에 따라서 구분되어질 따름이

---

12) 『周易』 繫辭上篇 第二章, "六爻之動은 三極之道也ㅣ니"

13) 『周易』의 繫辭下篇 第十章에서는 "易之爲書也ㅣ 廣大悉備하야 有天道焉하며 有人道焉하며 有地道焉하니 兼三才而兩之라 故로 六이니 六者는 非他也ㅣ라 三才之道也ㅣ니"라고 하였고, 說卦 第二章에서는 "是以 立天之道曰陰與陽이오 立地之道曰柔與剛이오 立人之道曰仁與義니"라고 하였다.

14) 『周易』 繫辭上篇 第一章, "乾道ㅣ 成男하고 坤道ㅣ 成女하니 乾知大始오 坤作成物이라."

15) 『周易』의 繫辭上篇 第十章에서는 "易有聖人之道ㅣ 四焉하니 以言者는 尙其辭하고 以動者는 尙其變하고 以制器者는 尙其象하고 以卜筮者는 尙其占하나니 是以 君子ㅣ 將有爲也하며 將有行也애 問焉而以言하거든 其受命也ㅣ 如嚮하야 无有遠近幽深히 遂知來物하나니 非天下之至精이면 其孰能與於此ㅣ리오 參伍以變하며 錯綜其數하야 通其變하야 遂成天地之文하며 極其數하야 遂定天下之象하니 非天下之至變이면 其孰能與於此ㅣ리오 易은 无思也하며 无爲也하야 寂然不動이라가 感而遂通天下之故하나니 非天下之至神이면 其孰能與於此ㅣ리오 夫易은 聖人之所以極深而研幾也ㅣ니 唯深也故로 能通天下之志하며 唯幾也故로 能成天下之務하며 唯神也故로 不疾而速하며 不行而至하나니 子曰易有聖人之道四焉者ㅣ 此之謂也ㅣ라."

다. 성인은 성통을 따라서 인류 역사상에 탄강하여 자신의 본래성을 자각하고 더불어 천도를 자각함으로써 그것을 천명한 존재이다. 성인이 말씀을 통하여 삼극지도와 삼재지도를 천명함으로써 경전을 저작하고, 성인이 저작한 경전에 의하여 역학과 유학이 형성된다. 성인이 역학, 유학이라는 학문을 형성시킨 까닭은 후천의 군자를 기르기 위해서이다. 『주역』에서는 "천지는 만물을 기르며, 성인은 현인을 길러서 그 은택이 만민에게 미치게 한다."16)고 하여 성인에 의하여 군자가 길러짐을 밝히고 있다. 군자는 성인이 밝힌 천도를 주체적으로 자각하여 천명을 자각함으로써 그것을 실천하는 존재이다. 『주역』에서는 "옛 성인이 『주역』을 저작한 목적은 장차 군자로 하여금 성명지리에 순응하게 하려는 것이다."17)고 말하고, "군자가 거처할 때는 卦爻象을 보고, 繫辭를 玩味하며, 움직일 때는 卦爻象의 변화를 보고, 占辭를 완미한다."18)고 하여 성인에 의하여 형성된 역학, 유학을 연구하고 실천하는 주체가 군자임을 밝히고 있다. 이처럼 성인과 군자의 주어진 사명이 서로 다르기 때문에 『주역』에서는 "天에 근본을 둔 사람은 형이상의 근원적 세계와 친하고, 地에 근본을 둔 사람은 현상 사물의 세계와 친하다. 그것은 그 주어진 사명에 따라서 삶의 양상이 다른 것이다."19)고 하였다.

　성인과 군자의 주어진 사명이 다르고 그에 따라서 삶의 양상이 다르다는 것은 천도의 측면에서는 선천적 존재가 성인이며, 후천적 존재가 군자임을 뜻한다. 선천은 성통이 전개되면서 성인에 의하여 삼극지도, 삼재지도가 밝혀지는 시대이다. 이처럼의 성인에 의한 역도의 천명이 필요한 시

---

16) 『周易』 山雷頤卦 彖辭, "天地는 養萬物하며 聖人이 養賢하야 以及萬民하나니"
17) 『周易』 說卦 第二章, "昔者聖人之作易也는 將以順性命之理니"
18) 『周易』 繫辭上篇 第二章, "是故로 君子ㅣ 居則觀其象而玩其辭하고 動則觀其變而玩其占하나니 是以自天祐之하야 吉无不利니라."
19) 『周易』 重天乾卦 文言, "聖人이 作而萬物이 覩하나니 本乎天者는 親上하고 本乎地者는 親下하나니 則各從其類也ㅣ니라."

대는 음과 양이 서로 나누어져서 합덕을 향하여 생장하는 시대이다. 그러나 후천은 군자에 의하여 인도가 실천됨으로써 삼재가 합덕 성도하는 시대이다. 그것은 후천이 장성한 음양이 서로 합덕하는 시대임을 뜻한다. 군자에 의하여 天人이 합덕되고, 君民이 합덕되며, 성인과 군자가 합덕되고, 神人이 합덕됨으로써 선천과 후천이 합덕되는 세계가 후천인 것이다. 그렇기 때문에 후천적 관점에서는 성인지도가 군자지도로 집약되며, 선천적 관점에서는 군자지도가 성인지도로 집약된다. 이를 선후천 변화 원리를 중심으로 살펴보면 선천에 성인지도로 시생하여 후천에 군자지도로 합덕 성도하는 것이다.

 『주역』을 비롯한 선진 유학의 경전에서 성인과 군자를 함께 언급한 까닭은 군자를 중심으로 논의를 전개하기 위해서이다. 다시 말하면 선진 유학의 경전에서는 후천적 관점에서 군자지도를 밝히고 있는 것이다. 德을 중심으로 보면 성인에 대응하는 성덕된 존재가 현인이며, 位를 중심으로 보면 군자에 대응하는 존재가 得位한 존재가 대인이다. 선후천을 중심으로 나타내면 선천적 존재가 성인과 현인이며, 후천적 존재가 대인과 군자이고, 位를 중심으로 나타내면 성덕된 존재인 성인과 현인이 현실적 位를 얻어서 실천할 때 각각 대인과 군자라고 한다. 따라서 선천적 관점에서는 성인지도에 현인지도가 포함되며, 후천적 관점에서는 대인지도에 군자지도가 포함된다. 그렇기 때문에 군자를 중심으로 그 존재 근거인 성인을 함께 밝힐 때 성인과 군자를 함께 언급하게 된 것이다.

 선천의 성인은 이미 자신에게 주어진 역사적 사명을 완수하고 돌아갔다. 이미 十五 聖統이 종결되면서 乾策 聖人에 의하여 천도, 신도를 천명한 경전인 『정역』이 저작되었고, 坤策 聖人에 의하여 인도를 밝힌 경전인 『주역』이 저작됨으로써 삼극지도, 삼재지도의 전모가 유감없이 천명된 것이다. 따라서 천명의 봉행의 측면에서는 군자의 삼재를 합덕 성도시키는 사명의 봉행만이 남아있다. 그렇기 때문에 역경을 근거로 쓰인 사서에서는 군자지도를 중심 주제로 하고 있다.

『대학』 역시 군자지도를 중심으로 인도를 밝히고 있다. 비록『대학』의 내용을 대학지도로 밝히고 있지만 그 내용은 군자지도이다.『대학』에서는 親民의 내용을 설명하면서 "그러므로 君子는 그 지극한 원리를 쓰지 않음이 없다."[20]고 하여 그 주체가 군자임을 밝히고 있다.[21] 뿐만 아니라 "군자는 반드시 그 뜻을 誠하게 한다."[22]고 하여 誠意의 주체가 군자임을 밝히고 있다. 그밖에도 "君子는 絜矩의 道가 있다.",[23] "그러므로 君子는 大道가 있으니 반드시 忠信으로 그것을 얻고, 驕泰로 그것을 잃는다."[24]고 하였다

『대학』의 내용을 집약시켜서 단적으로 나타내고 있는 개념이 大學之道이다. 大學之道의 大學은 大人之學을 가리킨다. 따라서 大學之道는 大人之學之道라고 할 수 있다. 대인지학으로서의 대학은 소인지학으로서의 소학과 대응하는 개념이다. 대인은 학문이 완성된 존재라는 의미로 곧 인격 주체성이 확립된 도덕적 존재를 가리키는 개념이다. 인격적으로 완성된 존재인 대인이 되기 위해서는 자신의 본성을 자각하는 것을 물론 자신의 존재 근거인 천도를 자각함으로써 자신에게 주어진 천명을 자각하여야 한다.

『대학』에서 군자지도를 밝히고 있으면서도 대인지학으로서의 대학과 대인지학지도로서의 대학지도를 언급한 까닭은 군자지도를 그 존재 근거인 성인을 중심으로 밝히고자 하였기 때문이다. 그것은『대학』이 후천의 관점에서 군자지도를 밝히고자 함을 분명하게 나타낸 것이다. 대인이 이

---

20)『大學』, 傳 第二章 "是故 君子 無所不用其極"

21)『大學』傳 第二章, "湯之盤銘曰 苟日新 日日新又日新 康誥曰 作新民 詩曰 周雖舊邦 其命維新 是故 君子無所不用其極"

22)『大學』傳 第六章, "富潤屋 德潤身 心廣體胖 故君子必誠其意"

23)『大學』傳 第十章 "君子 有絜矩之道也"

24)『大學』傳 第十章 "是故 君子 有大道 必忠信以得之 驕泰以失之"

미 인격적으로 완성된 존재일 뿐만 아니라 천명을 자각한 존재이기 때문에 대인에게 남은 과제는 자신의 덕성을 주체로 그것을 천하에 널리 펴는 실천이다. 천명의 봉행이 대인에게 주어진 과제인 것이다. 그렇기 때문에 대인지학의 내용이 실천을 위주로 함을 알 수 있다. 다만 학문은 실천의 구체적인 방법 자체를 문제로 하는 것이 아니라 그 원리를 문제로 하는 것이다. 그렇기 때문에 대인지학으로서의 대학의 내용을 대학지도로 규정한 것이다. 도는 형이상적 존재의 존재 원리를 나타내는 개념으로 형이하의 사물의 존재 법칙을 나타내는 것이 아니다.

成德된 존재인 군자의 사명은 천명을 봉행하는 것이다. 그렇기 때문에 군자지도의 내용은 실천 원리가 중심일 수밖에 없다. 군자의 실천은 주체성인 仁禮義智의 사덕을 매개로 이루어진다. 그렇기 때문에 『주역』에서는 "군자는 仁禮義智의 사덕을 행하는 자이다."[25]라고 하였다. 그런데 사덕은 학문을 통하여 천지의 도를 인간 주체적으로 자각하였을 때 밝혀진다. 따라서 실천을 문제로 삼을 때 학문 원리 역시 논하지 않을 수 없다. 왜냐하면 군자지도 자체가 학문 원리와 실천 원리를 내용으로 하기 때문이다. 학문은 성인지도를 주체화하여 실천의 주체를 확립하는 문제이며, 실천은 주체성을 구체화하여 擴充하는 문제이다. 『대학』에서 실천 원리의 관점에서 군자지도를 밝히면서도 학문 원리 역시 논하고 있는 까닭이 여기에 있다.

군자의 학문은 심성 내면에서 이루어지는 문제이지만 실천은 심성 밖의 대상을 향해서 이루어지는 문제이다. 군자의 심성 밖의 대상은 크게 인격적 존재인 사람과 비인격적 존재인 사물로 구분할 수 있다. 그렇기 때문에 『주역』에서는 "天地가 역수원리에 의하여 마디가 지어짐으로써 四時가 이루어지듯이 역수원리를 근거로 제도를 제정하여 왕도 정치를 실시함으로써 재물을 상하지 않고, 백성들을 해치지 않는다."[26]고 하여

---

25) 『周易』 重天乾卦 文言, "君子 | 行此四德者 | 라 故로 曰乾元亨利貞이라."

왕도 정치를 통하여 행하여지는 군자지도의 내용을 사람을 다스림과 사물을 다스림으로 규정하고 있다.[27] 따라서 군자지도의 내용 역시 내면의 덕을 밝히는 문제와 사람과 사물을 다스리는 문제가 중심 문제일 수밖에 없다. 『대학』에서는 학문과 실천의 문제를 중심으로 大學之道의 내용을 다음과 같이 밝히고 있다.

> 大學의 道는 明德을 밝히는 데 있으며, 百姓들과 親함에 있고, 至善
> 에 머무름에 있다.[28]

위의 인용문에서 밝힌 대학지도의 내용은 '明明德'과 '親民' 그리고 '止於至善'이다. '명명덕'의 '명덕'은 군자의 본성을 덕성을 중심으로 나타낸 것이다. 본성은 자각되었을 때 군자의 주체가 되며, 그것을 德이라고 한다. 따라서 '명명덕'은 실천의 측면에서 군자의 본성을 밝힘을 나타낸 것이다.

그러나 '명명덕'을 실천의 측면에서 명덕을 밝힘으로만 이해하면 다음의 '친민' 역시 명덕을 밝힘의 구체적인 내용일 뿐이기 때문에 굳이 '명명덕'과 '친민'을 구분하여 나타낼 필요가 없게 된다. 군자가 명덕을 밝힐 대상은 크게 사람과 사물일 수밖에 없다. 그리고 '친민'이 군자와 백성과 합덕을 의미한다고 보면 '명명덕'과 '친민'은 같은 의미가 되어 굳이 구분하여 나타낼 필요가 없는 것이다. 비록 본성을 자각하는 것과 본성을 주체로 그것을 실천하는 문제가 일체적이지만 그러나 학문의 관점에서는 양자를 구분하여 논하지 않을 수 없다. 그렇기 때문에 『대학』에서

---

26) 『周易』水澤節卦 象辭, "天地節而四時成하나니 節以制度하야 不傷財하며 不害民하나니라."

27) 『周易』의 繫辭下篇 第一章에서도 "理財하며 正辭하며 禁民爲非ㅣ 曰義라"라고 하여 의를 통하여 행하여지는 王道 政治의 내용을 사물 다스림(理財)과 사람의 다스림(正辭禁民爲非)로 규정하고 있다.

28) 『大學』, 經一章 "大學之道 在明明德 在親民 在止於至善"

도 실천을 중심으로 대학지도를 논하면서도 학문 원리를 논하고 있다. 실천을 중심으로 대학지도를 밝히고 있는 '格物致知誠意正心修身齊家治國平天下'의 내용 가운데 '格物致知誠意正心修身'이 '명명덕'의 문제이며, '修身齊家治國平天下'가 '친민'의 문제인 까닭도 여기에 있다. 또한 '명명덕'과 '친민'을 서로 구분하여 논하였기 때문에 '지어지선'을 논하여 양자가 합덕된 세계를 밝히고 있다.

명명덕을 학문 원리를 중심으로 이해하면 명덕은 군자의 본성을 가리킨다. 『주역』에서는 군자의 본래성을 신명한 덕으로 규정하여 본성을 자각함을 신명한 덕에 통함으로 규정하고 있을 뿐만 아니라 명덕을 스스로 밝힌다고 하였다.[29] 그리고 신명한 덕에 통함이 천지의 도를 주체적으로 자각하는 것임도 밝히고 있다.[30] 따라서 明明德은 학문을 통하여 천지의 도를 주체적으로 자각함이다. 『대학』에서도 명명덕의 내용을 『서경』과 『시경』의 구절을 인용하여 설명한 후에 그것을 결론지어서 모두 '自明'이라고 하였다.[31] '자명'을 몸소 밝힌다, 스스로 밝힌다고 이해할 수도 있다. 그러나 군자가 군자의 도를 실천할 때 스스로 실천하지 다른 존재를 통하여 실천하는 것은 아니기 때문에 굳이 '자명'으로 밝힐 필요는 없다. 따라서 명명덕은 명덕의 주체적 자각을 뜻한다.

'親民'의 親은 德을 통하여 하나가 되는 합덕의 의미이며, 民은 정치의 측면에서 언급된 개념으로 학문의 측면에서 언급되는 성덕이 되지 못한 小人이라는 의미이다. 成德된 존재인 賢人이 位를 얻었을 때 지칭하는 개념인 군자에 대응하는 개념이 民이다. 그런 점에서 民을 언급하는 것

---

29) 『周易』의 繫辭下篇 第二章에서는 "近取諸身하고 遠取諸物하야 於是애 始作八卦하야 以通神明之德하며 以類萬物之情하니"라고 하였고, 火地晉卦의 大象에서는 "明出地上이 晉이니 君子ㅣ 以하야 自昭明德하나니라."고 하였다.

30) 『周易』 繫辭下篇 第六章, "乾坤은 其易之門邪ㄴ뎌 乾은 陽物也ㅣ오 坤은 陰物也ㅣ니 陰陽이 合德하야 而剛柔ㅣ有體라 以體天地之撰하며 以通神明之德하니"

31) 『大學』 傳 第一章, "康誥曰 克明德 太甲曰 顧諟天之明命 帝典曰 克明峻德 皆自明也"

자체가 실천의 문제가 중심임을 나타낸 것이라고 할 수 있다. 따라서 친민은 군자가 四德을 주체로 백성들과 하나가 됨의 君民 합덕 원리를 나타낸다. 그것은 백성들을 사덕의 세계로 高揚시키는 것으로 백성들 역시 본성을 자각한 도덕적 존재로 변화시키는 것이다. 그렇기 때문에 백성들로 하여금 자신의 본성을 자각하지 못함으로써 正道를 行하며 살아가지 못하는 小人에서 成德된 成人이 되게 한다는 점에서는 백성을 도덕적 존재로 새롭게 하는 新民의 의미가 된다.

'止於至善'의 至善은 四德이 행하여지는 도덕적 세계를 뜻한다. 그리고 '止'는 '居'와 같은 의미이다. 그러므로 "止於至善"은 군자의 四德을 매개로 君民이 合德되고, 천지가 합덕되며, 神人이 합덕되고, 天人이 합덕됨으로써 三才가 합덕 성도된 세계인 至善의 세계에서 살아감을 뜻한다. 삼재가 합덕 성도된 세계는 明明德과 親民이 이루어진 세계일 뿐만 아니라 형이하적 존재인 사물마저도 인격적 존재로 고양된 세계이다. 『주역』에서는 禮를 주체로 형성된 인격적 세계를 아름다운 세계로, 義를 주체로 사물이 그 본질인 用途性에 따라서 사용되어지는 것을 利物로 규정하고 사덕을 통하여 사람과 사물을 다스리는 존재가 군자임을 밝히고 있다.32)

군자의 사덕이 행하여지는 명명덕과 친민은 왕도 정치를 매개로 이루어진다. 그렇기 때문에 『주역』에서는 천도의 내용인 역수원리에 의하여 천지가 마디를 지어서 四時가 형성되듯이 천도를 근거로 天時에 순응하는 문물제도를 통하여 왕도 정치를 행함으로써 백성과 사물을 인격적 존재로 고양시키는 것이다.33)고 하였다. 왕도 정치를 통하여 명명덕과 친민이 되고 利物되었을 뿐만 아니라 그것을 통하여 天人이 합덕되며, 神人

---

32) 『周易』 水澤節卦 彖辭, "利物이 足以和義ㅣ며"
33) 『周易』 水澤節卦 彖辭, "天地節而四時成하나니 節以制度하야 不傷財하며 不害民하나니라."

이 합덕되고, 神物이 합덕되며, 人物이 합덕됨으로써 삼재가 합덕 성도된 세계가 지선의 세계이며, 지선의 세계를 구축하는 것이 "지어지선"이다.

『중용』에서는 至善의 세계를 "소리개가 하늘을 날고, 물고기가 연못에서 뛰논다."는 『시경』의 내용을 인용하여 나타내고 있다.[34] 하늘과 연못은 형이상과 형이하의 세계를 상징적으로 나타내는 개념이다. 따라서 위의 내용은 형이상과 형이하의 세계가 밝혀짐으로써 眞과 善 그리고 美가 드러난 세계를 나타낸 것이다. 그렇기 때문에 『주역』에서는 상하가 있는 연후에 예의가 행하여질 수 있다[35]고 하여 상하의 세계가 예의가 행하여지는 도덕적 세계임을 밝히고 있다.

명명덕과 친민은 별개의 문제가 아니라 하나의 문제이다. 명명덕은 자각의 문제이며, 친민은 실천의 문제[36]로 자각을 통하여 실천이 이루어지고 실천을 통하여 자각의 문제가 완성된다. 명명덕이 친민으로 나타나고, 친민을 통하여 명명덕이 완성되는 것이다. 따라서 명명덕과 친민은 일체적 관계이다. 그러나 명명덕이 되지 않으면 친민이 이루어질 수 없다. 그렇기 때문에 명명덕과 친민은 본말의 관계이며, 본말이 모두 성취된 세계가 지선의 세계이다. 따라서 대학지도의 완성은 至善에 거처함이라고 하지 않을 수 없다.

---

34) 『中庸』第十二章, "詩云 鳶飛戾天 魚躍于淵 言其上下察也"

35) 『周易』序卦下篇, "有天地然後애 有萬物하고 有萬物然後애 有男女하고 有男女然後애 有夫婦하고 有夫婦然後애 有父子하고 有父子然後애 有君臣하고 有君臣然後애 有上下하고 有上下然後애 禮義有所錯이니라."

36) 大學之道의 내용을 밝히고 있는 위의 부분에서 親民이 實踐의 문제임을 틀림없다. 그러나 明明德은 학문의 측면과 實踐의 측면에서 이해할 수 있다. 학문의 측면에서는 明明德은 明德을 自覺함이 되고, 실천의 측면에서는 明德을 밝힘이 된다. 明德을 自覺함은 학문을 통하여 자신의 本來性을 自覺함이며, 明德을 밝힘은 言行을 통하여 明德을 드러내어 說明하여 다른 존재로 하여금 깨닫게 하는 것이다. 그런데 親民 역시 王道 政治를 통하여 백성들을 明德의 세계로 引導하는 문제이기 때문에 明明德은 自覺을 중심으로 이해하고, 親民은 自覺을 통하여 밝혀진 인간 본래성의 내용인 四德을 실천함을 중심으로 이해하는 것이 타당하다.

3. 大學之道와 學問 原理

앞에서 군자지도를 『대학』에서는 대학지도로 규정하고 그 내용을 명명덕, 친민, 지어지선으로 제시하고 있으며, 명명덕이 군자의 본성의 자각을 의미하고, 친민이 자각한 본성을 주체로 그것을 천하에 펼치는 것을 뜻하며, 지어지선은 군자에 의하여 天下가 濟度됨으로써 사물마저도 인격적 존재로 고양되어 神人, 神物, 天地, 天人이 合德된 도덕적 세계가 구축됨을 뜻함을 살펴보았다.

군자의 본성 자각은 학문을 통하여 이루어진다. 따라서 명명덕의 의미를 밝히기 위해서는 학문 원리를 논하지 않을 수 없다. 군자지도는 형이상적 존재이기 때문에 자각을 통하여 밝혀지는 존재이지 이성적 사유를 통하여 밝혀지는 존재가 아니다. 자각은 인간 심성 내면에서 이루어지는 근원적 존재의 自己 開示이다. 역학에서는 근원적 존재를 化翁으로 규정하고 있는데, 근원적 존재인 化翁[37]의 인격성을 느껴 통하는 것이 자각이다. 따라서 천도의 인간 주체적 자각은 천도를 인간 본래성의 자각과 더불어 자각함을 뜻한다. 천도는 성인의 말씀을 통하여 밝혀지게 된다. 그렇기 때문에 성인이 경전에서 말씀을 통하여 이치로 밝힌 천지의 도를 窮究하여 자신의 주체성으로 자각하는 천도의 인간 주체적이다.

자각은 오랜 시간을 두고 점진적으로 일어나는 것이 아니기 때문에 그 과정이 따로 나누어져 존재하는 것은 아니지만 그 과정을 구분하여 분석적으로 이해할 수 있다. 자각을 과정을 중심으로 구분하는 것은 설명을 위한 이해일 뿐이며, 과정 자체가 구분되는 것은 아닌 것이다. 『주역』과

---

37) 化翁은 『正易』에서 근원적 존재를 작용성과 인격성을 중심으로 나타낸 개념으로 化翁을 度數를 중심으로 나타내면 无位數 原理이며, 三極之道를 중심으로 나타내면 无極之无極이고, 干支 度數 原理를 중심으로 나타내면 己位이다. 그 밖에도 盤古, 化化翁, 化无上帝 등으로 규정하고 있다.

『논어』에서 밝히고 있는 학문 원리를 중심으로 자각의 과정을 살펴보면 군자지도를 실천하겠다는 뜻을 세우는 立志와 경전의 연구를 통하여 삼극지도, 삼재지도를 주체화하는 窮理, 삼극지도, 삼재지도의 주체화를 통하여 자신의 본성을 자각하는 盡性 그리고 천지의 도를 주체적으로 자각하여 천명을 자각하는 至命으로 구분할 수 있다. 이러한 학문의 과정을 『대학』에서는 다음과 같이 밝히고 있다.

> 그 머물 곳을 안 후에 뜻을 定할 수 있으며, 뜻이 定하여진 후에 마음이 고요할 수 있고, 마음이 고요한 연후에 편안할 수 있으며, 마음이 편안한 연후에 능히 思慮를 할 수 있으며, 思慮를 한 연후에 비로소 自得할 수 있다.[38]

위의 내용을 보면 知止, 定, 靜, 安, 慮, 得의 문제가 이후로 연결되어 있다. 그것은 양자가 선후 관계임을 밝힌 것으로 위의 내용은 對象的 知識으로 시작하여 주체와 일체화되어 체득되는 과정을 나타낸다.

"知止"의 '止'는 머물러야 할 곳을 나타내는 말로 목표를 나타낸다. 『대학』에서는 "大學之道는 至善에 거처함에 있다."[39]고 하여 "止"의 내용을 至善으로 밝히고 있다. 至善의 세계를 자각하고 그것을 주체로 살아가는 존재는 군자이다. 그렇기 때문에 "止"는 그 주체를 중심으로 나타내면 군자지도가 된다. 따라서 '知止'는 학문을 통하여 도달해야 할 이상적 인격체가 군자이며, 군자의 삶의 원리가 군자지도임을 아는 것을 뜻한다. 이처럼 학문의 목표를 안 연후에 비로소 군자가 되어 군자의 도를 행함에 뜻을 세우게 된다. 군자의 도에 목표를 두고 학문의 뜻을 세우는 立志를 나타내는 말이 '有定'이다. 군자가 됨에 뜻을 두고 군자의 도에 뜻을 두는 입지에 대하여 『주역』에서는 "성인의 도에 대한 믿음을 바

---

38) 『大學』 經一章 "知止而后有定 定而后能靜 靜而后能安 安而后能慮 慮而后能得"
39) 『大學』 經一章 "大學之道 在止於至善"

탕으로 그 가운데 담긴 천지의 도를 따를 것을 생각하고 또한 성인을 숭
상한다."40)고 하였다. 이는 성인의 도에 대한 믿음을 바탕으로 그것을 연
구하여 그 가운데 담긴 천지의 도를 자각하고 더불어 자신에게 주어진
天命을 자각하여 실천하며, 또한 자신보다 먼저 그 길을 걸어간 성인을
숭상하고자 하는 뜻을 세움이 입지임을 밝힌 것이다. 입지의 구체적인
내용을 『주역』에서는 "道德에 和順하여 義롭게 다스림"41)으로 나타내고
있다. 천지의 본성인 도덕성을 자각하여 그것에 순응하여 살아가는 것이
학문하는 사람이 세워야 할 뜻으로 그것을 세우는 것이 입지인 것이다.
그것은 天下에 明德을 널리 펴서 至善의 세계를 만들고자 하는 뜻을 세
움이다.

'定而後能靜, 靜而後能安'은 입지된 마음의 상태를 나타낸 것으로 입
지의 결과를 나타낸 것이라고 할 수 있다. 뜻이 근원적 세계인 천지의 도
와 본성으로 향할 뿐 그 밖의 어떤 것에도 향하지 않음이 '能靜'이며, 그
렇기 때문에 갈등과 번민이 없음이 '能安'이다. 입지가 됨으로써 뜻이 한
군데로 모아져서 마음이 이리저리 방황하지 않아서 고요하며, 마음이 흔
들림이 없이 고요함으로써 편안한 것이다. 『주역』에서는 입지를 "변함이
없는 세계(不易方)를 세움"42)으로 규정하였다. 『논어』의 "不惑"과 『맹자』
의 "不動心"43) 역시 입지된 고요하고 편안한 마음을 가리키는 말이다.

입지가 이루어지고 그에 따라서 마음이 안정되면 성인의 도에 담긴 천
지의 도를 연구하여야 한다. 천지의 도 자체는 그대로 드러낼 수 없으며,
오직 이치를 통하여 상징적으로 드러낼 수밖에 없다. 그렇기 때문에 성인

---

40) 『周易』, 繫辭上篇 第十二章, "履信思乎順하고 又以尙賢也ㅣ라 是以自天祐之吉无
　　不利也ㅣ니라"
41) 『周易』, 說卦篇 第一章, "和順於道德而理於義"
42) 『周易』, 雷風恒卦 大象, "君子ㅣ 以하야 立不易方하나니라."
43) 『論語』의 爲政篇에서 "四十而不惑"이라고 하였으며, 『孟子』의 公孫丑上에서는
　　"四十不動心"이라고 하였다.

의 말씀에 담긴 천지의 이치를 연구하는 窮理가 필요하다. '安而後能慮'는 성인의 도에 담긴 천지의 도를 연구함을 나타낸다. "能慮"는 궁리를 나타내는 말로 경전을 통하여 성인의 도를 배우고 그것을 사고를 통하여 자신의 주체성과 일체화함을 나타낸다. 『주역』에서는 "성인이 경전을 통하여 남긴 말씀과 행위를 많이 알아서 意識 안으로 內面化한 후에 그것을 德으로 쌓는다."44)고 하여 이치를 窮究하여 그것을 내 주체성으로 轉化시켜서 德이 되게 함을 궁리로 규정하고 있다. 『논어』에서는 궁리의 과정을 배움(學)과 생각함(思)의 두 측면으로 나누어서 "스승으로부터 배우기만 하고 思慮를 통하여 스스로 익히지 않으면 자기 것으로 얻어지는 것이 없고, 배움이 없이 오직 思慮만 하면 위태롭게 된다."45)고 하였다. 이는 입지를 바탕으로 學과 思가 동시에 이루어져야 궁리가 이루어질 수 있음을 나타낸 것이다.

마지막 부분인 '慮而後能得'은 궁리의 결과 이루어지는 자각을 논한 것이다. 사려를 한 후에 능히 얻는다는 것은 궁리의 결과 군자지도가 체득됨을 밝힌 것이다. 체득은 窮究된 이치가 자신의 본래성과 일치하여 자신의 주체성으로 확립되는 것이다. 자각은 스스로 깨달음의 의미로 자각을 통하여 본성이 밝혀지는 동시에 천지의 도가 밝혀짐으로써 자신의 존재 의의와 존재 근거가 밝혀짐을 뜻한다. 그것은 오직 인간의 심성 내면에서만 이루어지는 형이하의 사물적 세계에서 형이상의 도덕적 세계로의 비약이며, 저차원에서 고차원으로서의 차원 고양이다. 따라서 군자의 학문 방법은 뜻을 세우고 경전을 통하여 제시된 이치를 연구하여 자신의 본래성을 자각함임을 알 수 있다.

천지의 도를 인간 주체적으로 자각하기 위해서는 궁리를 해야 한다.

---

44) 『周易』, 山天大畜卦 大象, "天在山中이 大畜이니 君子ㅣ 以하야 多識前言往行하야 以畜其德하나니라."
45) 『論語』, 爲政篇, "子曰 學而不思則罔 思而不學則殆"

이치의 궁구는 분석과 종합으로 분석을 통하여 근원적 존재의 구조를 이해하고, 구조를 이루는 구성 요소간의 관계를 통하여 종합적으로 이해하여 분석 이전의 근원적 존재 자체를 이해하게 된다. 따라서 분석과 종합의 범주가 필요하다. 그것이 시간성과 공간성으로 시간성을 통하여 삼극지도를 이해하고, 공간성을 통하여 삼재지도를 이해한다. 그렇기 때문에 『대학』에서는 사건과 물건을 중심으로 시간성과 공간을 범주로 군자지도를 궁리하는 방법에 대하여 다음과 같이 밝히고 있다.

> 物件에는 本末이 있으며, 事件에는 終始가 있으니, 그 先后하는 바를 알면 道에 가깝다.[46]

인용문 가운데서 도에 가깝다는 것은 도에 이른다는 의미로 위의 내용은 대학지도를 궁리하는 방법을 시간성과 공간성을 중심으로 밝힌 것이다. 위의 인용문에서 제시하고 있는 도에 이르는 방법은 物件과 事件을 나누어서 그 本末과 終始를 구분하고 그 先后를 앎이다. 존재하는 모든 것을 사건과 물건으로 구분하고 그 본질인 본말과 종시를 이해한 후에 그 선후하는 것을 찾아서 體用을 밝히는 것이 궁리의 방법인 것이다. 物은 만물을 공간적 측면에서 나타낸 것이며, 事는 시간적 측면에서 나타낸 것이다. 따라서 시간과 공간의 측면에서 존재를 구분하여 그 본성인 본말과 종시를 이해하고, 체용적 구조를 이해하는 것이 궁리의 방법이다.

종시는 始終과 더불어 시간을 위주로 나타내는 개념이다. 시종은 始에서 終이라는 間隙이 있지만 그러나 종시는 終하는 그 자리에서 始하기 때문에 間隙이 없다. 간극은 분석이 가능한 물리적 세계를 나타내는 개념이기 때문에 간극이 있는 시종과 간극이 없는 종시는 서로 다른 차원을 나타내는 개념이다. 시종은 시간을 나타내는 개념이며, 종시는 시간의

---

46) 『大學』 經一章 "物有本末 事有終始 知所先後 則近道矣"

근거가 되는 시간성을 나타내는 개념이다. 『주역』에서는 시종과 종시 관계를 괘효를 중심으로 다음과 같이 논하고 있다. "종시 원리를 크게 밝혀서 그것을 상징적으로 나타내는 六位가 時位에 따라서 형성된다."[47)]는 것이다. 육위는 시종의 時位이며, 종시는 시종의 근거가 되는 근원적 존재인 시간성을 나타낸다.

시종이 객관화함으로써 본말을 내용으로 하는 物件으로 나타난다. 『주역』에서는 始初와 終末을 나타내는 六爻의 初爻와 上爻를 본말로 규정[48)]하여 시종이 바탕이 되어 그것이 본말로 드러남을 밝히고 있다. 따라서 종시와 시종, 시종과 본말이 체용의 관계임을 알 수 있다.

선후하는 바를 알면 도에 가깝다는 것은 체용의 관계를 통하여 근원적 존재인 종시를 아는 것이 도에 가깝다는 것이다. 그것은 본말에서 시종 그리고 종시의 세계에 도달하면 도에 가깝다는 것이다. 종시는 시간의 존재 근거가 되는 시간성을 나타내는 개념이다. 따라서 선후하는 바를 아는 것이 도에 가깝다는 것은 시간성을 아는 것이 도에 가깝다는 것이다.

시간성의 원리는 역수원리이다. 그것이 천도이며, 역도이다. 그렇기 때문에 『정역』에서는 "역도는 역수원리이다."[49)]고 하였다. 역수원리를 그 체용의 구조를 중심으로 나타내면 삼극지도가 된다. 시간성의 원리인 역수원리를 객체화하여 나타내면 공간성의 원리가 된다. 공간성의 원리가 지도로 『주역』에서는 그것을 삼재지도로 규정하고 있다. 삼극지도를 객체화함으로써 삼재지도가 되는 것이다. 천도와 지도는 체용의 관계로 그 내용인 삼극지도와 삼재지도는 체용의 관계이다. 따라서 본말과 종시를

---

47) 『周易』 重天乾卦 彖辭, "大明終始하면 六位時成하나니 時乘六龍하야 以御天하나니라."

48) 『周易』 繫辭下篇 第九章, "易之爲書也ㅣ 原始要終하야 以爲質也코 六爻相雜은 唯其時物也ㅣ라. 其初는 難知오 其上은 易知니 本末也ㅣ라 初辭擬之하고 卒成之終하니라."

49) 始終과 終始, 時間性과 空間性 그리고 易道의 관계에 관하여서는 拙稿, 「時間性과 易道」를 참고 바람.

구분하고 그 선후하는 것을 아는 것은 시간성과 공간성을 중심으로 그 내용인 삼극지도와 삼재지도를 체용적 관계를 통하여 아는 것이다.

군자의 학문 원리는 시간성의 원리인 역수원리를 인간 주체적으로 자각하는 것이다. 그렇기 때문에 『논어』와 『서경』에서는 천도인 역수원리를 중심으로 그것과 인간 본래성과의 관계를 밝힌 후에 인간 본래성의 자각과 실천의 문제를 밝히고 있는데 『논어』의 내용을 살펴보면 다음과 같다.

> 堯가 말하기를 "그대 舜이여! 天의 曆數가 네 몸에 있으니 진실로 그 中을 잡으라. 四海가 困窮하면 天祿이 영원히 끊어지리라!50)

위의 내용은 역수원리를 내용으로 하는 천도가 인간의 본성으로 주체화하였음을 밝히고 있는 '天之曆數 在爾躬'과 인간이 자신의 본성을 자각함으로써 천도를 자각함을 나타내는 '允執其中' 그리고 자각한 본성을 실천하는 원리를 나타내는 '四海困窮 天祿永終'으로 구분할 수 있다. 역수원리를 내용으로 하는 천도가 인간 본래성으로 주체화하였기 때문에 인간 본래성의 자각을 통하여 천도를 자각하고 그것을 실천함을 밝힌 것이다. 위의 내용 가운데서 執中은 인간 본래성의 자각과 더불어 천도를 자각하는 천도의 인간 주체적 자각 원리를 밝힌 것으로 그것이 군자의 학문 원리이다.

집중의 문제는 인간의 심성 내면에서 이루어지는 문제로 그것을 분명하게 밝히고 있는 경전은 『서경』이다. 『서경』에서는 "天의 曆數(原理)가 네 몸에 있으니 네가 마침내 元后의 位에 오를 것이다. 人心은 위태롭고 道心은 隱微하니 오직 마음을 純粹하고 한결같이 하여야 진실로 네 中을 잡을 것이다…四海가 困窮하면 天祿이 영원히 끊어질 것이다."51)고 하였

---

50) 『論語』 堯曰篇, "堯曰 咨爾舜 天之曆數 在爾躬 允執其中 四海困窮 天祿永終"
51) 『書經』 大禹謨, "天之曆數 在汝躬 汝終陟元后. 人心惟危 道心惟微. 惟精惟一 允

다. 이러한 내용은 『논어』와 같지만 "人心은 위태롭고 道心은 隱微하니 오직 마음을 純粹하고 한결같이 하여야 진실로 네 中을 잡을 것이다."라는 문장을 부연하여 설명함으로써 집중이 인간 본래성을 자각하는 문제임을 분명하게 밝힌 동시에 인심과 도심의 관계를 통하여 집중의 필요성도 밝히고 있다. 인심을 주체로 하면 인격적 지평을 상실하기 때문에 위태로우며, 도심을 쫓으면 인격적 지평에 도달하지만 은미하여 드러나지 않기 때문 정일하여 집중하라는 것이다. 그것은 집중을 통하여 본래성을 자각함으로써 도심이 밝혀짐을 뜻한다.

군자가 학문을 통하여 자신의 본래성을 자각하는 집중을 통하여 도심을 갖게 되는 것은 학문을 통하여 존재하는 모든 것들의 근거가 되는 근원적 존재를 자각하고 그 결과 자신의 지식이 지극하게 되어 주체성이 확립되며, 그러한 존재의 뜻은 진실하게 되며, 그 마음은 道心을 내용으로 하는 바른 마음이 된다. 『대학』에서는 그것을 格物致知誠意正心으로 나타내고, 그것을 종합하여 修身으로 밝히고 있다. 학문을 그 주체인 군자를 중심으로 나타내면 몸을 닦는 修身이 되는 것이다. 따라서 군자의 학문 원리는 修身 원리라고 할 수 있다. 修身의 내용인 格物致知誠意正心 가운데서 誠意正心은 格物致知를 이루면 동시에 이루어지는 것이기 때문에 격물치지가 修身에 있어서 가장 중요한 문제이다.

격물치지가 성의정심의 수신에 있어서 근본 문제일 뿐만 아니라 제가치국평천하를 내용으로 하는 실천 원리의 근본이 된다. 따라서 격물치지는 군자의 학문 원리와 실천 원리에 있어서 중요한 문제로 군자지도의 내용에 있어서 가장 중요한 문제라고 할 수 있다. 그렇기 때문에 『대학』에 지극한 관심을 갖고 연구한 대표적 학자인 주자와 양명 역시 격물치

執厥中. 無稽之言勿聽 弗詢之謀勿庸. 可愛非君 可畏非民. 衆非元后 何戴 后非衆 罔與守邦. 欽哉 愼乃有位 敬脩其可願. 四海困窮 天祿永終. 惟口出好興戎 朕言不再."

지의 문제를 중요하게 여겼다. 격물치지를 이해하기 위하여 먼저 주자와 양명의 격물치지에 관한 이해를 살펴보자.

주자는 세상을 떠나기 3일 전까지『대학』의 주석을 달 정도로『대학』에 관심을 가졌다. 그는『대학』의 格物致知를 통하여 居敬窮理의 학문 방법을 정립하고자 하였던 것이다. 거경과 궁리는『주역』에서 "敬으로 심성 내면을 곧게 하고, 義로 外面을 方正하게 한다."[52]는 내용과 "도덕에 화순하고, 의롭게 다스릴 것을 생각하며, 궁리하고, 진성하며, 지명한다."[53]는 내용을 하나로 합하여 형성된 것이라고 할 수 있다. 그는 敬을 "主一無適"으로 규정하고, 궁리는 격물치지설을 중심으로 정립하였다. 양명도 자신의 학설인 心卽理, 知行合一說을 격물치지를 중심으로 종합하여 致良知說로 제기하였다. 치지의 지를 양지로 이해하여 양지를 확충하는 치양지를 중심으로 심즉리와 지행합일을 종합하였던 것이다.

주자와 양명이 격물치지설을 중심으로 학문의 방법을 정립하였기 때문에 그들에게 있어서『대학』은 중요한 전적이 아닐 수 없다. 이처럼 두 사람이 모두『대학』을 바탕으로 자신들의 주장을 전개하였음에도 불구하고 그 내용이 서로 다르기 때문에 어떤 주장이『대학』의 본의에 일치하는지가 문제되지 않을 수 없다.

주자는 격물치지를 格物의 대상인 物理와 致知의 주체인 心이라는 양자의 관계를 중심으로 논하고 있다. 그는 致知에 대하여 "致는 推極이며, 知는 識과 같으니 나의 지식을 推極하여 그 알고자 하는 지식에 다하지 않음이 없음"[54]이라고 하였으며, 格物에 대하여서는 "格은 至이며, 物은 事와 같으니 사물의 이치를 궁구하여 그 極處에 到達하지 않음이 없음"[55]으로 규정하고 있다. 格物은 事物의 이치를 연구하여 그 지극한 곳

---

52)『周易』, 重地坤卦 二爻 文言, "君子 敬以直內하고 義以方外하야."
53)『周易』, 說卦 第一章, "和順於道德而理於義하며 窮理盡性하야 以至於命하나니라"
54) 朱子,『大學集註』, "致推極也 知猶識也 推極吾之知識 欲其所知 無不盡也"

까지 도달함을 뜻하며, 致知는 이미 내가 알고 있는 지식을 미루어서 알지 못하는 것까지 도달함을 뜻한다.

주자가 논하고 있는 格物과 致知를 보면 한편으로는 물리를 갖고 있으면서 궁구할 대상으로 존재하는 사물과 사물에 도달하여 사물의 이치를 궁구하는 주체인 사람의 마음을 구분하여 논하고 있음을 알 수 있다. 그가 "이른바 致知가 格物에 있다고 하는 것은 내 지식을 이루고자 하면 사물에 나아가서 그 이치를 연구함에 있음을 말한 것이다."56)고 하였을 뿐만 아니라 "致知는 理가 사물에 있기 때문에 내 지식을 미루어서 그것을 아는 것이다. 知至는 理가 비록 사물에 있으나 내 마음의 지식이 이미 그 窮極處를 얻은 것이다."57)고 한 부분을 보면 알 수 있다.

주자의 주장처럼 物理와 내 마음의 앎이 둘이라면 물리의 궁구가 어떻게 내 앎을 지극하게 할 수 있는가가 문제된다. 바꾸어 말하면 格物과 致知의 관계를 분명하게 밝히는 것이 필요하다. 그렇기 때문에 그는 "格物과 致知는 하나의 일이다. 오늘 格物하고 내일 또 致知하는 것이 아니라 格物은 理致로 말한 것이며, 致知는 心으로 말한 것이다."58)고 하여 格物과 致知가 하나임을 밝히고 있다. 그리고 인간의 본성과 心을 중심으로 格物과 致知를 다음과 같이 논하고 있다. 그는 "『대학』의 차례를 따라서 말하면 知性은 物格을 말한 것이며, 盡心은 知至를 말한 것이다.59)"고 하였다. 知性은 인간 본래성의 자각을 뜻하는 개념이다. 그렇다면 知性이 格物이라는 것은 性과 物理가 동일한 존재임을 뜻한다.60) 이는 그가 修

---

55) 朱子, 『大學集註』, "格至也 物猶事也 窮至事物之理 欲其極處 無不倒也"

56) 朱子, 『大學集註』, "所謂致知在格物者 言欲致吾之知 在卽物而窮其理也"

57) 朱子, 『大學集註』, "朱子曰 致知者理在物而推吾之知以知之也 知至者理雖在物而吾心之知已得其極也"

58) 朱子, 『大學集註』, "致知格物只是一事 非是今日格一物 明日又致知 格物以理言也 致知以心言也"

59) 朱子, 『孟子集註』 盡心章句上, "以大學之序言之 知性則物格之謂 盡心則知至之謂也"

身以下를 明明德의 일로 규정하고, 齊家 이후를 親民의 일로 규정한 것과 동일한 맥락이다.

그러면 주자는 왜 格物을 물리를 궁구함으로 규정하였는가? 그는 "사람들이 많이 이 道理를 하나의 허공에 매달려 있는 사물과 같이 이해하기 때문에 『대학』에서 窮理를 말하지 않고 단지 格物을 말하였으니, 사람들로 하여금 사물에 나아가서 理致와 만남이 배를 만들어서 물 위를 가고 수레를 만들어서 땅을 가는 것과 같이 實體를 얻도록 하기 위함이다. 이제 시험삼아서 여러 사람이 힘을 합하여 함께 배를 땅에서 끌어보고서 갈 수 없음을 보고 비로소 배는 땅에서 갈 수 없음을 알게 되니 이와 같은 것을 일러 實體라고 한다."61)고 하였다.

주자의 격물치지에 대한 주장을 보면 그가 格物과 치지를 사물과 심을 중심으로 양자를 구분하여 이해하였음에도 불구하고 事物의 본질과 인간의 본성을 엄격하게 구분하여 양자의 관계를 분명하게 밝히지 않았다. 그는 인간의 마음 가운데 존재하는 理로서의 性과 사물의 속성으로 존재하는 물리를 동일한 존재로 이해한 것이다. 그 근원으로 들어가면 天理로부터 형성된 것이기 때문에 하나이지만 그러나 물리와 인간의 본성은 엄연하게 구분되어져야 할 존재이다. 인간의 본래성은 도덕성을 본성으로 하는 형이상적 존재이지만 그러나 물리는 사물에 내재하는 형이하적 존재일 따름이다. 이처럼 인간 본성과 물리는 그 차원이 다르기 때문에 존재 양상이 서로 다르다.

물리와 인간 본성의 존재 양상이 서로 다르기 때문에 물리를 아무리

---

60) 朱子는 『孟子集註』에서는 盡性을 格物로 그리고 盡心을 致知로 규정하여 盡性 이후에 盡心이 이루어짐을 논하고 있으나 "又問 盡心了方能盡性否 曰然 孟子云 盡其心者 知其性也 知性則知天 便是如此"라고 하여 盡心 이후에 비로소 盡性이 이루어짐을 논하고 있다.

61) 朱子, 『大學集註』, "人多把這道理 作一箇懸空底物 大學不說窮理 只說格物 便是 要人就事物上 理會如此 方見得實體 如作舟行水作車行陸 今試以衆力 共推一舟於 陸 必不能行 方見得舟不可以行陸也 此之謂實體"

극단적으로 밀고 간다고 할지라도 밝혀지는 것은 물리일 따름이다. 그것
은 물리를 인식하는 방법과 인간 본성인 도덕성을 자각하는 방법이 다름
을 뜻한다. 인간 본래성인 明德은 결코 대상 사물의 속성을 통하여 밝혀
지는 존재가 아니라 자각을 통하여 밝혀지는 형이상적 존재이다. 대상 사
물을 연구하듯이 실험과 관찰을 통하여 이성적 추리에 의하여 밝혀질 수
없는 존재가 인간 본래성인 동시에 그 존재 근거인 천지의 도인 것이다.
그렇기 때문에 주자의 주장과 같이 사물의 이치를 연구하여 나의 지식을
넓힌다면 그러한 지식은 아무리 그 극단까지 궁구하여도 물리를 벗어나
지 못하는 것이다.62)

格致誠正修齊治平의 논리적 관계를 보아도 格物과 致知가 誠意와 正
心을 위한 것이라면 格物과 致知를 통하여 인간 본래성의 내용인 도덕성
을 자각해야 한다. 그렇지 않다면 明德을 자각한다는 말과 格物致知는
전혀 무관한 말이 되기 때문이다.

양명은 주자의 格物致知論을 비판하고 자신의 주장을 제기하고 있다.
그는 朱子가 心과 理를 둘로 나누었다는 점을 들어서 다음과 같이 비판
하고 있다.

> 주자가 말하는 이른바 格物이라고 하는 것은 사물에 나아가서 그 理
> 致를 窮究하는 데 있다. 사물에 나아가서 물리를 궁구함은 事事物物에
> 나아가서 그 이른바 定理를 구하는 것이다. 그러므로 내 마음이 모든
> 사물 가운데서 이치를 구하게 되어 마음과 理를 나누어서 둘이 되게
> 한다.63)

---

62) 形而上的 존재인 易道, 인간 本來性을 이해하는 철학적 방법으로서의 人間 主體
的 自覺과 사물의 본질을 인식하는 과학적 방법으로서의 對象的 思考의 구분과
관계에 관하여서는 拙著, 『중국 철학의 역학적 조명』을 참고 바람.

63) 王陽明, 『傳習錄(中)』 答顧東橋書, "朱子所謂 格物云者 在卽物而窮其理也 卽物窮
理是就事事物物上 求其所謂定理也 是以吾心而求理於事事物物之中 析心與理而爲
二矣"

양명은 주자가 물리와 心을 나누어서 사물을 중심으로 이해하고 있는 것과 달리 物을 심성 내면의 문제로 내면화하여 이해함으로써 心과 物을 하나로 규정하고 있다. 그는 "格物"의 "格"을 "正"으로 규정하고, "物"을 "事"로 규정하여 格物을 事件을 바르게 함으로 이해하였다. 이러한 格物은 외재적 物件을 문제로 삼는 것이 아니라 내재적 事件을 문제로 삼은 것이라고 할 수 있다. 그는 格物에 대하여 다음과 같이 논하고 있다.

> 物이라는 것은 사건이다. 무릇 뜻이 발현되는 곳에는 반드시 사건이 있다. 뜻이 있는 바의 事件을 일러 物이라고 한다. 格은 正으로 不正을 바로잡아서 正으로 돌아가는 것을 말한다. 그 不正을 바르게 한다는 것은 惡을 제거함을 뜻하며, 바름으로 돌아간다는 것은 善을 行함을 뜻하니 대저 이것을 일러 格이라고 한다.64)

위의 내용을 보면 格物은 결국 爲善去惡임을 알 수 있다. 이처럼 格物을 사물 중심이 아닌 심의 문제로 내면화하여 이해한 양명은 치지 역시 주자와 달리 이해하고 있다. 그는 致知의 '知'를 '良知'로 보아서 '致知'를 '致良知'로 이해하였다. 사람이 선천적으로 갖고 있는 良知를 그대로 事件에 擴充하는 것이 치지이며, 양지가 확충이 되면 事件이 바르게 되어 格物이 이루어진다는 것이다. 그는 格物과 致知를 연관시켜서 다음과 같이 말하고 있다.

> 내가 말하는 이른바 致知가 格物에 있다고 하는 것은 내 마음의 良知를 事事物物에 擴充하는 것이다. 내 마음의 良知는 이른바 天理로 내 마음의 良知의 天理를 事事物物에 擴充하면 事事物物이 모두 그 理를 얻게 된다. 내 마음의 良知를 擴充하는 것이 致知이며, 事事物物이 모두 그 理를 얻는 것이 格物이다.65)

---

64) 王陽明, 『陽明全書』 卷二十六 大學問, "物者事也 凡意之所發 必有其事 意所在之事謂之物 格者正也 正其不正 以歸於正之謂也 正其不正者去惡之謂也 歸於正者爲善之謂也 夫是之謂格"

위의 내용을 보면 天理인 良知를 사물에 擴充하는 것이 致知이며, 擴充을 통하여 사물을 바로잡는 것이 格物임을 알 수 있다. 격물치지에 대한 양명의 주장은 四句教를 통하여 정리할 수 있다. 그는 "善도 없고 惡도 없음 그것은 마음의 體이며, 善도 있고 惡도 있음 그것은 뜻의 움직임이고, 善도 알고 惡도 아는 것이 良知이며, 善을 행하고 惡을 제거하는 것이 格物이다."[66]고 하였다.

양명의 주장과 같이 格物致知를 致良知를 중심으로 이해할 때 心과 理의 二元化를 막을[67] 수 있을 뿐만 아니라 格物致知와 明明德을 일관되게 이해할 수 있다. 그러나 주자의 주장이 한계를 갖고 있듯이 양명의 주장 역시 한계를 갖고 있다. 만약 양명의 주장과 같이 良知의 擴充만으로 明德을 天下에 밝힐 수 있다면 경전을 통하여 이치를 연구하는 학문적 활동은 필요가 없게 된다. 선진 유가 철학이 실천의 문제를 중심으로 형성되었지만 그러나 학문을 떠나서 실천만을 문제로 삼은 것은 아니다. 만약 실천 자체를 문제로 삼는다면 그것은 학문이 될 수 없다. 왜냐하면 학문의 대상은 일차적으로 실천 원리이기 때문이다. 실천 원리를 문제로 삼을 때 실천 주체인 군자가 문제되지 않을 수 없고, 군자의 본성이 무엇이며, 본성의 존재 근거인 천도가 문제되지 않을 수 없다. 따라서 良知를 중심으로 대학지도를 문제로 삼을 때 한계를 갖게 된다.

良知를 언급한 맹자 역시 학문 문제를 도외시하고 실천만을 문제로 삼은 것은 아니다. 『논어』를 비롯한 유가 경전에서는 학문과 실천의 문제를 함께 언급하고 있다. 그 과정에서 인간의 존재 근거가 천도이며, 천도가

---

65) 王陽明, 『傳習錄(中)』 答顧東橋書, "若鄙人所謂致知在格物者　致吾心之良知於事事物物也　吾心之良知則所謂天理也　致吾心之良知之天理於事事物物　則事事物物皆得其理矣　致吾心之良知者致知也　事事物物皆得其理者格物也"

66) 王陽明, 『傳習錄(下)』, "無善無惡是心之體　有善有惡是意之動　知善知惡是良知　爲善去惡是格物"

67) 王陽明, 『傳習錄(中)』 答顧東橋書, "是合心與理而爲一者也"

인간의 본래성으로 주체화하였기 때문에 본성의 내용이 仁禮義智의 四德임을 밝혔기 때문에 『맹자』에서 인간의 본성인 四德을 실천하는 擴充의 문제를 논할 수 있었던 것이다. 따라서 아무리 『맹자』의 良知를 중심으로 致良知를 주장한다고 할지라도 그 내용이 맹자가 존재 근거로 한 대전제와 어긋난다면 그것은 잘못된 것일 수밖에 없다.

양명이 致良知를 良知의 擴充으로 이해하고 그 근거를 『맹자』를 통하여 제시하고 있는데, 맹자 자신은 良知의 확충을 주장한 것이 아니라 仁禮義智의 사덕의 확충을 논하였다. 그것은 맹자가 인간 본성의 확충을 논하였음을 뜻한다. 그렇다면 良知를 중심으로 사덕을 포괄하여 나타낼 수 있는가 그리고 양지의 확충이 학문과 무관한 실천인가가 문제된다. 明明德을 실천 주체인 인간을 중심으로 살펴보면 明德을 확충하는 문제이며, 明德은 인간 본성의 내용인 사덕을 가리키기 때문에 明明德은 사덕의 확충이다. 만약 그것을 知性을 중심으로 良知의 확충이라고 한다면 그것은 학문의 문제가 중심이지 실천만이 위주라고 할 수는 없다. 致良知는 학문과 실천을 막론하고 모두 적용되는 개념으로 이해되어야 한다.

맹자는 자신의 주장이 타당성을 보증하는 근거로 성인지도를 들고 있을 뿐만 아니라 자신의 모든 주장이 성인지도를 천하에 확충하는 것을 목표로 하고 있음을 밝히고 있다. 맹자 자신은 오직 양명이 주장하는 것과 같은 致良知만을 주장하지 않았을 뿐만 아니라 맹자가 자신의 학문적 연원으로 제시하고 있는 성인지도 역시 致良知를 주장하지 않았다. 다시 말하면 유가 철학에서는 오직 인간 본성만을 문제로 삼은 것은 아니다. 만약 그렇다면 그 존재 근거를 문제로 삼는 존재론적 문제는 사라지게 되어 결국 불교와 다를 것이 없게 된다.

주자와 양명의 주장을 피상적으로 살펴보면 양립이 불가능한 모순관계인 것처럼 보인다. 그러나 주자와 양명의 주장이 제기되는 근저에는 대전제가 있다. 그것은 주자가 주장한 性卽理와 양명이 주장한 心卽理이다.

주자가 性을 理라고 규정한 까닭은 性이 올바로 發用될 수도 있고 바르지 못하게 發用될 수도 있다는 점을 전제로 한다. 학문을 통하여 私慾을 버리면 道心으로 발현되고, 私慾을 따르면 人心으로 나타나게 되어 道心은 心卽理이지만 人心은 心卽理일 수가 없다. 그렇기 때문에 性卽理라고 할 수 있지만 心卽理라고 할 수는 없는 것이다.

주자가 性卽理를 주장한 까닭은 학문을 중심으로 인간을 논하였기 때문이다. 그렇기 때문에 格物致知 역시 사물에 이르러서 사물의 이치를 연구하여 그것을 바탕으로 나의 지식을 지극하게 함으로 규정하였던 것이다. 이러한 관점에서 보면 궁리의 대상인 이치와 궁리의 주체인 心을 서로 나누어서 논할 수밖에 없다. 이처럼 나누어진 理致와 心이 하나가 되었을 때 性卽理가 된다.

그러나 본래 性과 理는 둘이 아니라 하나이다. 性과 理를 막론하고 形而上者이기 때문에 나누어지고 합하여지는 존재가 아닌 것이다. 그렇기 때문에 心과 理, 知와 理를 나누어서 논하는 것은 잘못된 주장이라고 할 수 있다. 그렇기 때문에 양명은 주자가 心과 理 그리고 性을 나누어서 논하였음을 비판하고 心卽理를 주장하였다. 心과 理가 하나이기 때문에 格物致知는 사물에 이르러서 물리를 궁리하는 것이 아니라 내 본성인 良知를 확충하는 것이라고 하였다. 이처럼 양명이 致知를 良知의 확충인 致良知로 규정한 것은 본성을 자각하고 본성에 따라서 마음을 發用시키는 측면에서 논한 것이다. 그렇기 때문에 학문보다는 실천을 강조하지 않을 수 없다.

그러나 양명의 주장을 따르면 학문은 필요하지 않으며, 오직 良知를 확충하는 실천만이 필요할 따름이다. 그렇다면 양명이 그것을 밝히기 이전이라도 모든 사람들이 良知를 확충할 수 있어야 하는데 왜 하필이면 양명만이 그것을 밝힐 수 있었으며, 양명이 그것을 밝힌 이후에도 良知를 확충한 성인과 군자가 나온 것은 어떻게 이해할 것인가의 문제가 남는다.

사람의 본성이 비록 천지의 본성이지만 그러나 학문을 하지 않고는 본성을 쫓아서 살 수 없기 때문에 性卽理이지만 心卽理라고는 할 수는 없으며, 학문을 통하여 본성을 자각하여 살아가는 군자는 본성이 그대로 발현되기 때문에 性卽理이기도 하고 心卽理이기도 하여 性卽理라거나 心卽理라고만 할 수는 없다. 이를 학문과 실천을 중심으로 살펴보면 사람이 태어나서 학문을 하지 않으면 心卽理가 아니기 때문에 성인이 저작한 경전에 담긴 이치를 연구하여 자신의 주체성으로 내면화하여야 하므로 그것을 良知를 확충한다고 할 수는 없으며, 본성이 그대로 발현되는 心卽理의 측면에서는 본성인 良知와 이치가 하나이기 때문에 그것은 良知의 확충일 뿐 물리를 연구한다고 할 수 없다.

주자와 양명이 『대학』에 관심을 가졌던 까닭은 그들이 학문과 실천이라는 측면에서 유학을 밝히고자 하였기 때문이다. 그들이 모두 집중의 문제를 孔門의 傳授 心法으로 규정한 까닭이 여기에 있다. 집중은 본성의 자각의 문제로 그 가운데는 실천의 문제가 포함되어 있다. 집중을 자각을 중심으로 나타내면 학문의 문제가 되고, 그것을 실천을 중심으로 나타내면 실천 원리가 된다. 학문의 측면에서 보면 心과 性을 구분하여 나타낼 수밖에 없고 그렇기 때문에 性卽理라고 주장할 수밖에 없다. 그러나 본성을 자각한 후에 그것을 실천하는 측면에서 보면 心卽理가 된다. 주자는 학문을 중심으로 유학을 논하였기 때문에 性卽理를 주장하였고, 양명은 실천을 중심으로 유학을 논하였기 때문에 心卽理를 주장하게 된 것이다.

주자와 양명이 학문의 문제와 실천의 문제를 중심으로 『대학』을 이해하였기 때문에 그들의 주장이 서로 다를 수밖에 없다. 『대학』에서는 군자지도를 대인지도로 규정하고, 대인지도를 연구하는 대인지학을 중심으로 유학을 논하고 있다. 『대학』에서는 학문과 실천의 양면을 모두 밝히고 있는 것이다. 그렇기 때문에 실천의 측면에서 학문의 문제를 포괄하여 나타낼 수도 있고, 학문의 측면에서 실천의 문제를 포괄하여 나타낼 수도 있다.

『대학』의 第一章에서는 전체 내용을 이해하는 範疇를 논하고 있는데 그것이 본말과 종시이다. 본말과 종시는 각각 물건과 사건의 내용을 규정한 개념으로 단순하게 시간과 공간의 형이하적 차원에서 이해할 문제가 아니다. 그럼에도 불구하고 주자는 본말과 시종을 중심으로 제일장의 내용을 정리하여 明明德과 親民을 本末 관계로 규정하고 知止와 能得을 始終으로 규정하였으며, 格致誠正修齊治平에서 修身 이상을 明明德의 일로 齊家 이하를 新民의 일로 규정하였다.68) 양명 역시 明明德과 新民을 둘로 나눌 수 없다는 점을 들어서 주자의 주장을 비판하였지만 대체적으로 주자의 본말, 시종에 관한 내용은 不可하지 않다고 하였다.69) 주자와 양명이 모두 본말과 종시라는 개념을 크게 유념하지 않았음을 알 수 있다.

『주역』에서는 종시와 시종을 구분하여 "종시 원리를 자각하여 그것을 시종의 여섯 時位를 통하여 상징적으로 나타낸다."70)고 하였다. 또한 종시를 자세하게 설명하여 말하기를 終에 卽해서 始가 있는 것이 천도의 운행71)이라고 하여 종시 원리가 천도임을 밝히고 있다. 그리고 종시 원리를 표상하는 六爻의 여섯 時位를 시종으로 규정하는 동시에 본말72)로

---

68) 朱子『大學集註』, "明德爲本 新民爲末 知止爲始 能得爲終 本始所先 末終所後", "修身以上明明德之事也 齊家以下新民之事也 物格知至則知所止矣 意誠以下則皆得所止之序也"

69) 陽明『大學問』, "明德爲本 親民爲末 其說亦未爲不可 但不當分本末爲兩物耳"

70) 『周易』重天乾卦 文言, "大明終始하면 六位時成하나니"

71) 『周易』의 山風蠱卦의 彖辭에서는 "先甲三日後甲三日은 終則有始ㅣ 天行也ㅣ라."고 하였으며, 地雷復卦의 彖辭에서는 "反復其道七日來復은 天行也일새오"라고 하였다. 先甲三日 後甲三日과 七日來復은 같은 내용으로 七日來復을 先後天 原理를 중심으로 나타내면 先後甲三日 原理와 先後庚三日 原理가 된다. 따라서 七日來復이 天行이라는 말은 七日來復 度數인 先後甲庚 度數가 終始 原理인 天道를 表象함을 뜻한다.

규정하고 있다. 이를 통하여 본말과 종시라는 개념이 역도와 관계가 있음을 알 수 있다.

역경에서 밝히고 있는 도의 내용은 三極의 倒逆 生成 作用 원리를 내용으로 하는 삼극지도와 그것을 객관화하여 나타내면 三才의 兩之 作用 原理를 내용으로 하는 삼재지도이다. 이처럼 도의 내용이 삼재지도이며, 그것을 근거로 선진 유가 경전이 저작되었기 때문에『대학』역시 삼극지도, 삼재지도를 전제로 이해되어야 한다.

성인지도의 내용인 삼재지도를 중심으로 格物致知를 이해하면 주자와 양명의 주장의 관계가 밝혀진다. 삼재지도는 三才를 일관하는 근본 원리를 가리키는 개념으로 그 내용은 天地의 도와 인도의 관계 원리라고 할 수 있다. 삼재지도의 작용 원리인 도역생성 작용 원리가 삼재의 측면에서는 천지의 도와 인도의 관계 원리인 것이다. 도생역성 작용 원리는 천도를 중심으로 인도와의 관계를 밝힌 것이며, 역생도성 원리는 인도를 중심으로 천도와의 관계를 밝힌 것이다. 군자 자신의 측면에서는 역생도성 원리가 학문 원리이며, 도생역성 원리가 실천 원리이다.

도역 생성 작용 원리를 중심으로 兩者의 주장을 살펴보면 양명은 도생역성의 관점에서『대학』을 이해한 결과이며, 주자는 역생도성의 관점에서『대학』을 이해한 결과이다. 도생역성의 관점은 인간의 본성 자체의 측면에서 그것을 확충하는 실천의 문제가 중심임을 뜻하며, 역생도성의 관점은 학문을 통하여 인간 본성을 자각하는 학문의 문제가 중심임을 뜻한다. 그렇기 때문에 양명은 본성 자체의 측면에서 良知를 확충하는 문제를 중심으로 明明德과 親民 그리고 格物致知誠意正心修身齊家治國平天下를 이해하였으며, 주자는 학문을 통하여 본성을 자각하고 그것을 실천

---

72)『周易』繫辭下篇 第九章, "易之爲書也ㅣ 原始要終하야 以爲質也코 六爻相雜은
　　唯其時物也ㅣ라. 其初는 難知오 其上은 易知니 本末也ㅣ라 初辭擬之하고 卒成
　　之終하나니라."

하는 문제를 중심으로 明明德과 親民 그리고 格物致知誠意正心修身齊家
治國平天下를 이해하였던 것이다.

　도생역성 작용과 역생도성 작용은 음양 작용이다. 그것은 양자가 서로
나누어지면서도 일체적 관계임을 뜻한다. 양명과 주자의 주장 역시 음양
관계이다. 그렇기 때문에 주자와 양명의 두 주장은 모두 『대학』의 근본
내용을 이해하는 데 필요하다. 주자의 주장을 통하여 학문에 의하여 物理
와 다른 도덕적 세계를 인간 심성 내면에서 자각하는 문제가 학문의 요
체임을 알게 되고, 양명의 주장을 통하여 본성과 천지의 도가 일체적 존
재이며, 본성을 현실에서 실천하는 것이 군자지도임을 알게 된다.

　격물치지를 역생도성의 관점에서 역수원리를 중심으로 살펴보면 다음
과 같다. 格物의 格은 이름이며, 物은 萬物의 존재원리로 格物은 萬物의
존재원리에 이름이다. 그리고 致知는 지식의 완성, 지혜에 이름이다. 따
라서 格物致知[73]는 현상 사물로부터 그 존재 근거인 역수원리를 자각하
여 지혜를 얻음이다. 格物과 致知는 사물의 세계로부터 그 근원을 찾아
가는 것이다. 시간의 문제를 통로로 物로부터 그 존재근거인 시간성을 찾
아가는 것이 格物인 것이다. 그런데 시간성의 세계에 도달함으로 시간성
의 세계로의 도달은 성인의 도에 담긴 천지의 도를 연구함으로써 이루어
진다. 따라서 格物은 經典의 연구를 통하여 사물의 존재 근거인 천지의
도를 자각함이다. 그것은 입지와 궁리 그리고 진성의 과정을 동시에 나타
낸 것이라고 할 수 있다. 致知에 이름, 지혜를 이룸, 지혜에 도달함이다.
지혜를 이룸은 자신의 존재 의의를 앎으로 그것은 천명의 자각을 뜻한다.
따라서 사물의 존재 근거인 천지의 도를 자각함이 格物이며, 천지의 도
의 자각을 통하여 자신에게 주어진 천명을 자각함이 致知이다. 천명의

─────────────────

73) 朱子는 本末을 明德과 親民으로 始終을 知止와 能得으로 규정하고 있다. 그렇다
　　면 格物致知는 明德과 親民의 理致를 연구하여 그 지극한 곳에 도달함이 되어야
　　한다. 그럼에도 불구하고 格物致知를 논할 때는 사물에 나아가서 物理를 窮究하
　　여 그 지극한 곳에 이른다고 하여 物理를 중심으로 논하고 있다.

자각은 군자가 학문을 통하여 자신의 본래성을 자각하고 더불어 천도인 역수원리를 자각할 때 이루어진다. 따라서 格物致知는 학문을 통하여 사물의 존재 근거인 역수원리를 인간 주체적으로 자각함으로써 천명을 자각함이다.

격물치지를 도생역성의 관점에서 살펴보면 다음과 같다. 격물은 사물을 그 본질인 용도성에 따라서 다스림이며, 치지는 知의 완성으로 그것은 天命의 봉행을 뜻한다. 군자에 의하여 자각되어진 역도가 실천됨으로써 삼재가 합덕 성도됨이 치지인 것이다 이를 인간 본래성의 문제를 중심으로 이해하면 실천의 주체인 仁을 본체로 하여 禮와 義를 통하여 사람과 사물을 다스리는 것이 격물이며, 격물이 곧 지혜의 완성인 치지이다. 군자는 禮를 통하여 사람과 인격적인 관계를 맺으며, 義를 통하여 사물을 다스림으로써 인격적 존재로 고양시켜 준다. 예에 의한 사람과의 인격적 관계 맺음이 사물로 擴充됨으로써 그것이 義에 의한 사물 다스림으로 나타난다. 맹자는 양친과 다른 사람 그리고 사물을 구분하여 "군자는 사물을 아끼지만 사랑하지 않으며, 백성들은 사랑하지만 親하지 않는다. 양친과 친한 후에 그것을 확충하여 다른 사람과 인격적 관계를 맺으며, 사람과 인격적 관계를 맺은 후에 그것을 확충하여 사물을 다스린다."74) 고 하였다. 그렇기 때문에 격물을 논하였지만 그 가운데는 이미 "親親而仁民"이 포함되어 있다. 이처럼 사람과 사물을 다스림으로써 君民이 合德하는 것은 군자의 관점에서는 天命의 봉행이며, 그것은 지혜의 완성인 致知이다.

---

74) 『孟子』, 盡心章句上, "孟子曰 君子之於物也, 愛之而弗仁, 於民也, 仁之而弗親. 親親而仁民, 仁民而愛物."

4. 大學之道와 實踐 原理

앞에서 군자지도의 내용이 대학지도이며, 대학지도를 학문 원리를 중심으로 살펴보면 역수원리를 내용으로 하는 천도의 인간 주체적 자각 원리임을 살펴보았다.

그런데 대학지도를 자각함으로써 천명을 자각하게 된다. 천지의 도를 인간 주체적으로 자각함으로써 그것이 인도로 자각되어지는 것이다. 天命은 군자에게 주어진 문제이지 다른 존재에게 주어진 문제가 아니다. 이처럼 천명을 자각한 존재가 군자[75]는 그것을 실천하지 않을 수 없다. 그렇기 때문에 학문의 문제와 실천이 문제는 서로 떨어질 수 없는 일체적 관계이다. 따라서 대학지도를 학문의 문제를 중심으로 그 범주와 방향 그리고 방법에 대하여 논한 후에는 실천의 문제를 중심으로 학문과 실천의 문제를 종합적으로 논하지 않을 수 없다. 『대학』에서는 학문과 실천의 문제를 군자의 身을 중심으로 다음과 같이 밝히고 있다.

옛날에 明德을 天下에 밝히고자 한 사람은 먼저 그 나라를 다스렸으며, 나라를 다스리고자 하는 사람은 먼저 그 가정을 다스렸고, 가정을 다스리고자 하는 사람은 먼저 그 몸을 닦았으며, 그 몸을 닦고자 하는 사람은 먼저 그 마음을 바르게 하였고, 마음을 바르게 하고자 하는 사람은 먼저 그 뜻을 정성스럽게 하였으며, 그 뜻을 정성스럽게 하고자 하는 사람은 먼저 그 앎을 지극히 하였으니, 앎을 지극히 함은 역수원리를 자각함에 있다. 역수원리를 자각한 후에 앎을 지극하게 할 수 있고, 앎이 지극한 후에 뜻을 정성스럽게 할 수 있으며, 뜻이 정성스러운 후에 마음이 바르게 되고, 마음이 바른 연후에 몸이 닦여지며, 몸이 닦여진 후에 가정이 다스려지고, 가정이 다스려진 후에 국가가 다스려지며, 국가가 다스려진 후에 천하가 和平해진다.[76]

---

75) 『論語』 堯曰篇, "子曰 不知命 無以爲君子也"

처음 부분은 전체 내용의 성격을 분명하게 밝히고 있는 부분으로 "欲明明德於天下"라고 하여 앞으로 전개될 내용이 군자지도의 실천 원리임을 밝히고 있다. 이 부분은 '親民'의 구체적인 실천 방법을 중심으로 '明明德'의 방법까지 동시에 밝히고 있다. 格物致知誠意正心修身은 明明德의 내용을 밝힌 것이며, 齊家治國平天下는 親民의 내용을 밝힌 것이다. 이는 군자가 자신의 본래성의 자각과 더불어 자신의 존재 근거인 천지의 도를 자각하는 문제와 그것을 통하여 자각되어진 천명을 실천하는 문제를 함께 밝힌 것이다.

인간 본래성의 자각으로서의 明明德을 나타내는 格致誠正修의 부분을 보면 格致에 의하여 誠正이 이루어지고 그것이 修身의 내용이기 때문에 格致의 문제가 가장 중요하다. 格物致知가 실천의 측면에서 천하를 和平하게 하는 平天下로 드러나기 때문이다.77)

격물치지에 관하여 학문원리를 논하는 부분에서 이미 자세하게 논하였기 때문에 이 부분에서는 간단하게 논하고 나머지 성의정심수신제가치국평천하를 중심으로 논하고자 한다. 격물치지78)를 역생도성의 관점에서 학문의 문제를 중심으로 살펴보면 현상 사물로부터 그 존재 근거인 역수원리를 자각하여 지혜를 체득함이다. 지혜는 실천이 수반된 지식이라는

---

76) 『大學』 "古之欲明明德於天下者 先治其國 欲治其國者 先齊其家 欲齊其家者 先修其身 欲修其身者 先正其心 欲正其心者 先誠其意 欲誠其意者 先致其知 致知在格物 物格而后知至 知至而后意誠 意誠而后心正 心正而后身修 身修而后家齊 家齊而后國治 國治而后天下平 自天子以至於庶人 壹是皆以修身爲本其本亂而末治者否矣 其所厚者薄 而其所薄者厚 未之有也"

77) 自覺과 實踐이 별개의 문제가 아니기 때문에 明明德과 親民의 문제 역시 별개의 문제가 아니다. 그것은 格致誠正修齊治平이 일체적 관계임을 뜻한다. 그러나 논리적 측면에서는 格致誠正이 이루어지고 그 결과가 修齊治平으로 드러난다는 점에서는 先後의 관계로 규정이 가능하다.

78) 朱子는 本末을 明德과 親民으로 始終을 知止와 能得으로 규정하고 있다. 그렇다면 格物致知는 明德과 親民의 理致를 연구하여 그 지극한 곳에 도달함이 되어야 한다. 그럼에도 불구하고 格物致知를 논할 때는 사물에 나아가서 物理를 窮究하여 그 지극한 곳에 이른다고 하여 物理를 중심으로 논하고 있다.

점에서 실천으로 드러나지 못하는 지식과는 구분된다. 그것은 지혜가 군자의 주체성과 일체화되었음을 뜻한다. 격물과 치지는 일체적인 문제로 格物이 역수원리를 중심으로 언급된 것인 반면에 致知는 군자의 본성을 중심으로 언급된 것이다. 격물은 사물로부터 그 근원인 시간성의 세계에 도달함이다. 시간성의 세계에 도달하는 것은 성인의 도에 담긴 천지의 도를 연구함으로써 이루어진다. 따라서 격물은 단순하게 사물의 이치를 연구하는 것에 그치는 것이 아니라 경전의 연구를 통하여 사물의 존재 근거인 천지의 도를 자각함이다. 致知는 知性을 밝힘, 지혜를 이룸이다. 지혜를 이룸은 자신의 존재 의의를 자각하는 것으로 천명의 자각을 뜻한다. 왜냐하면 경전에 담긴 천지의 도를 인간 주체적으로 자각하였을 때 천도가 천명으로 밝혀지기 때문이다. 따라서 사물의 존재 근거인 천지의 도를 자각함이 격물이며, 천지의 도의 자각을 통하여 자신에게 주어진 천명을 자각함이 치지이다. 따라서 격물치지는 학문을 통하여 사물의 존재 근거인 역수원리를 인간 주체적으로 자각함으로써 천명을 자각함이다.

格物과 致知가 聖人의 道에 담긴 천지의 도를 인간의 본래성의 자각과 더불어 주체적으로 자각함으로써 자신의 존재 근거인 천명을 자각함이기 때문에 천명을 바탕으로 나머지 誠正修齊治平을 이해하여야 한다. 誠意의 意는 마음의 내용을 나타낸 것으로 마음의 움직임이 意이다. 따라서 誠意는 誠을 내용으로 하는 뜻이라는 의미와 더불어 뜻을 성스럽게 한다는 의미가 있다. 誠은 천도를 한마디로 요약하여 나타낸 개념으로 천도는 군자에 의하여 주체적으로 자각되어짐으로써 천명이 된다. 따라서 誠意는 군자가 천명을 자각함으로써 세워지는 뜻으로 그 내용은 군자지도이다. 『대학』에서는 "스스로 속임이 없음"[79]을 誠意로 규정하고 있다. 이는 부정적 측면에서 誠意를 규정한 것으로 이때의 自己는 본래성을 가리킨

---

79) 『大學』, 傳 第六章 "所謂誠其意者 毋自欺也"

다. 그렇기 때문에 본래성을 속이지 않는다는 것은 본래성과 일치함으로 본성과 일치된 뜻이 誠意이다. 『대학』에서는 이어서 "부유함이 집을 윤택하게 하듯이 德이 사람의 몸을 윤택하게 하니 德이 있으면 마음이 넓어지고 몸에 여유가 있다. 그렇기 때문에 군자는 그 뜻을 정성스럽게 한다."80)고 하여 德이 마음을 살찌게 하는 존재임을 밝히고 있다. 德은 군자가 천지의 도를 자각함으로써 그것이 군자의 주체성으로 轉化된 존재이기 때문에 군자는 誠意된 존재이다.

誠意에 의하여 發用되어지는 마음을 나타낸 것이 正心이다. 正心은 誠意가 내용인 마음으로 天命에 符合되는 마음이다. 그것은 구체적으로는 天下에 明德을 널리 펼치고자하는 마음이다. 그것은 明明德의 측면에서는 입지된 마음을 나타낸다. 천지의 도를 주체적으로 자각하여 그것을 현실에서 실천하겠다는 입지가 되지 않으면 아무리 성인의 도를 연구하여도 체득되어질 수 없다. 그렇기 때문에 『대학』에서 正心을 설명하면서 "마음에 분하고 성내는 것이 있으면 그 바름을 얻을 수 없으며, 두려워함이 있으면 그 바름을 얻을 수 없으며, 좋아하고 즐기는 것이 있으면 그 바름을 얻을 수 없고, 근심하고 걱정하는 것이 있으면 그 바름을 얻지 못한다. 마음이 없으면 보아도 보이지 않고, 들어도 들리지 않으며, 먹어도 그 맛을 모른다. 이를 일러서 修身이 正心에 있다고 한다."81)라고 하였다. 화를 내거나 두려워하고 근심이 있거나 무엇을 좋아함이 있으면 그것은 이미 마음이 그 어떤 대상을 향하여 움직이고 있음으로 그것은 입지된 마음이 아니다. 그렇기 때문에 마음이 형이하의 대상을 향할 때 형이상적 존재인 도를 향하여 움직일 수 없다. 그것을 나타내는 말이 도에 근거하여 존재하며, 날마다 도를 사용하여도 그 맛을 모른다는 부분이다.

---

80) 『大學』, 傳 第六章 "富潤屋 德潤身 心廣體胖 故君子必誠其意"
81) 『大學』, 傳 第七章 "所謂修身 在正其心者 身有所忿懥 則不得其正 有所恐懼 則不得其正 有所好樂 則不得其正 有所憂患 則不得其正 心不在焉 視而不見, 聽而不聞, 食而不知其味, 此謂修身在正其心."

이렇게 보면 正心은 誠意가 이루어져야 가능함을 알 수 있다.

正心에 의하여 몸을 다스리는 것이 修身이다. 그것은 誠意에 따라서 몸을 움직임을 뜻한다. 誠意는 天道에 순응하고자하는 뜻이며, 天道의 내용은 시간성이다. 그렇기 때문에 언행이 시간성의 時位的 표현인 시의성에 부합하도록 하는 것을 修身이라고 한다. 이렇게 보면 몸은 마음을 떠나서 논의되어질 수 없으며, 천명을 떠나서 논의되어질 수 없음을 알 수 있다. 맹자가 "천명을 자각한 군자는 무너지려는 담의 밑에도 가지 않는다."[82]고 말하고, 물리적 생명의 장단을 생각하지 않고 몸을 닦아서 죽음을 기다리는 것이 천명을 실천하는 것[83]이라고 한 까닭이 여기에 있다. 그렇기 때문에 천명에 의하지 않고 親愛, 賤惡, 畏敬, 哀矜, 敖惰에 의하여 偏僻[84]되면 正心을 가질 수 없어서 시비를 분별할 수 없고 시의성에 부합되는 언행을 할 수 없다고 하였다.

修身은 格致誠正修齊治平에서 格致誠正과 齊治平을 연결시켜주는 節目이라고 할 수 있다. 그것은 나머지 문제가 집약되어지는 節目임을 뜻한다. 격치성정이 수신으로 집약되고, 수신의 결과가 제치평으로 나타나는 것이다. 그렇기 때문에 『대학』에서 수신이 근본적인 문제라고 하였다. 인간의 존재 구조는 본성과 心 그리고 身으로 구성되기 때문에 군자의 학문과 실천의 문제 역시 그러한 구조를 중심으로 이해할 수 있다. 『주역』의 육효 중괘 원리를 중심으로 心身과 性의 관계를 살펴보면 上爻가 표상하는 천도가 三爻가 표상하는 군자의 身으로 주체화되고, 初爻가 표상하는 地道가 四爻가 표상하는 군자의 心으로 주체화된다. 육효 중괘에서 三爻에서 四爻로 넘어가는 것이 선후천 변화 원리로 그것을 군자를

---

82) 『孟子』, 盡心章句上, "知命者 不立乎巖墻之下"
83) 『孟子』, 盡心章句上, "夭壽不貳 脩身以俟之 所以立命也"
84) 『大學』, 傳 第八章 "所謂齊其家 在修其身者 人之其所親愛而辟焉 之其所賤惡而辟焉 之其所畏敬而辟焉 之其所哀矜而辟焉 之其所敖惰而辟焉 故好而知其惡 惡而知其美者 天下鮮矣"

중심으로 나타내면 心身의 합덕을 통하여 천명과 본성의 자각이 이루어
짐을 표상한다. 그 결과 內卦의 中爻인 二爻는 군자의 본성을 나타내고,
外卦의 中爻인 五爻는 성인의 본성을 나타내며, 初爻는 성인과 군자의
仁性을 표상하며, 三爻는 義를 표상하고, 四爻는 禮를 표상하며, 上爻는
知性을 표상한다.

　齊家 이하는 內에서 外로 군자의 德을 擴充하는 것으로 그 구체적인
방법은 언행을 통하여 이루어진다. 군자가 자신의 본래성의 자각을 통하
여 밝혀지는 四德을 언행을 통하여 널리 펼치는 것이 齊家, 治國, 平天下
이다. 가정은 禮가 바탕이 되어 이루어지는 사회로 인격성이 창조되어지
는 곳이다. 仁을 내용으로 하는 禮를 통하여 慈愛와 孝道를 내용으로 하
는 부모와 자식이라는 인격적 관계가 생성되는 곳이 가정이며, 자식을 낳
아서 양육하고 가정을 이끌어가는 내적인 일을 하는 아내와 治國, 平天下
의 외적인 일을 하는 남편이라는 인격적 관계가 형성되는 곳이 가정이다.
그런데 가정이 모여서 국가 사회가 형성되기 때문에 가정을 다스리는 齊
家를 바탕으로 국가를 다스리는 治國이 가능하게 된다. 그렇기 때문에
그 가정을 다스리지 못하고 나라를 다스리는 것은 있지 않다고 말하고
군자는 집을 벗어나지 않으면서도 국가에 가르침을 베푼다고 하였다. 그
리고 禮의 구체적인 실천 덕목을 중심으로 임금을 섬기는 원리를 孝로,
어른을 섬기는 원리를 弟로, 민중을 다스리는 원리를 慈로 규정하고 있
다.85) 이는 제가와 치국 원리가 하나임을 나타내는 것이다.

　治國은 군자의 明德을 백성들에게 확충하는 것으로 왕도 정치를 통하
여 仁政을 베푸는 것이 치국 원리이다. 『주역』에서는 "사물을 그 본질인
用途性에 따라서 올바로 다스리고, 言辭를 바르게 하여 백성들이 가야
할 길을 올바로 제시하고, 백성들이 비인격적 세계로 타락하지 않도록 하

---

85) 『大學』, 傳 第九章 "所謂治國 必先齊其家者 其家 不可教 而能教人者無之 故君子
　　不出家而成教於國 孝者 所以事君也 弟者 所以事長也 慈者 所以使衆也"

는 것이 義이다."86)고 하여 왕도 정치 원리를 義로 규정하고 있다. 義는 사물 다스리는 원리로 인격적 세계는 禮로 다스리며, 그것을 사물에까지 확충하여 義로 다스리는 것이 왕도 정치이며, 왕도 정치 원리가 치국 원리이다. 그렇기 때문에 『대학』에서는 堯舜이 仁政을 베풀었기 때문에 천하가 다스려졌고, 桀紂가 暴惡한 정치를 베풀었기 때문에 天下가 어지러웠다고 하였다.87)

平天下는 天下를 和平하게 함으로 역시 구체적으로는 언행을 통하여 이룰 수 있다. 그것은 인류가 나갈 길인 禮義가 행하여지는 도덕적 세계를 구축하는 방법을 제시할 뿐만 아니라 군자 자신이 그러한 삶을 살아감으로써 天下의 백성들에게 그 모범을 보여서 뒤따르게 함이다. 그렇기 때문에 왕이 위에서 노인을 노인으로 대하면 백성들이 孝를 행하게 되고, 왕이 長子를 長子로 대하여 백성들이 悌를 행하며, 왕이 외로운 사람을 긍휼히 여기면 백성들이 배반하지 않는다고 말하였다. 그리고 군자는 絜矩之道가 있다88)고 하였는데, 이는 군자의 道를 실천의 측면에서 규정한 말이다.

군자의 몸을 중심으로 내적 절목인 物, 知, 意, 心과 외적 절목인 家, 國, 天下의 여덟 항목을 통하여 밝힌 군자지도의 내용을 주체화하면 군자의 四德이 된다. 格致誠正修齊治平의 문제를 인간의 심성 내면으로 주체화하여 이해하면 『주역』에서 인간 본래성의 내용으로 밝힌 性命之理89)에 의한 설명이 되는 것이다. 성명지리의 내용은 仁禮義智의 四德으로 사덕을 중심으로 格致誠正修齊治平의 문제를 이해하면 格致誠正修는 窮

---

86) 『周易』, 繫辭下篇 第一章, "理財하며 正辭하며 禁民爲非ㅣ 曰義라."
87) 『大學』, 傳 第九章 "堯舜帥天下以仁而民從之 桀紂帥天下以暴而民從之 其所令反其所好 而民不從"
88) 『大學』, 傳 第十章 "所謂平天下 在治其國者 上老老而 民興孝 上長長而 民興弟上恤孤而 民不倍 是以 君子有絜矩之道也"
89) 『周易』에서는 君子之道의 내용을 性命之理, 仁義之道로 규정하고 그 내용을 仁禮義智의 四德을 중심으로 논하고 있다.

理를 통하여 仁知의 性을 자각함이다. 齊는 禮를 통하여 인격적 세계를 구축함이며, 治平은 義를 통하여 王道 政治가 구현된 세계를 구축함이다. 따라서 인간의 본래성인 仁知의 性을 자각하여 그것을 禮義를 통하여 실천하는 원리를 나타내는 것이 格致誠正修齊治平으로 그것이 大學之道의 구체적인 내용이다.

지금까지 살펴본 내용을 바탕으로 『대학』에서 밝히고 있는 군자지도의 내용을 요약하여 정리하면 다음과 같다.

첫째, 『대학』에서 밝히고 있는 대학지도의 내용은 인간이 자신의 본래성을 자각하고 그것을 바탕으로 다른 존재를 인격적 존재로 변화시킴으로서 모든 존재가 至善에서 인격적 존재가 되는 것이다. 그것을 『대학』에서는 대학지도가 明德을 밝히는 데 있고, 백성들과 친함에 있으며, 至善에 머무는 데 있다고 하였다. 明明德은 학문의 문제이며, 親民은 실천의 문제로 학문과 실천이 合德된 세계를 나타내는 것이 至於至善이다.

둘째, 明明德은 학문을 통하여 자신의 본성을 자각하고 더불어 천명을 자각함이다. 明明德의 범주는 시간성과 공간성으로 그것을 『대학』에서는 事件과 物件으로 구분하고, 그 본성을 본말과 종시로 제시하고 있다. 物件으로부터 그 본질인 본말을 알고, 본말을 주체화하여 시종을 알며, 시종으로부터 그 존재 근거인 시간성에 도달함으로 비로소 천지의 도를 인간 주체적으로 자각하는 明明德이 이루어지는 것이다.

셋째, 학문을 통하여 明明德하는 방법은 입지와 궁리 그리고 진성과 지명을 거쳐서 이루어진다. 그것을 『대학』에서는 그 도달해야 할 목표를 안 후에 뜻을 정함이 있으며, 뜻을 정한 후에 마음이 고요하고, 마음이 고요한 후에 편안하며, 마음이 편안한 후에 능히 思慮하고, 思慮한 후에 능히 자각한다고 하였다.

넷째, 明明德과 親民의 문제를 함께 제시하고 있는데 그것은 천도인 역수원리를 자각하여 천명을 자각하고, 천명의 자각을 통하여 뜻이 정성스럽고 마음이 바르게 되며, 뜻이 정성스럽고 마음이 바름으로써 몸을 닦게 되고, 몸을 닦음으로서 가정을 다스리고, 국가를 다스리며, 天下를 和平하게 함이다. 그것을 『대학』에서는 格物致知誠意正心修身齊家治國平天下라고 하였다.

다섯째, 대학지도를 자각하고 실천하는 주체는 군자이다. 자신의 본성을 자각하고 그것을 주체로 天下에 널리 행하는 존재가 군자인 것이다. 그렇기 때문에 대학지도를 그 실천 주체를 중심으로 나타내면 군자지도가 된다.

여섯째, 군자의 본래성의 내용은 仁禮義智의 四德으로 四德을 주체로 格致誠正修齊治平이 이루어진다. 그러므로 대학지도, 군자지도의 내용을 군자 자신의 문제로 주체화하여 나타내면 四德 原理, 性命之理가 된다.

일곱째, 性命之理를 중심으로 格致誠正修齊治平을 살펴보면 格物致知는 仁知의 性을 자각함이며, 자각된 본성을 중심으로 그 뜻과 마음 그리고 몸을 규정한 것이 誠正修로, 誠意는 천명이 내용인 뜻이며, 正心은 천명이 근거가 되어 發用된 마음이고, 修身은 천명이 주체성이 됨으로써 이루어지는 언행을 뜻한다. 齊家 이하는 군자가 자각한 사덕을 실천하는 원리를 나타낸 것으로 齊家는 천명에 의하여 가정을 禮로 다스림이고, 치국은 천명에 의하여 국가를 義로 다스림이며, 平天下는 천명에 의하여 천하를 至善의 세계로 化成시킴이다.

여덟째, 여덟 가지 항목 가운데 格物致知는 나머지 여섯 條目을 포괄하는 원리이기 때문에 중요한 문제이다. 格物致知는 성인이 제시한 경전에 담긴 역도를 연구하여 자신의 본래성과 일체적으로 자각함으로써 자신에게 주어진 천명을 자각함을 뜻한다. 인간 본래성의 자각과 더불어 천지의 도를 주체적으로 자각함으로써 천명을 자각함 그것이 格物致知인 것이다.

아홉째, 性命之理를 중심으로 格物致知를 이해하면 仁知의 性을 바탕으로 禮義를 통하여 형이상의 세계인 본성과 형이하의 세계인 사물의 세계를 合德시키는 內外 合德이다. 그런 점에서 군자지도는 合內外之道이다. 內外를 합덕하는 과정을 內心에서 시작하여 나타낸 것이 誠正修이고, 外物로 나아가서 나타낸 것이 齊治平이다.

열째, 이상의 내용을 통하여『대학』은 군자지도를 공간적 측면에서 군자의 심성과 事物, 백성의 관계를 중심으로 밝히고 있음을 알 수 있다. 군자가 심성 내면에서 天道를 인간 주체적으로 자각하여 天命을 자각하고, 자각한 본성을 주체로 가정과 국가 그리고 천하를 다스리는 天命의 奉行을 내용으로 하는 것이『大學』에서 밝히고 있는 大學之道의 내용인 것이다.

第七章 『中庸』의 易學的 이해

　『中庸』은 원래『禮記』의 第三十一篇이었으나 한대 이후『중용』 자체에 관심을 갖고 연구하기 시작하였으며, 唐末에 이르면 李翶를 비롯하여 여러 학자들에 의하여 본격적으로 연구되어지다가 宋代의 朱子에 이르러서 비로소 독립되어『논어』,『맹자』,『대학』과 더불어 사서로 병칭되면서 유가 경전으로서의 위상을 갖게 되었다. 주자는『中庸章句』를 지어서『중용』을 널리 현양하는 데 전력하였다.

　일반적으로『중용』의 작자는 子思로 여겨지고 있다. 공자의 사상을 계승하여 맹자에게 전하는 과정에서 자사에 의하여『중용』이 저작되었다고 여기는 것이다. 그러나『중용』의 문체가『논어』,『맹자』의 문체와 다르거나 내용의 일부를 들어서 그것이『논어』,『맹자』 이후에 저작되었다고 주장하기도 하고, 내용 체계를 중심으로『중용』이『논어』,『맹자』보다 후대에 저작되었다고 말한다.[1] 『중용』의 내용이 심오하고 체계적일 뿐만 아니라 내용 체계가 宇宙論에서 心性論으로 心性論에서 價値論으로 전개되었으나『孟子』는 心性論에서 存在界 방향으로 나아갔으며, 동시에 心性論을 擴充하여 價値論을 정립하였다는 것이다.[2]

---

1) 楊祖漢著, 황갑연역,『중용철학』, 서울, 서광사, 1999 15쪽에서 26쪽 참조.
2) 勞思光著 鄭仁在譯,『中國哲學史』漢唐篇, 서울, 探求堂, 1987, 제1장 漢代哲學 참조.

그러나 문체나 일부의 내용 그리고 이론 체계의 엄밀성만을 들어서 그것의 저작 연대를 추론하기는 어렵다. 口傳과 그것의 문자화의 시간적 간극과 그로 인하여 일부의 내용이 竄入되었을 가능성도 있으며, 이론 체계 자체의 엄밀성만으로 시간상의 선후 관계를 판단하기는 어렵다. 『중용』과 『역전』이 『논어』와 『맹자』보다 늦게 형성되었다는 주장을 살펴보면 『중용』과 『역전』의 내용이 형이상학이며, 『논어』와 『맹자』의 내용이 心性論이라는 점과 심성론이 발전하여 형이상학이 된다는 점이다. 심성론과 형이상학의 근본이 하나이기 때문에 심성론 중심의 『논어』와 『맹자』에 이미 『중용』과 『역전』의 형이상학으로 발전할 요소와 의미가 이미 갖추어져 있지만 그러나 『중용』에서 천도와 천명을 순수한 형이상적인 道體로 제시한 것처럼 제시하지 못하였다는 것이다.[3]

심성론과 형이상학의 관계를 발전의 관계로 보는 것은 역생도성의 관점이다. 그러나 도생역성의 관점에서 보면 형이상의 근원적 존재인 천도는 인간이 자각하기 이전에도 존재하였으며, 앞으로도 영원히 존재할 것이다. 그렇기 때문에 심성론을 논하고자 할 때 그 존재 근거인 천도를 논하지 않을 수 없으며, 천도를 논하면 그것이 천명되어지는 인간의 본성을 논하지 않을 수 없다. 그렇기 때문에 『논어』와 『맹자』에서도 천도, 천명이 논의되고 있다.

다음의 문제는 『중용』이 천도의 구체적인 내용을 밝히고 있는 형이상학이라고 볼 수 있느냐 하는 점이다. 『중용』에서 천명을 논하고 그것이 인간의 본래성이 되었음을 밝히고 있지만 천명은 천도 자체가 아니며, 인간 본래성이 자각되었을 때 자각되어지는 존재이다. 그리고 『중용』에서 誠을 천도로 규정하고 있는데 誠은 천도 자체를 나타내는 것이 아니라 성인과 군자라는 자각의 주체를 중심으로 천도를 나타낸 것이다. 그렇기 때문에 『중용』이 전적으로 천도의 내용을 밝히고 있는 형이상학이라고

---

3) 楊祖漢 著, 앞의 책, 42쪽 참조.

할 수 없다.

다른 하나의 문제는 『논어』와 『맹자』에서 밝히고 있는 심성론의 성격에 관한 것이다. 『논어』와 『맹자』에서 밝히고 있는 심성론 역시 심리학과 같이 과학적 존재를 밝히고 있는 것이 아니라 인간 본래성을 밝히고 있다. 인간 본래성은 천도 자체가 주체화한 존재이기 때문에 역시 형이상적 존재이다. 그렇기 때문에 『논어』와 『맹자』에서 논하고 있는 심성론 역시 형이상학이라고 할 수 있다. 따라서 『논어』, 『맹자』와 『중용』의 내용을 심성론과 형이상학으로 구분하기보다는 그 내용을 중심으로 구체적으로 구분하는 것이 좋을 것이다.

『중용』에서는 "仲尼는 堯舜의 道를 祖宗으로 삼아 그것을 서술하고, 文王과 武王의 道를 법칙으로 삼아서 빛내었으니, 위로는 天時를 따르고, 아래로는 水土를 繼承하였다. 비유하면 天地가 실어주지 않음이 없고 덮어주지 않음이 없음과 같으며, 비유하면 四時가 교대하여 운행하고, 日月이 교대하여 밝음과 같다."4)고 하여 堯舜과 文王, 武王의 도를 계승한 존재가 공자임을 밝히고 있다. 그리고 堯舜으로부터 文武를 거쳐서 孔子에게 계승된 聖人之道가 천지의 도를 계승한 것임을 밝히고 있다.

천지의 도가 성통을 따라서 계승되었고, 성통을 따라서 계승된 성인지도가 공자에 의하여 선진 유학으로 집대성되었다. 성인지도는 경전을 통하여 천명되었으며, 『중용』 역시 선진 유학의 경전이다. 따라서 『중용』은 선진 유학의 존재 근거인 천지의 도를 바탕으로 연구되어야 한다.

천지의 도 자체를 천명한 경전은 역경이다. 따라서 『중용』의 연구는 역경을 바탕으로 연구되어야 한다. 역경을 통하여 천명된 역도는 삼극지도와 삼재지도이다. 사서는 삼극지도를 근거로 군자지도를 밝히고 있다. 그것은 사서가 인도를 중심으로 삼극지도에 근거한 삼재지도를 바탕으로

---

4) 『中庸』第三十章, "仲尼 祖述堯舜 憲章文武 上律天時 下襲水土 辟如天地之無不持載 無不覆幬 辟如四時之錯行 如日月之代明"

군자지도를 밝히고 있음을 뜻한다. 천지인의 삼재적 세계관과 兩之的 작용 원리 그리고 천지의 본성을 주체성으로 하는 인간관을 바탕으로 사서의 내용이 전개되고 있는 것이다.

사서가 삼재지도를 바탕으로 군자지도를 밝히고 있다는 것은 유가의 학문 체계가 인도의 존재 근거를 밝힌 존재론으로서의 天道論과 학문 원리에 관한 이론 그대로 그리고 실천 원리에 관한 이론으로 구분되어짐을 뜻한다. 학문과 실천은 인도의 내용으로 그러한 인도와 천지지도를 내용으로 하는 삼재지도가 유가 철학의 내용인 것이다.

유가 철학을 구성하는 세 문제의 관계를 역수원리적 관점에서 살펴보면 자각론은 역생도성의 관점이고, 실천론은 도생역성의 관점이며, 존재론은 양자의 존재 근거인 본체 원리이다. 도생역성 작용과 역생도성 작용은 體用의 관계이며, 이러한 兩面의 작용이 본체 원리에 의하여 이루어지기 때문에 어떤 문제를 논하더라도 나머지 두 문제를 도외시하고 논할 수 없다. 따라서 『논어』와 『맹자』를 막론하고 天道를 중심으로 人性을 논하는 관점과 人性을 통하여 天道를 논하는 관점이 함께 나타나고 있다.

『논어』에서 "天이 나에게 德을 베풀었다."5)는 내용이나 "天命을 알지 못하면 君子가 될 수 없다."6)는 말은 공자 자신이 본성과 천도를 자각하지 못하였으면 할 수 없는 말이다. 더구나 堯舜으로부터 자신에게 전하여진 성인지도를 요약하여 "天의 曆數原理가 인간의 본래성으로 주체화하였기 때문에 인간 본래성의 자각과 더불어 천지의 도를 자각함으로써 天命을 자각하여 그것을 실천하여야 한다. 四海가 困窮하면 天祿을 영원히 잃을 것이다."7)라는 말을 할 수 없다. 공자는 이를 통하여 천도의 내

---

5) 『論語』述而篇, "天生德於予"
6) 『論語』堯曰篇, "孔子曰, "不知命, 無以爲君子也, 不知禮, 無以立也, 不知言, 無以知人也."
7) 『論語』堯曰篇, "堯曰, "咨! 爾舜! 天之曆數在爾躬, 允執其中. 四海困窮, 天祿永終."

용이 무엇이며, 천도와 人性의 관계가 무엇인지를 분명하게 밝힌 것이다.

『맹자』 역시 공자의 철학을 계승하였기 때문에 스스로 堯舜之道를 현양하는 것을 학문적 사명으로 여겼다. 그렇기 때문에 공자가 『논어』와 『서경』 그리고 『주역』을 통하여 밝힌 聖統을 『맹자』의 도처에서 제시하고 있을 뿐만 아니라 반드시 性과 天道의 관계를 중심으로 왕도 정치를 논하고 있다. "誠 자체는 天道이며 誠을 行하는 것은 人道이다."[8]고 하였을 뿐만 아니라 "할 수 없는 것을 하는 것은 天이요, 이룰 수 없는 것을 이루는 것은 命이다."[9]고 하여 人道의 근거를 天命으로 규정하고 있다. 또한 "詩에서 말하기를 '天이 百姓을 낳으니 사물이 존재하면 반드시 그 근거가 있는지라 百姓들이 떳떳한 本性을 갖고 있기 때문에 백성들이 이 아름다운 德을 좋아한다.'고 하였다. 공자는 말하기를 '이 詩를 지은 사람은 道를 아는구나, 그러므로 만물이 있으면 반드시 그 근거가 있으니 백성들이 떳떳한 本性을 갖고 있기 때문에 이 아름다운 德을 좋아한다."[10]고 하여 인간의 본성이 天에 있음을 분명하게 밝히고 있다. 그리고 "타고난 순수한 마음을 回復하면 本性을 알고, 本性을 알면 天道를 안다."[11]고 하여 인간의 본성과 천도의 관계를 분명하게 밝히고 있다. 뿐만 아니라 본성을 확충하는 것 역시 천도에서 人性을 향하는 관점이다. 그것은 『중용』의 天命으로부터 人性을 논하는 관점과 같다.

---

8) 『孟子』 離婁章句上, "誠者, 天之道也, 思誠者, 人之道也"
9) 『孟子』 萬章章句上, "莫之爲而爲者, 天也, 莫之致而至者, 命也."
10) 『孟子』 告子章句上, "詩曰, '天生蒸民, 有物有則. 民之秉夷, 好是懿德.' 孔子曰, '爲此詩者, 其知道乎! 故有物必有則, 民之秉彝也, 故好是懿德'"
11) 『孟子』 盡心章句上, "盡其心者, 知其性也. 知其性, 則知天矣."

1. 『중용』의 구성 체계와 내용

『중용』은 역생도성의 관점에서 군자의 학문 원리를 중심으로 군자지도를 밝히고 있다. 따라서 『중용』은 『논어』와 그 관점이 같다고 할 수 있다. 그러나 역생도성의 관점이 도생역성의 관점을 떠나서 논의되어질 수 없듯이 학문 원리 역시 실천 원리와 따로 논할 수 없기 때문에 학문 원리를 중심으로 군자지도를 밝히고 있지만 실천 원리도 역시 밝히고 있다.

그러나 『논어』가 천도와 인도의 관계를 중심으로 학문 원리를 밝히고 있는 것과 달리 『중용』은 인간 본성의 근거가 천명임을 밝히고 그것을 다시 誠을 중심으로 논하고 있다. 天命과 誠을 논한 것은 성인지도와 군자지도의 관계를 중심으로 군자지도를 밝힌 것이다. 천명은 천도를 인간 주체적으로 자각하였을 때 밝혀지는 존재이다. 또한 『논어』와 『맹자』가 천도와 인도의 관계를 밝히면서 성통을 논하고 있으나 『중용』에서는 聖統의 문제를 부각시켜서 논하고 있지 않다. 이를 통하여 『중용』이 철저하게 인도인 君子之道를 중심 문제로 제기하고 있음을 보여주는 것이다.

『중용』의 구성 체계는 『논어』보다는 『맹자』와 유사하다. 먼저 처음 부분에서 군자지도의 大體를 논한 후에 이어서 그 내용을 여러 측면에서 밝히고 있다. 그런 점에서 朱子가 『중용』을 크게 여섯 부분으로 구분하여 그 내용을 밝힌 것은 시사점이 있다. 그는 『중용』을 三十三節로 구분하고 그것을 다시 크게 여섯 절로 나누어서 이해하도록 하였다. 그는 首章이 中和에 관하여 논하고 있으며, "君子 中庸"부터 이하 十章은 中庸君子之道에 관하여 논하고 있고, 費而隱 이하의 八章은 費隱을 논하고 있으며, 哀公問政 以下 七章은 誠을 논하고 있고, 大哉聖人之道以下의 六章은 大德小德을 논하고 있으며, 마지막 章은 다시 처음 章의 내용을 반복하여 밝히고 있다[12]고 하였다.

여섯 부분 가운데서 처음 부분인 首章은『중용』의 전제 내용을 요약하
여 제시하고 있다. 주자는 글을 읽는 방법을 논하면서 먼저 그 大綱을 보
고 이후에 여러 間架를 보아야 한다고 말하고 大綱의 예로 "天命之謂性
率性之謂道 修道之謂教"를 들고 있다.13) 이는 그가 首章을『중용』의 大
體를 밝힌 부분으로 이해하였음을 보여주는 것이다. 그는 首章에 대하여
"子思가 傳授한 뜻을 기술하여 말을 세웠으니 먼저 道의 本源이 天에서
부터 나와서 바뀔 수가 없으니 그 실체는 나에게 갖추어져 있어서 떨어
질 수 없음을 밝혔고 이어서 存養省察의 大體를 말하였으며, 마지막으로
聖神 功化의 至極함을 말하였다."14)고 하였다.

首章에서 밝힌 致中和가 바로 다음 대절에서 밝힌 君子之道, 中庸之道
이며, 中庸之道의 특징을 밝히고 있는 것이 다음 대절이고, 誠을 중심으
로 中道와 正道, 天道와 人道의 관계를 밝히고 있는 것이 다음의 대절이
다. 그리고 다음 대절에서는 聖人之道와 君子之道의 관계를 중심으로 군
자지도를 밝히고 있으며, 마지막 章에서는 首章의 내용을 다시 요약하여
나타내고 있다. 따라서『중용』의 이해는 首章을 중심으로 그 대체를 잡
고 그 구체적인 내용은 각각의 필요한 나머지 대절의 내용을 통하여 이
해할 수 있다.

『중용』의 내용을 집약시켜서 한마디로 나타내면 中庸之道이다. '庸'은
作用의 의미로 '中'에 대응하는 작용 원리를 표상하는 개념은 '正'이다.

---

12) 朱子,『中庸章句』讀中庸法, "中庸當作六大節看 首章 是一節 說中和 自君子中庸
以下十章 是一節 說中庸君子之道 費而隱以下八章 是一節 說費隱 哀公問政以下
七章 是一節 說誠 大哉聖人之道以下六章 是一節 說大德小德 末章 是一節 復申
首章之義"

13) 朱子,『中庸』, "讀書先須看大綱 又看幾多間架 如天命之謂性 率性之謂道 修道之
謂教 此是大綱 夫婦所知所能 與聖人不知不能 此類是間架"

14) 朱子『中庸章句』, "右第一章 子思述所傳之意以立言 首明道之本原出於天而不可
易 其實體備於己而不可離 次言存養省察之要 終言聖神功化之極 蓋欲學者於此
反求諸身而自得之 以去夫外誘之私而充其本然之善"

따라서 中庸의 내용인 中庸之道는 중정지도를 근거로 형성된 개념이다. 中正이라는 개념은 시간성과 공간성을 중심으로 형성된 개념이다. 시간성과 공간성은 모든 존재의 존재 범주로 시간성의 원리가 天道이며, 공간성의 원리가 地道이다. 따라서 中道는 天道이며, 正道는 地道이다. 천도와 지도가 체용의 관계이기 때문에 중도와 정도 역시 체용의 관계이다.

천도와 지도를 인간의 문제로 주체화하여 이해하면 성인지도와 군자지도가 된다. 중도는 성인지도이며, 정도는 군자지도인 것이다. 성인지도와 군자지도를 인간 자신의 문제로 집약시키면 중도는 본성의 문제이며, 정도는 본성의 작용의 문제이다. 따라서 중정지도를 군자 자신의 문제로 집약시키면 학문을 통하여 본성을 자각하는 문제와 자각한 본성을 시공상에서 언행을 통하여 구체화하는 실천의 문제가 된다.

그런데 中庸之道는 中道의 작용 원리라는 점에서 中道가 중심이 된다. 그것은 中庸之道가 군자지도를 시간의 측면에서 밝히고 있음을 뜻한다. 왜냐하면 中道는 시간성의 원리가 위주이기 때문이다. 그렇기 때문에 『中庸』에서는 中庸之道를 時中 原理로 규정하여 시간성의 원리를 중심으로 군자지도를 밝히고 있다.

2. 中正之道와 中庸之道

四書의 중심 주제는 人道인 군자지도를 闡明하는 데 있다. 그렇기 때문에 『중용』의 내용 역시 군자지도이다. 『중용』의 시작 부분에서는 天命과 本性을 중심으로 道와 敎를 논한 후에 군자가 그 주체임을 밝힘으로써 그 내용이 군자지도임을 분명하게 밝히고 있다.

군자지도를 크게 나누면 선천적 측면에서의 학문과 후천적 측면에서의

실천이다. 실천의 문제는 군자의 본성을 중심으로 그 존재 근거인 天道
로부터 시작하여 그것이 發用된 군자의 언행을 중심으로 논의할 수도 있
고, 가정과 국가 그리고 천하와 같은 외적 세계를 중심으로 실천의 문제
를 논할 수도 있다. 『대학』이 군자를 중심으로 백성과 사물을 향한 외적
측면을 중심으로 실천 원리를 논한 것과 달리 『중용』은 군자의 본성을
중심으로 그 존재 근거인 천도로부터 聖人, 誠을 중심으로 군자지도를
밝히고 있다.

　『중용』의 내용을 집약시켜서 나타내는 개념이 中庸이다. '中庸'의 '中'
은 본체를 가리키며, '庸'은 '用'으로 작용을 뜻한다.15) 『정역』에서는 己
位와 戊位를 각각 政令 作用과 律呂 作用을 표상하는 四一八七과 九六三
二 四象數의 中으로 규정하고 그것이 无極과 皇極임을 밝히고 있다.16)
무극과 황극은 정령 작용과 율여 작용의 본체이다. 따라서 中은 本體를
나타내는 개념임을 알 수 있다. 그렇기 때문에 중용은 중도의 작용 원리
를 나타낸다.

　본체를 표상하는 中은 시간성의 원리가 그 내용이다. 『정역』에서는 시
간성의 원리의 표상 체계인 도서를 구성하는 천지의 수를 모두 中으로
규정하여 그것이 시간성의 원리를 표상하는 理數임을 밝히고 있다. 그리
고 도서가 표상하는 내용을 中道로 규정하고 그 내용을 无極之无極의 无
位數 原理로 밝히고 있다.17) 이를 통하여 중도는 시간성의 원리임을 알

---

15) 許愼의 『說文解字』에서는 "庸은 用也 從用庚이니 庚更事也라 易曰 先庚三日이
　　라"고 하였다.
16) 金恒, 『正易』 第二十六張 「雷風正位用政數」, "己位는 四金一水八木七火之中이
　　니 无極이니라. 戊位는 二火三木六水九金之中이니 皇極이니라."
17) 金恒, 『正易』 第二十五張 「十一歸體詩」, "十은 十九之中이니라. 九는 十七之中
　　이니라. 八은 十五之中이니라. 七은 十三之中이니라. 六은 十一之中이니라. 五는
　　一九之中이니라. 四는 一七之中이니라. 三은 一五之中이니라. 二는 一三之中이
　　니라. 一은 一一之中이니라. 中은 十十一一之空이니라. 堯舜之厥中之中이니라.
　　孔子之時中之中이니라. 一夫所謂包五含六十退一進之位니라."

수 있다. 시간성의 원리를 『書經』과 『논어』에서는 역수원리로 규정하고, 그것을 천도[18]라고 하였다. 따라서 중도는 천도이며, 그 내용은 시간성의 원리인 역수원리이다.

중도인 시간성의 원리를 본체 원리와 작용 원리를 중심으로 나타내면 삼극지도이다. 그렇기 때문에 『주역』에서 육효가 표상하는 작용 원리가 삼극지도라고 하였다.[19] 삼극지도를 본체 원리를 중심으로 나타내면 无極·太極·皇極의 三極 원리이며, 작용 원리를 중심으로 나타내면 倒逆生成 작용 원리이다. 삼극의 도역생성 작용 원리가 삼극지도인 것이다. 倒逆의 생성 작용 원리는 四曆의 생성 변화 원리를 내용으로 하는 역수원리이다. 그렇기 때문에 선진 유학의 경전에서 천도를 역수원리, 변화원리, 역도로 규정한 것이다.

중도인 시간성의 원리를 작용 원리를 중심으로 나타내면 공간성의 원리가 된다. 『정역』에서는 삼극지도를 중심으로 본체 원리를 度數 原理로 규정하고, 작용 원리를 道德 原理로 규정하고 있다. 따라서 공간성의 원리의 내용은 도덕 원리임을 알 수 있다. 『주역』에서는 공간성의 원리를 삼재지도로 규정하고 있다.[20] 삼재지도는 공간성의 원리를 본체 원리와 작용 원리를 중심으로 나타낸 것으로 본체 원리를 중심으로 나타내면 天地人의 三才 원리이며, 작용 원리를 중심으로 나타내면 兩之 作用 원리이다.

삼재의 양지 작용 원리가 삼재지도인 공간성의 원리임을 상징적으로

---

18) 『論語』의 堯曰篇에서는 "堯曰 咨爾舜 天之曆數 在爾躬 允執其中 四海困窮 天祿永終"라고 하였으며, 『書經』의 大禹謨篇에서는 "天之曆數在汝躬 汝終陟元后 人心惟危 道心惟微. 惟精惟一 允執厥中 無稽之言勿聽 弗詢之謀勿庸 可愛非君 可畏非民 衆非元后 何戴 后非衆 罔與守邦 欽哉 愼乃有位 敬脩其可願 四海困窮 天祿永終"라고 하여 曆數原理가 天道임을 밝히고 있다.
19) 『周易』繫辭上篇 第二章, "六爻之動은 三極之道也라"
20) 『周易』說卦 第二章, "是以立天之道曰陰與陽이오 立地之道曰柔與剛이오 立人之道曰仁與義니 兼三才而兩之라"

나타내는 개념이 正이다. 『주역』에서는 中道가 작용함으로써 正道로 드러남을[21] 밝히고 있을 뿐만 아니라 中正이라는 개념을 사용하여 도를 나타내고 있다.[22] 중도와 정도는 체용의 관계로 중도가 정도로 드러나고, 정도는 중도를 근거로 형성된다. 따라서 삼극지도와 삼재지도를 체용적 구조에 의하여 나타내면 中正之道가 된다. 中道인 三極之道와 正道인 三才之道를 동시에 나타내는 개념이 中正之道인 것이다.

중정지도는 선진 유학의 학문적 탐구 과제를 단적으로 나타내는 개념이다. 중도는 천도로 인간의 존재 근거인 天의 본성을 나타내며, 정도는 천에 근거하여 존재하는 인간의 존재 원리인 인도로 인간의 본성과 삶의 원리를 나타낸다. 그런데 중도와 정도가 체용의 관계이기 때문에 천도와 인도는 체용의 관계이다. 따라서 중정지도는 인간의 본성과 삶의 원리를 밝힌 인도와 그 존재 근거인 天의 본성을 밝힌 천도 그리고 양자의 관계를 나타내는 개념이 된다.

중정지도를 직접 천명한 경전은 『정역』과 『주역』이라는 역경이다. 『정역』은 중도를 중심으로 역도를 천명하였으며, 『주역』은 정도를 중심으로 역도를 천명하였다. 역경에서 중정지도를 천명하였기 때문에 역경에서 밝힌 역도를 근거로 형성된 선진 유학의 경전인 사서에서는 중정지도를 직접 천명하지 않고 중정지도를 인간 주체적으로 자각하였을 때 밝혀지는 인도를 중심으로 그것을 밝히고 있다.

중정지도를 그 내용을 중심으로 나타내면 변화의 도이자 역도이다. 중도인 천도의 측면에서는 사역 변화 원리로 선천에서 후천으로 변화하는 변화 원리이며, 정도인 인도의 측면에서는 중도를 자각하고 그것에 순응하는 삶을 살아가는 존재인 성인의 시대에서 군자의 시대로 변화하는 변화 원리이다. 역수원리의 측면에서 선천은 閏曆의 시대로 陰陽의 윤역이

---

21) 『周易』 天雷无妄卦 彖辭, "剛中而應하니 大亨以正은 天之命也라"
22) 『周易』 風地觀卦 彖辭, "大觀으로 在上하야 順而巽하고 中正으로 以觀天下ㅣ니"

서로 분리하여 생장하는 시대이다. 선천이 생장하는 시기이기 때문에 근원적 존재의 존재 원리를 알지 못하기 때문에 성인을 통하여 중정지도가 천명되었다. 반면에 후천은 正曆의 시대로 군자가 선천의 성인이 밝힌 중정지도를 학문하여 자각하고 그것을 실천함으로써 禮義가 행하여지는 도덕적 세계를 구현하게 된다.

중정지도를 군자를 중심으로 이해하면 학문을 통하여 자신의 본성을 자각하는 동시에 존재 근거인 천도를 자각함으로써 그것을 현실에서 실천하는 원리가 중정지도이다. 그렇기 때문에 중정지도는 학문 원리와 실천 원리가 된다. 『서경』과 『논어』에서는 천도와 인도의 관계를 중심으로 군자의 학문 원리와 실천 원리를 다음과 같이 밝히고 있다.

> 堯가 말하기를 "그대 舜이여! 天의 曆數가 네 몸에 있으니 진실로 그 中을 잡으라. 四海가 困窮하면 天祿이 영원히 끊어지리라!"라고 하였다.[23]

위의 내용은 역수원리를 내용으로 하는 천도가 인간의 본성으로 주체화하였음을 밝히고 있는 '天之曆數 在爾躬'과 인간이 자신의 본성을 자각함으로써 천도를 자각함을 나타내는 '允執厥中' 그리고 자각한 본성을 실천하는 원리를 나타내는 '四海困窮 天祿永終'으로 구분할 수 있다.

천도와 인도의 관계를 중심으로 중정지도를 이해하면 중도는 천도이며, 정도는 인도이다. 그러나 천도가 인간의 본래성으로 주체화하기 때문에 군자지도를 중심으로 중정지도를 이해하면 중도는 학문을 통하여 본성을 자각하고 천명을 자각하는 문제가 되며, 정도는 자각한 천명을 실천하는 문제가 된다. 그렇기 때문에 천도의 내용이 시간성의 원리이며, 그것이 인간의 본래성으로 주체화하였음을 밝힌 후에 이어서 인간의 주체성을 中으로 규정하고 인간 본래성을 자각하는 執中의 문제를 언급하였

---

23) 『論語』 堯曰篇, "堯曰 咨爾舜 天之曆數 在爾躬 允執其中 四海困窮 天祿永終"

던 것이다. 인간의 본성을 자각하고 더불어 천명을 자각하는 집중의 문제
는 학문의 문제이다. 따라서 위의 인용문에서 처음 부분과 두 번째 부분
은 군자의 학문 원리를 執中 原理로 제기한 것이다

執中을 통하여 자각되어진 천명을 봉행하는 문제를 밝힌 것이 마지막
부분이다. 비록 부정적 측면에서 표현하였지만 왕도 정치를 통하여 四海
를 편안하게 하는 것이 군자가 실천해야 할 천명임을 밝힌 것이다. 그것
은 군자지도를 정치를 중심으로 나타낸 것으로 천하를 평안하게 하는 것
이 군자가 실천해야 할 천명인 것이다.

군자가 학문을 통하여 중정지도를 인간 주체적으로 자각하였을 때 인
간 본성의 자각과 더불어 자신에게 주어진 천명을 자각하게 됨은 앞에서
논한 것과 같다. 그런데 천명의 실천은 언행을 통하여 이루어지지만 그
주체는 군자의 본성이다. 군자의 본성을 매개로 천명이 奉行되는 것이다.
따라서 천명의 봉행을 그 주체인 군자의 性情을 중심으로 나타내면 본성
의 발현이 된다. 『중용』에서는 군자지도의 실천을 성정을 중심으로 다음
과 같이 밝히고 있다.

> 기쁘고 성내고 슬퍼하고 즐거워하는 情으로 發用되지 않은 근원적
> 존재를 中이라고 하며, 中이 情으로 發用하여 節度에 맞는 것을 和라고
> 한다. 中이라는 것은 천하의 위대한 근본이고, 和라는 것은 천하의 통
> 달한 道이다. 中和를 이루면 天地가 正位에서 天地로 존재하게 되고,
> 만물이 길러지게 된다.[24]

위의 내용 가운데서 中으로 규정된 喜怒哀樂의 情으로 發用되지 않은
근원적 존재는 인간의 본성이다. 인간의 본성을 中으로 규정한 까닭은 인
간의 본성이 중도인 천도가 주체화하였을 뿐만 아니라 그것이 군자에 있

---

24) 『中庸』, 第一章, "喜怒哀樂之未發 謂之中 發而皆中節 謂之和 中也者 天下之大本
也 和也者 天下之達道也 致中和 天地位焉 萬物育焉."

어서는 중도가 되기 때문이다. 『서경』과 『논어』에서도 천도를 시간성의 원리인 역수원리로 규정하고 그것이 인간의 본래성으로 주체화하였음을 밝힌 후에 인간 본래성을 中으로 규정하고, 그것을 자각함을 執中으로 규정하고 있다.25) 그런데 중으로 규정된 인간 본래성은 仁禮義智의 四德을 그 내용으로 한다. 따라서 中이 천하의 大本이라는 인예의지가 발현된 도덕적 세계가 천하임을 밝힌 것이다.

인간의 본성이 발현된 것이 희로애락이기 때문에 희로애락이 모두 天時에 순응하여야 한다. 그것을 "發用하여 모두 節度에 맞음"으로 규정하고 있다. 절도는 천시를 나타내는 개념으로 절도에 맞음은 시의성에 부합됨, 천시에 순응함이다. 따라서 중화를 이룸은 본성이 시의성에 맞게 발현됨을 뜻한다. 기뻐해야 할 때 기뻐하고, 화내야 할 때 화내며, 슬퍼해야 할 때 슬퍼하고, 즐거워야 할 때 즐거워하는 것이 중화를 이룬 본성의 발현이다. 희로애락이 시의성에 맞게 발현됨을 和로 규정하고 그것이 천하를 통달하는 도라고 하였다. 이를 통하여 본성의 발현이 人道를 達行하는 원리임을 알 수 있다.

中和를 이루는 致中和는 군자가 자신의 본성을 자각하고 그것을 주체로 천시에 순응하여 살아감으로 중화를 이루면 天地가 正位에 처하게 되고 만물이 길러짐으로써 三才가 成道된다. 天地가 正位에 處하게 된다는 것은 천지의 본성인 도덕성이 밝혀지게 되고 그것이 인간에 의하여 근원적 존재로 받들어지게 되며, 비인격적 존재인 만물이 인간의 인격성을 매개로 인격적 존재로 고양하게 된다. 이처럼 三才가 모두 인간의 인격성을 매개로 合德되어 正位에 거처하게 되는 것이 三才의 合德 成道이다.

---

25) 『論語』의 堯曰篇에서는 "堯曰 咨爾舜 天之曆數 在爾躬 允執其中 四海困窮 天祿永終"라고 하였으며, 『書經』의 大禹謨篇에서는 "天之曆數在汝躬 汝終陟元后 人心惟危 道心惟微. 惟精惟一 允執厥中 無稽之言勿聽 弗詢之謀勿庸 可愛非君 可畏非民 衆非元后 何戴 后非衆 罔與守邦 欽哉 愼乃有位 敬修其可願 四海困窮 天祿永終"라고 하였다.

군자지도를 본성을 중심으로 나타내면 본성을 자각하여 四德을 실천함으로 그것을 性情을 중심으로 나타내면 中和를 이룸이 된다. 中和를 이룸은 天時를 따라서 마음을 發用시킴으로 그것을 본성이 절도에 맞게 발현됨이라고 하였다. 인간의 본성인 中이 시간성을 내용으로 하기 때문에 中節은 時中의 의미와 같다. 시의성에 따라서 喜怒哀樂의 情을 발현시키는 것이 中節로 그것이 시의성에 적중하는 時中인 것이다. 『중용』에서는 중용의 도가 시중 원리임을 다음과 같이 밝히고 있다.

> 君子는 中庸을 行하고, 小人은 中庸을 違反한다. 君子의 中庸은 時中이요, 小人은 忌憚이 없다.[26]

위의 내용은 군자는 中庸을 행하는 존재이며, 小人은 中庸을 행하지 않는 존재임을 밝히고 있다. 이를 통하여 소인과 군자는 중용의 실천 여부에 의하여 구분됨을 알 수 있다. 그렇기 때문에 군자지도는 중용지도라고 할 수 있다.

앞에서 밝힌 것과 같이 中庸을 인도를 중심으로 이해하면 中은 본성을 나타내는 개념이며, 庸은 用과 같아서 작용의 의미이다. 따라서 중용은 본성의 발현을 뜻한다. 본성은 시간성의 원리인 역수원리가 주체화한 것이기 때문에 본성의 내용은 시간성이다. 그러므로 본성의 작용은 천시에 그대로 적중하게 된다. 그렇기 때문에 군자의 중용은 時中이라고 하였다. 『주역』에서 자신의 본성을 자각하여 그것을 주체로 살아가는 성인의 삶을 進退存亡의 때를 알아서 때의 바름을 잃지 않는 존재라고 한 까닭이 여기에 있다.[27] 뿐만 아니라 "때가 멈출 때면 멈추고 때가 행할 때면 행

---

26) 『中庸』第二章, "仲尼曰 君子中庸 小人反中庸 君子之中庸也 君子而時中 小人之中庸也 小人而無忌憚也"
27) 『周易』重天乾卦 文言篇, "其唯聖人乎아 知進退存亡而不失其正者 其唯聖人乎인저져"

하여 움직이고 멈추는 데 그 때를 잃지 않으면 그 道가 光明하다."28)고
하여 군자지도가 時中之道임을 밝히고 있다.

천시에 순응하는 군자의 언행은 사회적 위상에 알맞은 언행이 된다.
부모가 되었을 때는 부모다운 언행을 하며, 자식이 되었을 때는 자식다운
언행을 하고, 부자가 되었을 때는 부자다운 언행을 하고, 가난에 처했을
때는 가난한 사람다운 언행을 하는 것이다.『中庸』에서는 正道를 실천하
는 군자의 언행을 다음과 같이 논하고 있다.

> 군자는 처한 위치에 따라서 행할 뿐 그밖에 것을 원하지 않는다. 부
> 귀한 상황에 처해서는 부귀한 행동을 하며, 빈천한 곳에 이르러서는 빈
> 천한 행동을 하고, 夷狄의 무리에 처해서는 夷狄의 행동을 하며, 환난
> 에 처해서는 환난에 알맞은 행동을 하여 군자는 어느 상황에 처하거나
> 自得하지 않는 때가 없다.29)

군자가 어떤 상황에 처하거나 자득하지 않음이 없다는 것은 정도를 얻
지 않음이 없음을 뜻한다. 그것은 구체적으로는 군자의 언행이 언제나 예
의에 합당함을 밝힌 것이다.

앞에서 중정지도를 군자를 중심으로 이해하면 군자의 학문 원리와 실
천 원리가 되며, 학문 원리는 자신의 본성을 자각하는 執中 원리이며, 실
천 원리는 자각한 본성을 發用하는 致中和 原理와 시의성에 적중하는 언
행을 실천하는 時中 原理임을 살펴보았다. 치중화와 시중이 모두 실천을
중심으로 군자지도를 논한 것이지만 치중화는 군자의 성정을 중심으로

---

28)『周易』重山艮卦 象辭, "時止則止하고 時行則行하야 動靜不失其時ㅣ其道ㅣ 光明
　　이니"

29)『中庸』第十四章, "君子 素其位而行 不願乎其外 素富貴 行乎富貴 素貧賤 行乎貧
　　賤 素夷狄 行乎夷狄 素患難 行乎患難 君子 無入而 不自得焉 在上位 不陵下 在
　　下位 不援上 正己而不求於人 則無怨 上不怨天 下不尤人 故 君子 居易以俟命 小
　　人 行險以徼幸"

논한 것이고, 시중은 천도인 시의성과 군자의 언행의 관계를 중심으로 논한 것이다. 군자의 성정이 중화를 이루었을 때 그것이 시의성에 부합되는 언행이 된다. 따라서 치중화와 시중은 같은 내용을 다른 측면에서 나타낸 것이다.

3. 中庸之道와 天命

앞에서 『중용』은 중정지도를 직접 闡明한 것이 아니라 그것을 근거로 인간 주체적 자각을 통하여 밝혀지는 인도의 관점에서 치중화 원리와 시중 원리를 내용으로 하는 중용지도로 천명하였음을 살펴보았다.

그런데 『중용』에서 밝히고 있는 중용지도는 중정지도를 인도인 군자지도를 중심으로 밝힌 것이다. 중정지도의 중도를 중심으로 정도의 내용을 밝힌 것이 중용지도인 것이다. 그것은 중도와 정도의 관계를 통하여 정도를 밝힌 것이다. 중정지도를 天人 관계를 중심을 나타내면 천도가 중도이며, 인도가 정도이고, 人道를 중심으로 나타내면 성인지도가 중도이며, 군자지도가 정도이다. 따라서 中道와 正道의 관계를 人道를 중심으로 밝히기 위해서는 성인과 군자의 관계를 중심으로 밝히지 않을 수 없다.

聖人之道와 君子之道는 천지의 관계와 같이 體用의 관계이다. 『주역』에서는 天에 근본을 둔 사람은 형이상의 세계와 친하고, 地에 근본을 둔 사람은 형이하의 세계와 친하여 각각 그 종류를 쫓는다[30]고 하여 天에 근본을 둔 성인과 地에 근본을 둔 군자를 구분하여 나타내고 있다. 天에 근본을 둔 성인이 형이상의 세계와 친하다는 것은 道 자체를 천명하는 존재가 성인임을 나타낸 것이며, 地에 근본을 둔 군자가 형이하의 세계와

---

30) 『周易』 重天乾卦 九五爻 文言, "本乎天者는 親上하고 本乎地者는 親下하나니 則各從其類也ㅣ니라."

친하다는 것은 성인이 밝힌 도를 실천하는 존재가 군자임을 밝힌 것이다. 성인과 군자의 존재 근거가 天地이기 때문에 양자의 관계 역시 天地 관계를 중심으로 밝힐 수 있다. 천지 원리를 작용 원리를 중심을 나타내면 도생역성 원리와 역성도성 원리가 그 내용이다. 도생역성의 관점에서 성인지도와 군자지도의 관계를 나타내는 개념이 天命과 性이다. 천도를 인간 주체적으로 자각하여 천명을 자각한 존재가 성인이며, 성인이 밝힌 천명을 본성으로 하는 존재가 군자이다. 그렇기 때문에 군자와 본성의 관계를 형이상적 측면에서 나타내면 천명과 본성의 관계로 나타낼 수밖에 없다. 『중용』의 처음 부분에서는 天命과 인간 본래성을 중심으로 군자지도를 밝히고 있는데 그 내용을 살펴보면 다음과 같다.

> 天命을 일러 本性이라고 하며, 本性을 따르는 것을 道라고 하고, 道를 닦는 것을 敎라고 한다.31)

위의 내용을 보면 군자지도를 세 부분으로 나누어서 설명하고 있는데 첫째는 인간의 본성을 밝히고 있고, 두 번째는 본성을 중심으로 삶의 원리에 대하여 논하였으며, 세 번째는 학문에 관하여 논하고 있다.

첫째 부분은 군자의 본성을 밝히기 위하여 그 존재 근거를 언급한 것으로 군자의 본성을 천명으로 규정하고 있다. 천명은 천도를 인간 주체적으로 자각하였을 때 밝혀진다. 천도를 인간 주체적으로 자각하여 천명으로 자각한 존재는 성인이다. 그리고 성인이 밝힌 군자지도를 실천하는 존재는 군자이다. 따라서 위의 내용은 인도인 성인지도와 군자지도를 중심으로 中正之道를 闡明하고 있음을 알 수 있다.

天命을 내려주는 주체는 天으로 그렇기 때문에 天命은 天의 명령이다. 命令은 반드시 미래를 향하여 주어지는 것이며, 미래는 뜻으로 드러나는

---

31) 『中庸』 第一章, "天命之謂性 率性之謂道 脩道之謂敎"

세계이다. 그렇기 때문에 命令은 뜻을 가진 인격적 존재의 사이에서만 授受할 수 있는 것이다. 따라서 命令을 내려줄 수 있는 天은 물리적 天이 아니라 인격적 존재이다. 인격적 天은 물리적 天의 존재 근거가 되는 근원적 존재로 그것을 원리적 측면에서 天道라고 한다. 따라서 天命은 천도의 인격적 표현이다.[32] 『주역』에서는 천도를 작용 원리를 중심으로 나타낸 元亨利貞의 四象을 貞을 중심으로 집약하여 大亨以正으로 나타내면서 그것을 天道로 규정하기도 하고, 天命으로 규정하기도 하여[33] 천도와 천명이 동일한 존재의 다른 표현임을 밝히고 있다.

그러면 천도와 천명은 어떤 관계인지 살펴보자. 『주역』에서 天道의 내용으로 밝힌 大亨以正은 正曆 原理로 크게 형통한다는 의미이다. 그것은 천도 자체의 측면에서는 天道의 내용인 四曆 變化 原理를 四曆 가운데서 正曆을 중심으로 나타낸 것으로 음양의 閏曆이 나누어져서 생장하는 선천에서 中正曆인 正曆이 운행되는 후천의 세계로 변화하는 원리를 밝힌 것이다. 이러한 사역 변화 원리를 내용으로 하는 천도를 『서경』과 『논어』 그리고 『정역』에서는 역수원리로 규정하고 있다. 천도의 내용인 역수원리를 인간 주체적으로 자각하면 그것이 자각의 주체에게는 천명이 된다. 그렇기 때문에 대형이정을 인간 주체적으로 이해하면 정역 원리를 통하여 천도를 크게 자각한다는 의미이다. 『주역』에서 대형이정을 천명으로 규정한 까닭이 여기에 있다. 따라서 천도는 천 자체의 측면에서 그

---

32) 天道와 天命은 동일한 존재를 가리키는 개념으로 天의 측면에서 보면 天道이고, 인간의 측면에서 보면 天命이 된다. 천도와 천명은 형이상적 존재이다. 천도는 물리적 天의 운행 법칙이 아니라 형이상의 근원적 존재를 지칭하는 개념이며, 天命도 사물적 존재에게 적용되는 運命과 달리 형이상적 존재인 것이다. 본래 命이라는 개념에도 형이하의 측면에서 논의되는 물리적 생명의 의미와 형이상적 측면에서 논의되어지는 使命이라는 의미가 함께 들어 있다. 따라서 천도와 함께 언급되어지는 천명은 오직 형이상적 차원에서 논의되어지는 개념이다.

33) 『周易』의 地澤臨卦의 彖辭에서는 "大亨以正은 天之道也이오"라고 하여 "大亨以正"을 天道로 규정하였으며, 天雷无妄卦의 彖辭에서는 "大亨以正은 天之命也라"라고 하여 "大亨以正"을 天命으로 규정하고 있다.

존재 원리를 밝힌 것이며, 천명은 자각의 주체인 인간의 측면에서 밝힌 것이다.

그런데 천명이 인간의 본래성이라는 것은 천명이 인간의 존재 근거인 동시에 천명이 인간 본래성의 내용임을 밝힌 것이다. 천명은 천도가 인간에 의하여 주체적으로 자각되었을 때 밝혀지는 존재이다. 인간의 본래성을 자각하고 더불어 그 존재 근거인 천도를 인간 주체적으로 자각하였을 때 밝혀지는 존재가 천명인 것이다. 이처럼 인간 본래성의 자각이 천도의 자각이 되려면 존재론적 측면에서 천도가 인간 본래성으로 주체화하였음이 전제되어야 한다. 그렇기 때문에 천명을 인간 본래성으로 규정한 것은 천도가 인간의 본래성으로 주체화되었음을 동시에 나타낸 것이다. 『서경』과 『논어』에서는 천도인 역수원리가 인간의 본래성으로 주체화되었음을 다음과 같이 밝히고 있다.

> 천의 역수원리가 인간의 본래성으로 주체화하였으니, 진실로 네 본래성을 자각하라! 四海가 곤궁하면 天祿이 영원히 끊어질 것이다.[34]

위의 내용을 보면 역수원리를 내용으로 하는 천도가 인간 본래성으로 주체화하였으며, 인간 본래성의 자각을 통하여 천명을 자각하고, 그것을 왕도 정치를 통하여 실천하는 것이 군자지도의 내용임을 알 수 있다. 이처럼 천도가 인간 본래성으로 주체화하였으며, 인간 본래성의 자각을 통하여 천도를 자각함으로써 천명이 자각됨을 천명하였기 때문에 천명이 인간의 본래성이라고 하지 않을 수 없다.

천명이 천도를 자각하였을 때 밝혀지는 인격적 존재이기 때문에 천명을 근거로 형성된 인간의 본성은 인간의 몸이 갖고 있는 본능을 가리키지 않는다. 본능은 물리적 생명이 갖는 속성으로 본능을 통해서는 인간과

---

34) 『論語』 堯曰篇, "堯曰 咨爾舜 天之曆數 在爾躬 允執其中 四海困窮 天祿永終"

동물을 구분할 수 없다. 그것은 본능이 인간의 존재 특성이 아니라 본성이 인간의 존재 특성임을 뜻한다. 본성이 형이상적 존재이기 때문에 형이하적 존재인 사물의 속성과 인간의 본성은 전혀 그 차원이 다르다. 그렇기 때문에 인간의 본래성을 매개로 사물의 존재 의미를 밝힐 수 있다. 그런 점에서는 인간이 사물의 존재 근거라고 할 수 있다. 인간은 인격적 존재이지만 사물은 비인격적 존재이기 때문에 사물의 본질을 인간 본성이라고 할 수 없다. 그렇기 때문에 천명을 근거로 하는 性은 인간 본래성을 가리킨다.

천명이 주체화된 인간 본래성은 사물적 존재의 속성도 아니고 동물적 존재의 본능도 아니기 때문에 감각 기관을 통하여 포착할 수 없을 뿐만 아니라 사고를 통하여 밝혀지지 않는다. 그것은 인간 본래성의 형이상적 존재인 천명이 주체화하였기 때문에 역시 형이상적 존재임을 뜻한다. 인간 본래성은 인간을 인간으로 규정할 수 있는 인간의 근본 바탕으로 先天的 존재이면서 고유한 존재이자 형이상적 존재이면서 영원한 존재인 것이다. 형이상적 존재는 인식의 대상이 아니라 자각을 통하여 밝혀지는 존재이다. 그렇기 때문에 인간의 본성은 오직 자각을 통하여 밝혀질 뿐 이성적 사고를 통하여 인식되어지지 않는다.

인간의 본성을 그 구조를 중심으로 구분하여 나타내면 과거적 본성과 미래적 이상으로 그것을 한마디로 나타내면 본래성이다. 본성은 과거적 본성이며, 來性은 미래적 이상이다. 이러한 본래성을 『주역』에서는 性과 命으로 규정하고 있다. 인간 본래성을 성과 명을 중심으로 규정하면 性命之理가 된다.35)

性과 命의 관계를 성인과 군자를 중심으로 나타내면 본성 자체여서 그것과 일체적 존재는 성인이며, 성인이 밝힌 본성을 주체로 命을 행하며

---

35) 『周易』의 重天乾卦 彖辭에서는 "乾道變化에 各正性命"이라고 하였고, 說卦 第二
  章에서는 "昔者聖人之作易也는 將以順性命之理니"라고 하였다.

살아가는 존재가 군자이다. 『맹자』에서는 性과 命의 관계를 성인과 군자를 중심으로 다음과 같이 밝히고 있다.

> 孟子가 말하기를 "입과 맛, 눈과 색, 귀와 소리, 코와 냄새, 四肢와 安逸은 性이나 命이 있기 때문에 君子는 性이라고 말하지 않는다. 仁과 父子, 義와 君臣, 禮와 賓主, 智와 賢者, 聖人과 天道는 命이나 性이 있기 때문에 君子는 命이라고 하지 않는다."고 하였다.[36]

위의 내용은 군자를 중심으로 성명을 논하고 있지만 그 내용은 천도와 성인을 중심으로 논한 부분과 군자와 몸을 중심으로 성명을 논한 두 부분으로 구분된다.

뒷부분에서는 천도, 성인과 군자의 관계를 중심으로 性命을 논하고 있고, 앞부분에서는 군자의 몸을 중심으로 性命을 논하고 있다. 뒷부분에서는 성인이 天에 근거한 존재이기 때문에 천도를 중심으로 性命을 논하였고, 앞부분에서는 군자는 地에 근거한 존재이기 때문에 四肢와 耳目口鼻의 몸을 중심으로 성명을 논한 것이다.

성인과 천도의 관계를 중심으로 군자의 성명을 논한다는 것은 天人 관계를 중심으로 性命을 논한 것이다. 성인에 의하여 천도가 인간 주체적으로 자각됨으로써 군자의 본성이 仁禮義智의 四德임이 밝혀진다. 그렇기 때문에 그것을 밝혀야 할 성인의 관점에서는 천명이지만 그러나 군자는 본성이지 천명은 아니다. 그렇기 때문에 군자는 性이라고 말하고 命이라고 하지 않는다고 하였다. 이는 성인에 의하여 자각된 천명을 매개로 천도가 군자의 본성으로 주체화되며, 그 내용이 仁禮義智의 四德임을 밝힌 것이다.

---

36) 『孟子』盡心章句下, "孟子曰, "口之於味也, 目之於色也, 耳之於聲也, 鼻之於臭也, 四肢於安佚也, 性也, 有命焉, 君子不謂性也. 仁之於父子也, 義之於君臣也, 禮之於賓主也, 智之於賢者也, 聖人之於天道也, 命也, 有性焉, 君子不謂命也."

천도가 천명을 매개로 군자의 본성으로 주체화하였기 때문에 성명은 군자의 본성과 그것의 顯現態인 몸을 중심으로 논하지 않을 수 없다. 맹자는 이미 다른 부분에서 성선설과 四端說을 논하여 인간의 본래성이 仁禮義智의 四德이며, 그것이 四端之心으로 나타남을 논하였을 뿐만 아니라 그것이 몸을 매개로 본능으로 나타남도 밝혔다. 그렇기 때문에 이 때의 본능은 본성과 괴리된 몸의 속성을 나타내는 것이 아니다. 그렇기 때문에 맹자는 군자의 耳目口鼻와 四肢를 논하면서 그것을 性으로 규정하고 있다. 군자는 성인이 밝힌 본성을 자각하여 四德을 주체로 天命을 실천하는 존재이다. 실천은 耳目口鼻와 四肢의 몸에 의하여 이루어진다. 군자는 몸을 통하여 사덕을 실천하는 존재이며, 그것이 군자의 존재 근거이기 때문에 군자는 그것을 命이라고 말하고 性이라고 하지 않는다고 하였다.

『주역』에서는 군자의 본래성이 천도의 四象에 근거한 四德임을 밝히고, 사덕을 행하는 존재를 군자로 규정하였다.[37] 그리고 仁과 知를 중심으로 천도가 인간의 본래성으로 주체화하였음을 밝힘으로써 仁과 智가 性임을 나타내고 있다. 따라서 禮와 義는 命으로 智와 義, 仁과 禮가 각각 體用의 관계임을 알 수 있다. 仁을 體로 하여 禮로 작용하며, 智를 體로 하여 義로 작용하는 것이다. 이처럼 性과 命이 體用의 관계이기 때문에 性을 논하면 그 가운데 命은 포함하게 된다. 『중용』에서 仁과 智를 性의 내용인 德으로 규정하고 그 내용을 다음과 같이 밝히고 있다.

> 사람을 도덕적 존재로 완성시키는 것은 仁이며, 사물을 도덕적 존재로 고양시켜서 완성하는 것은 知이다. (그것은) 性의 내용인 德으로 內外를 合德시키는 道이다. 그렇기 때문에 (仁知의 性을 自覺한 君子는)

---

37) 『周易』 重天乾卦 文言, "元者는 善之長也오 亨者는 嘉之會也오 利者는 義之和也오 貞者는 事之幹也니 君子 體仁이 足以長人이며 嘉會 足以合禮며 利物이 足以和義며 貞固 足以幹事니 君子 行此四德者라 故로 曰乾元亨利貞이니라."

때에 따라서 그 마땅함에 머문다.38)

위의 내용을 보면 仁과 知를 性의 내용으로 규정하고 있음을 볼 수 있다. 이처럼 性의 내용을 仁과 知로 규정하고 있을 뿐만 아니라 第二十章에서는 "仁은 人이니 兩親과 親함이 가장 큰 것이다. 義는 마땅함이니 賢者를 숭상하는 것이 가장 크다. 兩親의 親함으로부터 親함의 정도가 차이가 있고, 賢者를 숭상함에 차등이 있는 것이 禮가 발생하는 바이다."39)고 하여 仁을 禮義와 함께 논하고 있다.

그런데 앞의 인용문에서는 인간의 본성인 仁과 知를 內外를 合德시키는 원리로 규정하고 있다. 內外는 인간의 본성을 중심으로 인간과 사물의 관계를 규정한 것이다. 인간의 본성은 형이상적 존재이며, 사물은 형이하적 존재이기 때문에 양자의 관계는 상하의 관계이다. 그럼에도 불구하고 상하 관계를 내외 관계로 규정한 것은 인간의 仁知의 性을 매개로 형이하적 존재인 사물을 형이상적 존재로 고양시키는 일, 人物을 合德시키는 일이 인간에게 주어진 사명이기 때문이다.

다음 부분에서는 率性을 道로 규정하고 있다. 이 때의 道는 천명을 내용으로 하는 본성과 더불어 언급되어지는 개념이기 때문에 天道가 될 수 없으며, 人道일 수밖에 없다. 그런데 천명을 자각하고 그것을 실천하는 주체는 군자이며, 군자지도를 천명한 존재는 성인이다. 따라서 이 때의 도는 군자지도임을 알 수 있다. 『중용』에서는 "군자는 中庸을 行한다."40)라고 하여 중용지도가 군자지도임을 밝히고 있다.

군자지도의 내용인 率性은 인간의 본성을 따름을 뜻한다. 천도는 본성

---

38) 『中庸』第二十五章, "成己 仁也 成物 知也 性之德也 合內外之道也 故 時措之宜也"

39) 『中庸』第二十章, "仁者人也 親親爲大 義者宜也 尊賢爲大 親親之殺 尊賢之等 禮所生也"

40) 『中庸』第二章, "仲尼曰 君子中庸 小人反中庸 君子之中庸也 君子而時中 小人之中庸也 小人而無忌憚也"

의 자각과 더불어 주체적으로 자각하였을 때 천명으로 밝혀진다. 따라서 천명을 중심으로 인간의 본성을 논하였기 때문에 이 때의 性은 이미 자각된 상태에서 논의되어지는 것이다. 그러므로 率性은 자각한 본성을 따름으로 이해하는 것이 타당하다. 자각을 통하여 밝혀지는 본성의 내용은 仁禮義智의 四德이다. 따라서 率性은 仁禮義智의 사덕을 실천함이다. 『주역』에서는 군자는 仁禮義智의 四德을 행하는 사람이다.41)고 하여 사덕을 행하는 주체가 군자임을 밝히고 있다.

사덕의 실천을 그 주체인 군자를 중심으로 군자와 실천의 대상인 사물과의 관계를 중심으로 나타내면 군자의 도덕성과 사물이 合德하는 合內外 原理이다. 사람은 사덕의 인성을 통하여 인격적 존재가 된다. 그렇기 때문에 『주역』에서는 인성을 체득함으로써 비로소 다른 사람을 인격적 존재로 길러준다고 하여 仁性이 인격적 존재의 본성임을 밝히고 있다. 반면에 知性을 통하여 사물을 인격적 존재로 고양시켜 준다. 『주역』에서는 바르고 견고한 知性에 의하여 사물을 주관한다고 하여 知性이 사물을 다스리는 원리임을 밝히고 있다.42) 『중용』에서는 "자신을 인격적 존재로 완성시키는 원리는 仁이며, 사물을 도덕적 존재로 고양시키는 원리는 知이다. 그것은 性의 내용인 德으로 내외를 합덕시키는 도이다. 그렇기 때문에 군자는 時義性에 따라서 行한다."43)고 하였다.

率性을 군자의 본성인 사덕을 중심으로 나타내면 내외를 合德시키는 合內外 원리가 되며, 그것을 喜怒哀樂의 情으로의 발용을 중심으로 나타내면 致中和 原理가 되고, 언행을 중심으로 나타내면 시의성에 적중하도록 행하는 時中 原理가 된다. 그렇기 때문에 『중용』에서는 率性을 致中

---

41) 『周易』重天乾卦 文言, "君子ㅣ 行此四德者라 故로 曰乾元亨利貞이라"
42) 『周易』重天乾卦 文言, "君子ㅣ 體仁이 足以長人이며 嘉會ㅣ 足以合禮ㅣ며 利物이 足以和義ㅣ며 貞固ㅣ 足以幹事ㅣ니"
43) 『中庸』第二十五章, "誠者 非自成己而已也 所以成物也 成己 仁也 成物 知也 性之德也 合內外之道也 故 時措之宜也"

和와 時中으로 규정하고 있다. 군자의 본성을 중심으로 그것이 發用된 情의 측면에서 본성이 절도에 맞게 喜怒哀樂의 감정으로 發用하는 致中和가 率性이지만 본성이 드러난 언행의 측면에서 보면 天時에 순응하는 언행을 행하는 時中인 것이다.

소극적 측면에서 본성을 따름은 적극적 측면에서는 본성을 다 발휘함이다. 따라서 率性은 자신의 본성을 유감없이 발휘하는 盡性이다. 그런데 군자의 본성은 天命이 그 내용이기 때문에 본성을 다 발휘함은 천명을 봉행함이다. 군자의 盡性은 그 내용인 四德을 중심으로 보면 사덕의 실천이며, 그 존재 근거인 천명을 중심으로 보면 천명의 봉행인 것이다. 진성은 실천이며, 실천은 向外的인 自己 擴充이기 때문에 그 대상은 사물이 될 수밖에 없다. 그렇기 때문에 자신의 본성을 다함은 다른 사람의 본성을 다함인 동시에 사물을 인격적 존재로 고양시켜주는 것이다. 그렇기 때문에『중용』에서는 盡性을 다음과 같이 밝히고 있다.

> 자신의 본성을 다하면 다른 사람의 본성을 다 발용시키고, 다른 사람의 본성을 발용시키면 만물을 그 본질에 따라서 다스리게 되고, 사람과 사물을 능히 다스림으로써 천지의 만물을 化育하는 사업에 동참할 수 있으며, 그것을 통하여 천지와 더불어 병립할 수 있게 된다. 이처럼 군자가 자신의 본성을 다 발휘함으로써 成道하였을 때 三才가 成道하게 된다.44)

위의 내용을 보면 진성을 통하여 삼재가 합덕 성도함을 알 수 있다. 솔성 원리가 군자지도이며, 군자지도의 실천을 통하여 삼재가 합덕 성도되는 것이다. 그렇기 때문에 致中和를 논하면서 그 결과를 천지가 제 자리를 잡고 만물이 길러진다고 하여 삼재의 합덕 성도를 논하고 있다.

---

44)『中庸』第二十二章, "惟天下至誠 爲能盡其性 能盡其性則能盡人之性 能盡人之性則能盡物之性　能盡物之　性則可以贊天地之化育　可以贊天地之化育則可以與天地參矣"

率性을 내용으로 하는 군자의 도는 군자의 삶의 원리이기 때문에 군자
는 언제나 군자지도에 의하여 살아야 한다. 그것은 군자지도가 군자의 존
재 근거임을 밝힌 것으로 군자지도를 떠난 군자는 존재할 수 없다. 군자
는 유가 철학에서 제시하고 있는 이상적인 인격체이다. 따라서 모든 사람
은 군자지도를 행하며 살아갈 때 비로소 인간다운 인간으로 존재할 수
있다. 군자지도의 성격에 대하여 『중용』에서는 다음과 같이 논하고 있다.

> 道라는 것은 (군자의 삶과) 잠시도 떨어질 수 없는 것이다. 만약 군자
> 의 삶과 떨어질 수 있다면 그것은 도가 아니다. 그러므로 군자는 그 눈
> 으로 볼 수 없는 것을 경계하며, 그 귀로 듣지 못하는 것을 두려워한다.
> 감추어져 있는 것보다 잘 드러나는 것이 없으며, 미미한 것보다 잘 드
> 러나는 것이 없다. 그러므로 군자는 그 홀로 있을 때를 삼간다.[45]

위의 내용은 군자지도가 군자의 마음 밖에 존재하는 객관적 존재가 아
니라 군자 자신의 주체성으로 확립되어야 할 존재임을 밝힌 것이다. 군
자와 군자의 도는 일체적 존재로 군자를 떠난 도가 존재할 수 없으며, 도
를 떠난 군자가 존재할 수 없다. 그렇기 때문에 "도는 사람을 멀리 하지
않으니 사람의 도를 추구함이 사람을 멀리하면 도를 추구함이 될 수 없
다."[46]고 하여 사람을 떠나서 도가 존재할 수 없음을 밝히고 있다. 물론
도는 군자의 존재 근거이며, 도가 군자에 의하여 실천되기 때문에 양자
의 관계가 일체적이라고 하는 것이지 군자가 도의 존재 근거라는 의미는
아니다.

솔성은 본성의 자각이 이루어졌을 때 비로소 가능하다. 그것은 군자지
도가 본성의 자각을 통하여 밝혀지는 형이상적 존재임을 뜻한다. 이처럼

---

45) 『中庸』, "道也者 不可須臾離也 可離 非道也 是故 君子 戒愼乎其所不睹 恐懼乎其
　　所不聞 莫見乎隱 莫顯乎微 故君子 愼其獨也"
46) 『中庸』 第十三章, "子曰 道不遠人 人之爲道而遠人 不可以爲道 詩云 伐柯伐柯 其
　　則不遠 緝柯以伐柯 睨而視之 猶以爲遠 故君子 以人治人 改而止"

군자의 본성과 그것을 실천하는 원리로서의 군자의 도가 감각 기관을 통하여 지각되어지지 않기 때문에 그것을 은미한 존재로 규정하고 있다. 군자의 도가 은미하다는 것은 형이상적 존재의 존재 양상이 형이하의 사물적 존재와 다름을 뜻한다. 형이상적 존재인 군자지도와 형이하적 존재인 사물의 차이는 존재 양상 자체에 있는 것이 아니라 차원에 있다. 형이상적 존재는 형이하적 존재보다 고차원의 존재로 형이상적 존재가 형이하적 존재의 존재 근거이다. 그렇기 때문에 군자는 감각 기관인 눈과 귀를 통하여 볼 수 없고 들을 수 없는 형이상적 세계를 두려워한다고 하였다. 그것은 군자가 자신의 존재 근거인 천명을 두려워함을 뜻한다. 형이상적 존재인 本性, 天命, 君子之道의 根源性을 나타내는 말이 다음 부분으로 감추어져 있고 미미한 것 같은 형이상의 군자지도보다 더 분명하게 드러나는 것이 없다고 하였다. 이처럼 군자지도가 군자의 존재 근거이기 때문에 군자는 그것을 행하지 않고 홀로 있을 때 더욱 窮理하여야 한다.

다음에 도를 닦는 것이 敎라는 것은 삶의 원리를 제시하는 것이 가르침의 내용임을 밝힌 것이다. 천명이 인간의 본성이며, 본성을 따름이 군자지도임을 밝힌 존재는 성인이다. 성인은 학문을 필요로 하는 존재가 아니라 학문을 필요로 하는 존재인 군자를 위하여 가르침을 베푼 존재이다. 그렇기 때문에 『중용』에서는 성인과 군자를 구분하여 성인은 천도와 짝하는 존재이며, 군자는 천도를 따르는 존재로 규정하고 있다.47) 성인은 말씀을 통하여 천지의 도와 인도인 군자지도를 밝혔으며, 성인의 말씀을 통하여 밝힌 천지의 도와 인도를 문자화한 것이 경전이다. 그렇기 때문에 가르침은 성인의 가르침이며, 경전의 가르침이다.

천명은 인간의 본래성이며, 본래성을 따르는 것이 군자의 삶의 원리이고, 군자의 삶의 원리인 군자지도를 밝힌 것이 가르침의 내용이다. 천명

---

47) 『中庸』, 第二十章, "誠者 天之道也 誠之者 人之道也 誠者 不勉而中 不思而得 從容中道 聖人也 誠之者 擇善而固執之者也"

을 중심으로 보면 率性도 修道도 모두 天命의 내용이며, 敎를 중심으로
보면 天命, 率性, 修道가 모두 성인의 가르침의 내용이다. 따라서 天命,
率性, 修道가 모두 일체적 존재임을 알 수 있다.

그런데 天命과 率性 그리고 修道가 일체적 존재라면 天命이 본성이 되
고, 본성을 따르는 것이 군자의 도이기 때문에 修道할 필요가 없을 뿐만
아니라 삶 자체가 그대로 군자지도의 실천이 되기 때문에 군자지도를 행
하지 않는 小人이 존재할 수 없다고 반문할 수 있다. 그러나 군자와 小人
은 대상적 사고에 의하여 이해되어질 수 없다. 小人이 학문을 통하여 인
격적 존재로 성장함으로써 군자가 되는 변화 원리가 군자지도이며, 그 존
재 근거인 天道 역시 변화의 道인 역도이다. 天道 자체가 先天에서 後天
으로 변화하는 先后天 變化 原理이며, 선후천 변화 원리에 근거한 人道
역시 성인지도에 의하여 인격적 존재로 생장하여 군자지도로 변화하는
변화 원리이다. 성인지도에서 군자지도로 변화한다는 것은 小人에서 군
자로 변화하는 것이 人道임을 밝힌 것으로 그것이 학문 원리와 실천 원
리의 내용이다. 그러나 변화는 현상일 뿐 소인과 군자의 본래성은 변화함
이 없다. 그렇기 때문에 소인과 군자를 엄격하게 구분하여 이해는 것만으
로는 양자의 관계를 분명하게 이해할 수 없다.

4. 天命과 誠

앞에서 『중용』의 내용이 중정지도에 근거한 중용지도이며, 그 내용이
군자지도임을 天命과 본성을 중심으로 살펴보았다.

그런데 천명과 본성은 중도와 정도의 관계를 성인과 군자를 중심으로
倒生逆成의 관점에서 나타낸 것이다. 천도를 중심으로 인도의 내용을 밝

힌 것이 天命을 매개로 천도가 군자의 본성으로 주체화하는 천도의 인간 주체화 원리이며, 그것을 “천명을 일러 본성이라고 한다.”는 문장을 통하여 밝힌 것이다.

도생역성은 逆生倒成과 함께 역도의 양면 작용으로 양자는 음양 관계이다. 따라서 도생역성의 관점에서 성인과 군자의 관계를 중심으로 중용지도를 고찰하였기 때문에 다시 逆生倒成의 관점에서 고찰하지 않을 수 없다. 성인과 군자의 관계를 중심으로 중도와 정도의 관계를 逆生倒成의 관점에서 밝힌 것이 誠이라는 개념이다. 군자가 성인지도를 주체적으로 자각함으로써 天命을 자각하였을 때 성인지도와 合德된 군자의 德을 나타내는 개념이 誠이다. 그것은 정도를 중심으로 중도와의 관계를 밝힌 개념이 “誠”임을 뜻한다. 그런데 군자와 성인의 합덕에 의하여 天人 合德, 神人 合德이 이루어짐으로써 三才가 合德 成道하게 된다. 따라서 三才가 合德 成道된 관점에서 보면 天命과 誠 그리고 性은 동일한 존재를 나타내는 개념이라고 할 수 있다. 그러나 군자의 학문을 중심으로 살펴보면 성인은 誠 자체이고, 군자는 誠하려고 노력하는 존재이며, 天道의 측면에서 보면 誠 자체가 天道이고, 誠하려고 노력하는 것이 人道가 된다.

誠은 『중용』뿐만 아니라 三經과 四書에서 두루 사용되고 있다. 『서경』의 太甲下篇에서는 “鬼神은 항상 歆饗하는 것(음식)이 없으며, 지극한 誠을 歆饗한다.”48)고 하였으며, 大禹謨篇에서는 “至極한 誠은 神을 感動시키니 하물며 이 苗族을 감동시키지 못하겠습니까?”49)라고 하였고, 『시경』의 大雅에서는 “申伯이 南으로 돌아오니, 謝 땅으로 진실로 돌아왔다(誠歸).”50)고 하였으며, 『주역』에서는 “성인의 말씀을 닦아서 誠을 주체성으로 세운다.”51)고 하였고, “邪慝함을 막아서 誠을 보존한다.”52)고 하였다.

---

48) 『書經』 太甲下, “鬼神無常享 享于克誠”
49) 『書經』 大禹謨, “至誠感神 矧兹有苗”
50) 『詩經』 大雅 崧高, “申伯還南 謝于誠歸”
51) 『周易』 重天乾卦 九三爻 文言, “君子 進德修業하나니 忠信이 所以進德也오 修辭

三經에서 언급되고 있는 誠을 살펴보면 『서경』에서는 천지의 본성을 나타내는 개념인 鬼神과 백성을 합덕시키는 원리가 誠임을 논하고 있다. 神人 合德, 天人 合德, 君民 合德이 誠을 통하여 이루어짐을 밝힌 것으로 천도와 인도를 일관하는 원리가 誠임을 나타낸 것이다. 『시경』에서 언급된 誠은 천도와 인도를 일관하는 원리라는 의미로부터 파생되어 '眞實'의 의미로 사용되고 있다.

천도와 인도를 일관하는 원리가 誠임을 구체적으로 밝힌 것은 『주역』이다. 『주역』에서 군자가 경전에 나타난 성인의 말씀을 닦아서 誠을 자신의 주체성으로 세운다고 한 것은 誠을 인도를 중심으로 밝힌 것이다. 그것은 천도와 인도의 관계를 인간 주체화하여 성인지도와 군자지도의 관계를 통하여 밝힌 것이다. 성인지도에는 천지지도가 담겨 있기 때문에 성인지도를 연구하여 천지지도를 군자 주체적으로 자각함으로써 그것이 군자의 주체성이 된다. 따라서 천지지도의 내용은 誠이며, 그것이 군자의 본래성으로 주체화하였기 때문에 군자의 본래성 역시 誠이다. 그렇기 때문에 군자지도를 자각하여 주체성을 확립하는 것은 邪慝함을 막아서 誠을 보존하는 것이다. 『중용』에서는 誠을 중심으로 천도와 인도의 관계를 다음과 같이 밝히고 있다.

> 誠 그 자체는 천도이며, 誠을 실천하는 것은 人道이다. 誠과 합일된 존재는 힘쓰지 않아도 적중하며, 사려하지 않아도 自得하여 從容하게 道에 的中하는 존재이니 성인이다. 誠을 실천하고자하는 존재는 善을 선택하여 그것을 고집하는 사람이다.[53]

立其誠이 所以居業也"

52) 『周易』重天乾卦 九二爻 文言篇, "子曰龍德而正中者也ㅣ니 庸言之信하며 庸行之謹하야 閑邪存其誠하며 善世而不伐하며 德博而化ㅣ니 易曰見龍在田利見大人이라하니 君德也ㅣ라."

53) 『中庸』第二十章, "誠者 天之道也 誠之者 人之道也 誠者 不勉而中 不思而得 從容中道 聖人也 誠之者 擇善而固執之者也"

위의 내용을 보면 앞부분에서는 誠을 천도와 인도를 중심으로 논하고 있고, 뒷부분에서는 성인과 군자의 관계를 중심으로 논하고 있다. 誠 그 자체와 성을 실천함을 구분하여 천도와 인도로 나타낸 후에 천도와 인도의 관계를 인도를 중심으로 성인과 군자의 관계를 통하여 나타내고 있다. 성인은 천도를 자각한 존재이기 때문에 誠 그 자체와 合德된 존재이다. 그렇기 때문에 힘쓰지 않고 사려하지 않아도 人道와 合一된다고 하였다. 그러나 善을 택하여 그것을 견고하게 유지함으로써 본성을 보존하는 존재는 군자이다.

誠이 천도이기 때문에 만물의 존재 근거라고 하지 않을 수 없다. 誠은 만물의 존재 근거일 뿐만 아니라 군자의 존재 근거이다. 그렇기 때문에 군자는 誠을 귀하게 여기지 않을 수 없다.『중용』에서는 誠이 군자와 만물의 존재 근거임을 다음과 같이 밝히고 있다.

> 誠은 物의 終始로 誠이 아니면 萬物이 존재할 수 없다. 그렇기 때문에 君子는 誠을 貴하게 여긴다.54)

誠이 만물의 존재 근거라는 것은 그것이 인간이 존재 근거임을 뜻한다. 그렇기 때문에 군자 역시 誠을 귀하게 여긴다고 하였다. 誠은 만물을 완성시키는 존재인 동시에 인간을 완성시키는 존재이다. 인간을 이상적 인격체인 군자로 변화시키는 원리가 誠인 것이다. 그렇기 때문에『중용』에서는 이어서 誠이 사물과 사람을 완성시키는 원리임을 다음과 같이 밝히고 있다.

> 誠은 자신을 완성하는 데 그치는 것이 아니라 만물을 완성시키는 근거이다. 자신을 완성시키는 것은 仁이며, 만물을 완성시키는 것은 知로 性의 德이다. 그것은 內外를 合德시키는 道로 그렇기 때문에 時義性에 따라서 그 마땅함에 머문다.55)

---

54)『中庸』第二十五, "誠者 物之終始 不誠 無物 是故 君子 誠之爲貴"

위의 내용을 보면 誠을 性의 德으로 규정하고 그것이 인간의 심성 내면과 사물을 합덕시키는 원리임을 밝히고 있다. 그런데 인간의 심성 내면은 형이상의 세계이며, 현상 사물의 세계는 형이하의 세계이다. 그러므로 내외를 합덕시키는 것은 형이상과 형이하의 세계를 합덕시키는 것이다. 이러한 내외 합덕은 그 주체인 군자를 중심으로 논하면 시의성에 합덕된 군자의 언행으로 나타난다. 그렇기 때문에 시의성에 따라서 그 마땅함에 머문다고 하였다.

誠을 인도의 측면에서 군자의 본성을 주체로 이루어지는 내외 합덕으로 규정하고 그것을 다시 시의성에 순응함으로 규정한 것은 誠 자체가 天道이며, 그 내용이 시간성의 원리이기 때문이다. 그렇기 때문에 『중용』에서는 誠을 시간성을 중심으로 恒久性으로 규정하고 그 내용을 博厚, 高明, 悠久로 밝히면서 그것이 만물을 완성시키는 원리임을 밝히고 있다. 悠久는 시간성의 측면에서 誠을 나타낸 것이며, 그것을 다시 공간성을 중심으로 나타낸 것이 博厚와 高明이다. 『중용』에서 시간성과 공간성을 중심으로 밝힌 誠의 내용은 다음과 같다.

> 지극한 誠은 쉼이 없으니, 쉼이 없기 때문에 恒久하고, 恒久하므로 徵驗이 있으며, 徵驗이 있으므로 悠遠하며, 悠遠하기 때문에 博厚하고, 博厚하기 때문에 高明하다. 博厚는 만물을 싣는 근거이며, 高明은 만물을 덮는 근거이고 悠久는 만물을 완성시키는 근거이다. 博厚는 地와 짝하며, 高明은 天과 짝하고, 悠久는 無疆하다. 이와 같으면 드러내지 않아도 드러나고, 움직이지 않아도 변화하며, 함이 없이 완성된다. 天地의 道는 한마디의 말로 다할 수 있으니 그 존재 특성이 純一하고 한결같아서 만물을 生成함에 헤아릴 수 없다. 天地의 道는 博厚하고, 高明하고, 悠久하다.56)

---

55) 『中庸』 第二十五章, "誠者 非自成己而已也 所以成物也 成己 仁也 成物 知也 性之德也 合內外之道也 故 時措之宜也"

56) 『中庸』 第二十六章, "至誠 無息 不息則久 久則徵 徵則悠遠 悠遠則博厚 博厚則高

위의 내용은 두 부분으로 구분할 수 있다. 앞부분은 誠을 체득하여 주체로 살아가는 존재인 성인을 중심으로 誠을 논하고 있으며, 뒷부분은 천지지도를 중심으로 誠을 논하고 있다. 성인은 至誠하여 博厚하고 高明하며, 悠久하다. 이러한 성인의 덕이 만물을 싣고, 덮고, 완성시켜준다. 성인의 만물을 완성시켜주는 功이 誠에 의하여 이루어지는 것이다. 성인이 만물을 실어주는 것은 地道를 본받아 실천함이며, 만물을 덮어주는 것은 天道를 본받아 실천함이고 만물을 완성시켜주는 것은 神道를 본받아 실천함이다. 이처럼 天이 베풀고, 地가 생한 만물57)을 완성시켜주는 것이 성인과 군자가 완수해야 할 사명이다. 천지가 시생한 만물이 성인과 군자라는 인격체를 매개로 하여 완성되는 것이다. 따라서 만물의 생성은 천지와 인간이라는 인격적 존재가 없다면 이루어질 수 없다.

『주역』에서는 성인과 군자에 의하여 만물이 완성되는 것을 類萬物之情58)으로 규정하고 있다. 類萬物之情의 내용은 성인과 군자가 서로 다르다. 성인은 만물과 그 존재 근거인 천지의 도를 구분하여 그 관계를 밝힘으로써 만물의 본질을 드러낸다. 반면에 군자는 성인에 의하여 밝혀진 만물의 본질에 따라서 만물을 다스림으로써 인격적 차원으로 고양시켜준다. 군자가 자신의 본성인 仁禮義智의 사덕을 주체로 왕도 정치를 실천함으로써 사람과 사물이 도덕적 세계에서 존재하게 하는 것이다.

성인과 군자에 의하여 만물이 완성되어지는 것은 성인과 군자가 천지

明 博厚 所以載物也 高明 所以覆物也 悠久 所以成物也 博厚配地 高明配天 悠久無疆 如此者 不見而章 不動而變 無爲而成 天地之道 可一言而盡也 其爲物 不貳 則其生物 不測 天地之道 博也厚也高也明也悠也久也”

57) 『周易』의 重天乾卦에서는 “大哉라 乾元이여 萬物이 資始하나니 乃統天이로다.” 라고 하였고, 重地坤卦에서는 “至哉라 坤元이여 萬物이 資生하나니 乃順承天이니”이라고 하였다. 이는 天地에 의하여 萬物이 始生됨을 나타낸 것이다.

58) 『周易』繫辭下篇 第二章, “古者包犧氏之王天下也애 仰則觀象於天하고 俯則觀法於地하며 觀鳥獸之文과 與地之宜하며 近取諸身하고 遠取諸物하야 於是애 始作八卦하야 以通神明之德하며 以類萬物之情하니”

의 도, 신도를 인간 주체적으로 자각하고 그것을 실천하기 때문이다. 만
물을 완성시키는 誠 역시 천지의 도의 자각을 통하여 형성된 것이다. 그
렇기 때문에 『중용』에서는 誠의 내용을 博厚와 高明 그리고 悠久로 구분
하여 나타내고 그것이 만물을 완성시키는 근거라고 하였을 뿐만 아니라
성인의 博厚와 高明이 天地의 道와 짝한다고 하였고 더 나아가서 천지의
도를 한마디로 나타낼 수 있으니 그것이 博厚, 高明, 悠久라고 하였다.
이를 통하여 天地의 道의 내용이 誠이며, 그것이 인간 본래성의 내용임
을 다시 확인할 수 있다.

博厚는 地道의 내용인 공간성의 원리를 상징적으로 나타내는 개념이
며, 高明은 천도의 내용인 시간성의 원리를 상징적으로 나타낸 개념이다.
그리고 悠久는 천지가 합덕된 근원적 존재의 본성을 상징적으로 나타내
는 개념이다. 『주역』에서는 천지가 合德된 근원적 존재를 神[59]으로 규정
하기도 하고 그것을 만물의 차원에서 규정하여 "神은 만물을 생성하는
오묘한 작용성을 나타내는 개념이다."[60]고 하였을 뿐만 아니라 천지지도
에 근거하여 문물제도를 다스림으로써 모든 백성들이 만물을 그 본질인
용도성에 따라서 사용하는 것을 신으로 규정하고 있다.[61] 따라서 悠久는
신의 본성을 상징적으로 나타낸 개념이다. 그렇기 때문에 『중용』에서는
신의 초월성을 중심으로 그것을 無疆으로 규정하여 悠久가 無疆함을 뜻
한다고 하였다. 이처럼 誠의 내용이 天地의 道와 神道를 일관하기 때문

---

59) 『周易』 繫辭上篇 第五章, "一陰一陽之謂ㅣ道이니 …成象之謂ㅣ乾이오 效法之謂
坤이오 極數知來之謂占이 通變之謂事이오 陰陽不測之謂ㅣ 神이라"
60) 『周易』 說卦 第六章, ",神也者는 妙萬物而爲言者也ㅣ니 動萬物者ㅣ 莫疾乎雷하
고 撓萬物者ㅣ 莫疾乎風하고 燥萬物者ㅣ 莫熯乎火하고 說萬物者ㅣ 莫說乎澤하
고 潤萬物者ㅣ 莫潤乎水하고 終萬物始萬物者ㅣ 莫盛乎艮하니 故로 水火ㅣ 相逮
하며 雷風이 不相悖하며 山澤이 通氣然後에야 能變化하야 旣成萬物也하니라."
61) 『周易』 繫辭上篇 第十一章, "是故로 闔戶를 謂之坤이오 闢戶를 謂之乾이오 一闔
一闢을 謂之變이오 往來不窮을 謂之通이오 見을 乃謂之象이오 形을 乃謂之器오
制而用之를 謂之法이오 利用出入하야 民咸用之를 謂之神이라."

에 『중용』에서는 誠을 神과 연관시켜서 다음과 같이 논하고 있다.

> 孔子께서 말씀하였다. 鬼神의 德됨이 盛大하여 보아도 보이지 않으
> 며, 들어도 들리지 않으나 萬物의 本體가 되어 그것을 벗어남이 없으
> 며, 天下의 사람들로 하여금 齋戒하여 마음을 밝게 하고 服裝을 盛大히
> 하여 제사를 받들게 하며, 洋洋히 그 위에 있는 듯 그 좌우에 있는 듯
> 하다. 詩에서 말하기를 "神이 도달함을 豫測할 수 없으니, 하물며 神을
> 싫어할 수 있겠는가?"라고 하였다. 대저 隱微한 것의 드러남과 誠을 가
> 릴 수 없음이 이와 같다.62)

위의 내용에서 鬼神은 천지의 덕성을 나타낸 것으로 鬼神이 萬物의 本
體라는 것은 천지의 덕성이 만물의 존재 근거임을 밝힌 것이다.

그런데 천지의 도의 내용이 誠이며, 천지의 도가 인간의 본래성으로
주체화하기 때문에 인간의 본래성은 誠이다. 그리고 천지의 도를 자각하
여 그것을 천명한 존재는 성인이며, 성인의 말씀을 통하여 천지의 도를
자각하고 실천하는 존재는 군자이다. 따라서 率性하고 修道하는 군자를
중심으로 誠을 논하지 않을 수 없다. 『중용』에서는 誠을 중심으로 인간
의 본성과 성인의 가르침의 관계를 나타내고 있는데 그 내용을 보면 다
음과 같다.

> 誠으로부터 자각되어지는 것을 性이라고 하며, (본성의) 자각을 통하
> 여 誠하여지는 것을 敎라고 한다. 誠하면 (本性이) 자각되고, (本性이)
> 자각되면 誠하여진다.63)

인용문에서는 먼저 誠을 중심으로 본성과 성인의 가르침을 구분하여

---

62) 『中庸』第十六章, "子曰 鬼神之爲德 其盛矣乎 視之而弗見 聽之而弗聞 體物而不
可遺 使天下之人 齊明盛服 以承祭祀 洋洋乎如在其上 如在其左右 詩曰 神之格思
不可度思 矧可射思 夫微之顯 誠之不可揜 如此夫"
63) 『中庸』第二十一章, "自誠明 謂之性 自明誠 謂之敎 誠則明矣 明則誠矣."

논한 후에 이어서 양자가 일체적 관계임을 밝히고 있다. 誠을 통하여 자각되어지는 존재가 본성이라는 처음 부분은 誠이 본성을 자각하는 원리임을 밝힌 것이며, 본성의 자각을 통하여 誠하여지는 것을 가르침이라고 한 부분은 誠의 功能을 나타낸 부분이다.

誠으로부터 자각되어지는 존재가 性이라는 것은 聖人之道를 통하여 天命을 자각함으로써 더불어 天性이 자각되어짐을 밝힌 것이다. 그리고 본성으로부터 誠하여지는 것을 가르침이라고 한다는 본성의 자각을 통하여 誠을 밝힌 것이 성인의 가르침임을 밝힌 것이다. 이를 통하여 誠을 매개로 본성과 천도가 일체화됨을 알 수 있다.

聖人之道를 통하여 자신의 본성을 자각한 군자는 성인과 마찬가지로 誠을 그대로 실천한다. 그것이 중화를 이룸으로 중화를 이루는 언행은 자신의 본성을 발현하는 것인 동시에 사물의 본질을 그대로 발현시켜주는 것이다. 그러므로 『중용』에서는 誠을 다음과 같이 규정하고 있다.

> 오직 천하의 至誠이라야 능히 자신의 本性을 발현할 수 있으며, 능히 자신의 本性을 발현하면 다른 사람의 本性을 발현시키고, 능히 다른 사람의 본성을 발현시키면 사물의 本質을 발현시킬 수 있으며, 능히 사물의 本質을 발현시킬 수 있으면 가히 天地의 化育을 도울 수 있으며, 가히 天地의 化育을 도울 수 있으면 가히 天地와 더불어 三才가 될 수 있다.[64]

위의 내용은 誠을 통하여 천지의 化育에 동참하는 中和를 이룬 존재인 군자가 될 수 있음을 논하고 있다. 그것은 天地人의 三才가 合德 成道된 세계를 밝힌 것으로 군자의 性을 통하여 중화를 이룸으로써 가능하게 된다. 따라서 중화를 이루는 것은 군자가 시의성에 적중하는 언행을 함으로

---

64) 『中庸』第二十二章, “惟天下至誠 爲能盡其性 能盡其性則能盡人之性 能盡人之性則能盡物之性 能盡物之性則可以贊天地之化育 可以贊天地之化育則可以與天地參矣”

써 가능하게 됨을 알 수 있다. 『중용』에서는 君子之道가 天地와 鬼神 그리고 성인의 뜻과 일치하기 때문에 백성들에게 그 徵驗이 나타남을 다음과 같이 논하고 있다.

> 그러므로 君子의 道는 제 몸에 根本하여 百姓들에게 徵驗이 나타내며, 三王의 道로 상고해도 잘못이 없으며, 天地에 세워도 어긋나지 않고, 鬼神에게 質正하여도 疑心이 없으며, 百世 후의 聖人을 기다려도 疑惑되지 않는다. 鬼神에게 質正하여도 疑心이 없음을 天道를 아는 것이며, 百世 후의 聖人을 기다려서 疑惑이 없음은 人道를 아는 것이다. 그러므로 君子는 움직여서는 천하의 道가 되니 行함에 대대로 天下의 法이 되고, 말함에 대대로 天下의 準則이 된다. 멀리서 있으면 우러러 보고, 가까이 있으면 싫어하지 않는다. 詩에서 말하기를 "저기에 있어서도 미워하는 사람이 없고, 여기에 있어도 미워하는 사람이 없다. 거의 일찍 일어나고 밤이 늦게 자면서 끝내 명예를 영원하게 한다."고 하였으니 君子가 이와 같이 하지 않고 천하에 명예를 얻은 사람은 일찍이 없었다.[65]

위의 내용을 보면 군자는 天地와 鬼神, 聖人과 더불어 合德된 존재이기 때문에 그의 언행이 백성들에게는 법칙이 됨을 알 수 있다.

군자가 자각한 본성을 주체로 언행을 통하여 그것을 널리 천하에 밝혔을 때 그것이 君子之道의 실천이 된다. 그렇기 때문에 君子之道의 실천은 군자의 본성인 仁禮義智의 四德을 실천함이 된다. 형이상적 존재인 군자의 본성을 주체로 그것을 천하에 널리 밝혔을 때 그것이 군자지도의 실천이 되는 것이다. 『중용』에서는 군자지도의 실천을 정치를 중심으로

---

65) 『中庸』第二十九章, "故 君子之道 本諸身 徵諸庶民 考諸三王而不謬 建諸天地而不悖 質諸鬼神而無疑 百世以俟聖人而不惑 質諸鬼神而無疑 知天也 百世以俟聖而而不惑 知人也 是故君子 動而世爲天下道 行而世爲天下法 言而世爲天下則 遠之則有望 近之則不厭 詩曰 在彼無惡 在此無射 庶幾夙夜 以永終譽 君子 未有不如此而蚤有譽於天下者"

다음과 같이 논하고 있다.

> 哀公이 정치에 대하여 묻자 孔子께서 말씀하셨다. "文王과 武王의 정
> 치 원리가 모두 經典에 기록되어 있다. 그러나 그 사람이 있다면 그 정
> 치가 행하여질 것이며, 그 사람이 없다면 정치가 행하여지지 않을 것이
> 다. 人道는 정치를 통하여 빨리 드러나고, 地道는 나무를 심어서 가꾸
> 는 것을 통하여 빨리 드러난다. 대저 政治라고 하는 것은 순식간에 멀
> 리 펴져 나가는 갈대와 같다. 그러므로 정치를 행하는 것은 사람에 달
> 려 있으니 사람을 취할 때는 그 사람의 실천을 보니 몸을 닦는 것은 道
> 로서 하고, 道를 닦는 것은 仁으로 하니, 仁은 인간의 본성으로 부모와
> 친함이 가장 크며, 義는 마땅함이니 현명한 사람을 존경하는 것이 가장
> 크니, 부모와 親함을 바탕으로 그것이 다른 사람에게 행하여지고, 현명
> 한 사람을 존경함에 있어서 그 정도가 차등이 있으니 그것으로부터 禮
> 가 발생한다. 아래에 있으면 윗사람의 마음을 얻지 못하면 백성들을 다
> 스릴 수 없다. 그러므로 君子는 修身을 하지 않을 수 없으니, 修身을
> 하고자하면 부모를 섬기지 않을 수 없고, 부모를 섬기고자 하면 사람을
> 알지 않을 수 없으며, 사람을 알고자하면 天을 알지 않을 수 없다.[66]

위의 내용을 보면 仁으로부터 시작하여 義와 禮 그리고 知를 중심으로
정치의 주체가 본성을 자각한 군자임을 밝히고 있다. 그리고 군자는 修身
을 한 존재로 수신을 하기 위해서는 仁 가운데 가장 비근한 事親을 해야
하며, 事親을 위해서는 知人해야 하고, 知人하기 위해서는 知天해야 함을
밝히고 있다.

『중용』에서는 정치의 주체가 군자이며, 군자는 본성을 자각하여 군자
지도를 실천하는 존재임을 밝힌 후에 가정과 국가 사회를 중심으로 군자

---

66) 『中庸』第二十章, "哀公 問政 子曰 文武之政 布在方策 其人存則其政擧 其人亡則
   其政息 人道敏政 地道敏樹 夫政也者 蒲盧也 故 爲政在人 取人以身 修身以道 修
   道以仁 仁者人也 親親爲大 義者宜也 尊賢爲大 親親之殺 尊賢之等 禮所生也 (在
   下位 不獲乎上 民不可得而治矣) 故 君子 不可以不修身 思修身 不可以不事親 思
   事親 不可以不知人 思知人 不可以 不知天"

지도를 밝히고 있는데 그 내용은 다음과 같다.

天下의 달통한 道는 다섯이나 그 행하는 근거는 셋이니 君臣, 父子, 夫婦, 昆弟, 朋友의 사귐의 다섯은 天下의 달통한 道이고, 智仁勇 셋은 천하의 달통한 德으로 그 행하는 근거는 하나이다. 혹은 태어나면서 알고, 혹은 배워서 알고, 혹은 어렵게 알지만 그러나 앎에 있어서는 하나이다. 혹은 편안하게 행하며, 혹은 利롭게 여겨서 행하며, 혹은 억지로 힘써 행하지만 그 공을 이룸에 있어서는 하나이다. 학문을 좋아함은 知에 가깝고, 힘써 행함은 仁에 가까우며, 부끄러움을 아는 것은 勇에 가깝다. 이 셋을 알면 修身의 근거를 아는 것이고, 修身의 근거를 아는 것은 治人의 근거를 아는 것이며, 治人의 근거를 알면 천하 국가를 다스리는 근거를 아는 것이다. 무릇 천하 국가를 다스림에 법이 되는 아홉이 있으니 몸을 닦음(修身)과 어진 자를 숭상함(尊賢)과 부모와 친함(親親)과 大臣을 공경함(敬大臣)과 여러 臣下들과 一體가 됨(體群臣)과 백성들을 자식처럼 사랑함(慈庶民)과 재주를 가진 여러 사람들을 불러옴(來百工)과 멀리 있는 사람을 부드럽게 대함(柔遠人)과 諸侯들을 德으로 품음(懷諸侯)이다. 몸을 닦으면 道가 세워지고, 현명한 사람을 존경하면 疑惑됨이 없으며, 부모와 친하면 부모와 여러 형제가 원망하지 않고, 大臣을 존경하면 일이 혼미하지 않으며, 군신이 일체가 되면 선비가 예로서 보답하는 것이 무겁고, 백성들을 자식처럼 사랑하면 백성들을 勸勉하게 되고, 재주가 있는 사람들을 후하게 대하면 재물이 사용하기에 족하며, 멀리 있는 사람들을 부드럽게 대하면 사방이 歸依하고, 諸侯를 德으로 감싸 안으면 천하가 두려워한다.67)

---

67) 『中庸』 第二十章, "天下之達道五 所以行之者三 曰君臣也 父子也 夫婦也 昆弟也 朋友之交也 五者 天下之達道也 知仁勇三者 天下之達德也 所以行之者 一也 或生而知之 或學而知之 或困而知之 及其知之 一也 或安而行之 或利而行之 或勉强而行之 及其成功 一也 (子曰) 好學 近乎知 力行 近乎仁 知恥 近乎勇 知斯三者 則知所以修身 知所以修身 則知所以治人 知所以治人 則知所以治天下國家矣 凡爲天下國家 有九經曰 修身也 尊賢也 親親也 敬大臣也 體群臣也 子庶民也 來百 工也 柔遠人也 懷諸候也 修身則道立 尊賢則不惑 親親則諸父昆弟 不怨 敬大臣則不眩 體群臣則士之報禮重 子庶民則百姓勸 來百工則財用足 柔遠人則四方歸之 懷諸侯則天下畏之"

위의 내용을 보면 智仁勇의 三達德이 體가 되어 父子, 君臣, 夫婦, 昆弟, 朋友의 五達道가 행하여짐을 논한 후에 국가를 다스리는 원리인 九經에 대하여 논하고 있다. 결국 三達德이 體가 되고 五達道가 행하여지며, 그것이 정치의 측면에서는 九經으로 나타남을 알 수 있다. 이는 군자지도를 德과 道 그리고 經을 중심으로 세 측면에서 나타낸 것이다.

지금까지 『중용』을 역학적 관점에서 살펴보았다. 『중용』에서 밝히고 있는 근본 주제는 군자지도로 그것을 주체인 군자의 德性을 중심으로 밝히고 있다. 『중용』에서는 군자지도를 도역생성의 관점에서 天命과 誠을 중심으로 中庸之道로 밝힌 것이다. 도생역성의 관점에서 천명을 통하여 군자의 존재 근거가 천지, 성인임이 밝혀지며, 역생 도성의 관점에서 誠을 통하여 군자와 성인, 군자와 천지가 합덕됨이 밝혀진다. 이를 중심으로 『중용』에서 밝히고 있는 중용지도의 내용을 요약하여 나타내면 다음과 같다.

첫째, 『중용』의 내용을 한마디로 요약하여 나타내면 中庸之道이다. 중용지도의 근거는 중정지도이다. 중정지도는 체용 관계인 중도와 정도를 나타낸 것이다. 천도를 중심으로 중정지도를 살펴보면 십오 존공 원리는 중도이며, 사역 변화 원리는 정도이다. 천도와 인도의 관계를 중심으로 중정지도를 살펴보면 중도는 천도이며, 정도는 인도이다.

둘째, 인도를 중심으로 중정지도를 살펴보면 중도는 성인지도이며, 정도는 군자지도이다. 중도와 정도는 형이상적 존재의 존재 원리이기 때문에 인간 주체를 중심으로 이해하지 않을 수 없다. 중도와 정도의 관계를 도생역성의 관점에서 이해하면 성인의 천명과 군자의 본성의 문제가 된다. 천명이 군자의 본성으로 주체화하며, 성인지도가 군자지도의 근거가 된다. 중정지도를 군자를 중심으로 나타낸 것이 중용지도로 중용지도는 중도의 작용 원리이다.

셋째, 천명이 군자의 본성으로 주체화하였기 때문에 본성의 자각을 통하여 천명을 자각하고 천명을 주체로 살아가는 것이 君子之道이다. 그렇기 때문에 성인에 의하여 중정지도와 중용지도를 중심으로 군자지도를 밝힌 것이 가르침의 내용이다.

넷째, 중용지도를 군자의 본성을 중심으로 나타내면 본성을 자각하는 집중 원리와 그것을 실천하는 시중 원리, 치중화 원리가 그 내용이다. 집중 원리는 학문의 원리이며, 시중, 치중화는 실천의 원리이다. 치중화는 군자가 자각한 본성을 천시에 순응하여 발현하는 것이다. 따라서 중화가 이루어진 군자의 언행은 모두 시의성에 적중하는 시중이 된다. 그러므로 치중화 원리와 시중 원리는 같은 내용이다.

다섯째, 중용지도를 역생도성의 관점에서 나타내면 군자의 본성과 성인에 의하여 밝혀진 天命이 합덕하는 문제가 된다. 그것을 『중용』에서는 誠으로 규정하고 있다. 誠을 통하여 군자와 성인이 합덕되고 神人이 합덕되며, 천지가 합덕된다. 그렇기 때문에 군자와 성인이 합덕된 관점에서 보면 誠은 天道 자체이며, 誠하는 것이 君子之道이다.

여섯째, 군자가 자신의 본성을 자각하고 천명을 자각하여 그것을 주체로 살아갈 때 心性 內面의 측면에서는 致中和이며, 언행을 중심으로 나타내면 時中으로, 대외적 관계를 중심으로 나타내면 『대학』에서 논한 絜矩之道가 된다. 誠 자체는 천도로 그 내용은 시간성의 원리이며, 그것이 군자의 본성으로 주체화하였기 때문에 誠함이 中和를 이룸이요, 時中이 된다.

일곱째, 중용지도는 가정에서는 가정을 다스리는 원리가 되며, 국가에서는 국가를 다스리는 원리가 된다. 중용지도를 실천의 주체를 중심으로 나타내면 군자지도이다. 군자는 본래성을 주체로 하여 천명을 봉행한다. 그런데 군자의 본성 가운데 禮는 가정을 다스리는 원리이며 義는 국가를 다스리는 원리이다. 그렇기 때문에 중용지도는 가정원리인 동시에 국가 원리이다.

第八章 結 論

　우리는 앞에서 易道를 바탕으로 四書를 고찰하였다. 역도에 근거한 사서의 고찰은 사서의 존재론적 고찰인 동시에 형이상학적 고찰이다. 형이상적 존재의 존재 원리인 역도를 학문적 탐구 과제로 하는 학문이 易學이다. 역학은 존재 자체의 본성을 밝히고자 하는 학문이라는 점에서 存在論이며, 형이상의 근원적 존재를 추구하는 점에서 形而上學이다. 역학을 근거로 형성된 학문이 先秦 儒學이다. 그렇기 때문에 선진 유학의 경전인 사서의 고찰은 역도를 근거로 하지 않을 수 없는 것이다.

　역도는 성인에 의하여 저작된 易經을 통하여 闡明되었다. 시간성의 원리를 중심으로 역도를 천명한 역경은 『正易』이며, 공간성의 원리를 중심으로 역도를 천명한 역경은 『周易』이다. 시간성의 원리를 『서경』과 『논어』에서는 역수원리로 규정하고 있다. 『정역』에서는 역수원리를 干支 度數와 圖書 象數를 통하여 밝히고 있는데 그것이 神道, 天道이다. 『정역』에서 밝힌 신도, 천도를 근거로 그것을 인도를 중심으로 밝힌 역경이 『주역』이다. 『주역』은 卦爻를 통하여 역수원리를 공간성의 원리로 객관화하여 표상하고 있다.

　천지의 도가 合德된 측면에서 그 본성을 중심으로 표상한 것이 간지 도수를 통하여 표상된 神道이며, 그것을 體用的 구조에 의하여 역수원리로 표상한 것이 河圖와 洛書를 통하여 표상된 천지의 도이다. 천도를 본체 원리와 작용원리를 중심으로 나타낸 것이 三極之道이다. 삼극지도를 객관화하여 人道를 중심으로 나타낸 것이 三才之道이다.

천도인 역수원리는 시간성의 원리로 그것을 體用의 구조를 중심으로 나타낸 것이 삼극지도이다. 삼극지도를 본체 원리를 중심으로 나타내면 삼극 원리이며, 작용 원리를 중심으로 나타내면 倒逆 生成 原理이다. 삼극지도의 내용은 시간성의 원리인 역수원리로 그 구체적인 내용은 十五 尊空 原理와 四曆 變化 原理이다.

十五 尊空 原理는 본체 원리이며, 四曆 變化 原理는 十五 本體 度數에 의하여 이루어지는 四象 作用 原理이다. 十五 本體에 의하여 原曆과 두 閏曆 그리고 正曆이 생성 변화하는 四曆 變化 原理가 역수원리인 것이다. 四曆은 그 성격상 두 閏曆과 原曆, 正曆으로 구분할 수 있다. 閏曆은 음양이 서로 분리된 曆이며, 原曆과 正曆은 음양이 합덕된 曆이다. 閏曆의 시대를 先天이라고 하며, 정역의 시대를 后天이라고 한다. 따라서 사역 변화 원리는 선후천 변화 원리이다.

선후천 변화 원리를 인간 주체적으로 이해하면 선천 원리는 聖人之道이며, 후천 원리는 君子之道이다. 성인지도와 군자지도를 실천하는 주체는 성인과 군자로 성인과 군자는 역경에서 제시하고 있는 이상적 인격체이다. 선천의 주체적 존재인 성인은 천도와 인도를 밝혀서 후세의 군자가 행해야 할 군자지도를 밝힌 존재이며, 후천의 주체적 존재인 군자는 성인이 밝힌 천도와 인도를 학문하여 그것을 실천하는 존재이다.

성인지도와 군자지도를 군자를 중심으로 주체화하면 군자의 학문 원리와 실천 원리가 된다. 人道의 근거가 천도이기 때문에 학문 원리와 실천 원리의 근거는 삼극지도의 작용원리인 逆生倒成 원리와 倒生逆成 원리이다. 학문은 逆生倒成의 관점에서 군자의 삶을 나타낸 것이며, 실천은 倒生逆成의 관점에서 군자의 삶을 나타낸 것이다. 학문을 통하여 삶의 원리가 자각되고, 자각된 삶의 원리를 실천함으로써 군자의 삶이 이루어진다. 따라서 군자의 학문과 실천은 불가분의 관계이다.

四書 가운데서 학문 원리를 중심으로 君子之道를 나타낸 것이『논어』이며, 실천 원리를 중심으로 나타낸 것이『맹자』이다.『논어』에서는 下學而上達을 군자의 학문 원리로 제시하고 있는데 그것은 天地之道를 인간 주체적으로 자각하는 원리이다. 이처럼 군자 주체적으로 자각된 天道는 자각의 주체인 군자에게는 天命으로 자각된다. 그렇기 때문에 학문을 통하여 자신에게 주어진 天命을 자각하는 것이『논어』의 중심 문제이다. 자각한 천명을 왕도 정치를 통하여 실천하는 원리를 밝히고 있는 경전이『맹자』이다.『맹자』는 천명을 자각한 군자의 실천 원리를 정치의 측면에서 왕도 정치 원리로 제시하고, 그것이 실천 주체인 군자 자신의 측면에서는 天命을 奉行하는 正命 원리임을 밝히고 있다.『맹자』에서는 君子之道를 왕도 정치 원리와 正命 원리로 밝힌 것이다. 따라서『논어』는 逆生倒成의 관점에서 군자지도를 논하였으며,『맹자』는 倒生逆成의 관점에서 군자지도를 논하였다.

『맹자』와 같이 실천 원리를 중심으로 君子之道를 논한 것이『대학』이며, 학문 원리를 중심으로 君子之道를 나타낸 것이『중용』이다. 그러나 논지의 전개 방향은 오히려『중용』이 倒生逆成의 관점이며,『대학』은 逆生倒成의 관점이다.『중용』에서는 君子之道를 군자가 天時를 받들어 행하는 원리를 중심으로 中庸之道를 논하고 있으며,『대학』에서는 明明德과 親民을 통하여 至善의 세계에 머물고자 하는 大學之道를 중심으로 논의를 전개하고 있다.

『논어』와『중용』은 군자의 德을 중심으로 군자지도를 논하고 있다.『논어』가 학문 원리를 중심으로 군자지도를 밝히고 있는 반면에『중용』은 天命, 誠을 주체로 행하여지는 실천 원리의 측면에서 군자지도를 中庸之道로 밝히고 있는 것이다.『대학』과『맹자』는 位를 중심으로 군자지도를 논하고 있다.『맹자』는 군자지도를 人君의 位를 가진 군자를 중심으로 왕도 정치 원리로 밝히고 있으며, 『대학』은 大學之道라는 학문을 중심으로 군자지도를 밝히고 있다. 따라서 『논어』에서 밝힌 군자의 학문 원리와 『맹자』에서 밝힌 실천 원리가 합덕된 관점에서 실천 원리를 중심으로 논하고 있는 것이 『대학』과 『중용』이라고 할 수 있다.

앞에서 살펴본 것과 같이 사서를 일관하는 근본 주제는 군자의 도이다. 사서는 『주역』을 통하여 천명된 성인지도와 군자지도를 바탕으로 이상적 인격체인 군자의 삶의 원리를 밝히고 있다. 『주역』에서는 인간의 본성이 천지의 본성이 주체화된 것이며, 그것이 仁禮義智의 四德을 내용으로 하는 도덕성이고, 그것을 주체로 살아가는 존재가 군자임을 밝히고 있다. 이를 바탕으로 군자의 삶의 원리를 구체적으로 밝히고 있는 경전이 사서이다. 군자의 본성이 천지의 본성인 도덕성이며, 군자는 도덕성을 주체로 살아가는 존재이기 때문에 천도의 선후천 원리에 의하여 군자의 삶도 이루어진다. 그러므로 군자는 학문이 중심이 된 선천적 삶과 실천이 중심이 된 후천적 삶을 살게 된다. 학문을 통하여 본성과 천명을 자각하는 선천적 삶은 逆生倒成 원리에 의하여 이루어지며, 자각한 천명을 봉행하는 후천적 삶은 倒生逆成 원리에 의하여 이루어진다. 선천에는 군자는 성인에 의하여 저작된 경전을 연구하여 그 가운데 담긴 천지의 도를 군자 주체적으로 자각함으로써 자신의 본성을 자각하는 것과 더불어 천명을 자각함으로써 성덕된 존재가 된다. 후천에는 군자는 仁禮義智의 四德을 주체로 자각한 天命을 실천하여 천지인의 三才가 합덕 成道된 세계를 구축한다. 그것이 군자에게 주어진 역사적 사명이다. 이러한 군자의 삶을 통하여 禮義가 행하여지는 도덕적 세계가 구축됨으로써 형이상과 형이하의 세계가 모두 드러나는 후천 세계가 전개된다. 지금까지 살펴본 사서의 내용을 요약하여 도표를 통하여 나타내면 다음과 같다.

成逆(極太一) ◀─────────────────────────── 生倒(極无十)

樂同民與 ◀─────────── 之充而擴 ·············· 道之義仁

[大學]大人之道: 合內外　原理(空間 中心):格致誠正修齊治平

[周易]三才之道 [論語]學問 原理 ·······▶ ◀─── [孟子]實踐 原理 [正易]三極之道
(博文約禮)　　　　　　　　　　　　　(發政施仁)

[中庸]中庸之道: 時中　原理(時間 中心):致中和

窮理 · 盡性 ···················· 下學而上達 ·············▶ 至命 · 正名

逆生(一太極) ─────────────────────▶ 倒成(十无極)

　위의 도표를 중심으로 四書와 『정역』, 『주역』과의 관계를 살펴보면 『정역』에서 밝힌 三極之道를 근거로 『주역』에서 밝힌 三才之道가 형성되며, 삼재지도를 人道를 중심으로 밝힌 것이 四書이다. 사서의 내용을 살펴보면 君子之道를 학문을 중심으로 밝힌 것이 『논어』이며, 실천은 중심으로 밝힌 것이 『맹자』이고, 학문과 실천을 종합하여 공간적 관점에서 사물 중심으로 밝힌 것이 『대학』이고, 시간적 관점에서 군자의 본성을 중심으로 밝힌 것이 『중용』이다.

　그런데 군자지도의 실천 주체는 군자의 본성이다. 그렇기 때문에 비록 사서가 각각 다른 관점에서 군자지도를 밝히고 있지만 그 내용은 군자의 본성으로 집약된다. 사서의 내용을 군자의 본성을 중심으로 주체화하여 나타내면 다음과 같다. 군자의 본성을 과거적 관점을 중심으로 논하면 『논어』에서 밝힌 학문원리가 되고, 미래적 이상을 중심으로 논하면 『맹자』에서 밝힌 실천원리가 되며, 시의성을 중심으로 논하면 『중용』의 時中原理, 中庸之道가 되고, 공간성을 중심으로 논하면 『대학』의 大學之道

가 된다.

군자의 본성을 『주역』에서는 性命之理로 밝히고 있다. 그러므로 사서의 내용을 군자의 본성을 중심으로 나타내면 성명지리가 된다. 본래 성명지리는 인간의 인간된 所以로 형이상적 존재이다. 그렇기 때문에 성명지리를 중심으로 군자의 삶의 살펴보면 학문도 실천이며, 실천도 학문으로 양자가 모두 본성의 自己 顯現일 따름이다. 인간 본래성이라는 형이상적 존재의 자기 현현 원리가 군자지도이며, 그것을 逆生倒成의 관점에서 밝히면 『논어』의 학문원리가 되고, 倒生逆成의 관점에서 밝히면 『맹자』의 실천원리가 되며, 倒逆의 生成原理가 合德된 관점에서 시간성을 중심으로 밝히면 『중용』의 중용지도, 致中和原理, 시중원리가 되고, 공간성을 중심으로 밝히면 『대학』의 大學之道가 된다.

성명지리를 역생도성의 관점에서 논하면 과거적 본성을 중심으로 미래적 이상을 밝히는 것이 된다. 그렇기 때문에 逆生倒成의 관점에서 군자지도를 밝히고 있는 『논어』에서는 학문을 통하여 본성을 자각함으로써 천명을 자각하는 것을 학문으로 규정하고, 그것을 '下學而上達'로 규정하고 있다. 성명지리를 도생역성의 관점에서 논하면 미래적 이상을 중심으로 과거적 본성을 밝히는 것이 된다. 그렇기 때문에 倒生逆成의 관점에서 군자지도를 밝히고 있는 『맹자』에서는 仁禮義智의 사덕을 주체로 天命을 奉行하는 擴充을 논하고 있다. 그리고 과거적 본성과 미래적 이상이 合德된 性命 자체를 중심으로 그것을 도생역성의 관점에서 天命과 性을 중심으로 논하고, 역생도성의 관점에서 誠을 중심으로 밝히고 있는 것이 『중용』이며, 과거적 본성과 미래적 이상이 합덕된 性命 자체를 공간적 관점에서 그것이 發用된 物知意心身家國天下를 중심으로 밝힌 것이 『대학』이다.

앞에서 살펴본 것과 같이 四書에서는 이상적인 인격체를 군자로 규정하고, 군자는 학문을 통하여 자신의 본래성을 자각하고 더불어 천명을 자각함으로써 인간 본래성을 주체로 살아가는 도덕적 존재임을 밝히고 있다. 인간 본래성의 자각은 인간 자신이 어떤 존재인가를 아는 것이며, 천명의 자각은 자신의 존재 근거를 아는 것이다. 이처럼 인간의 삶의 주체이자 존재 근거인 본성과 천명을 나타낸 것이 『주역』에서 밝힌 性命之理이다. 따라서 인간이 자신의 본래성의 자각과 더불어 천명을 자각하여 그것을 주체로 살아가는 順性命之理가 군자의 삶의 원리이다. 성명지리에 순응하여 살아가는 것이 사서에서 제시한 모든 사람들이 살아가야 할 삶의 원리인 것이다.

인간 본래성은 천도가 주체화한 것으로 본래성을 주체로 인간의 삶이 이루어지기 때문에 군자의 삶의 두 양상인 학문과 실천은 본래성의 현현인 동시에 천도의 자기 현현이다. 그렇기 때문에 사서에서 인간의 삶의 원리로 밝힌 군자지도는 본래성을 주체로 살아가는 삶의 원리이다. 따라서 군자지도는 지식으로 습득되어질 수 있는 존재가 아니라 인간 본래성의 자각을 통하여 밝혀지는 존재이다. 그런 점에서 보면 인간 본래성이야말로 진정한 의미의 경전으로 그것을 통하여 천지의 도를 자각하게 된다. 인간 본래성을 주체로 살아가면 마음 안과 밖의 구분이 없어서 경전 가운데서 천지 만물의 세계를 보고, 천지 만물 가운데서 경전을 보게 되는 것이다. 그러한 세계가 과거도 미래도 현재도 없고, 생사도 없는 영원한 현재로 그것을 至善이라고 한다.

찾 • 아 • 보 • 기

ㄱ

가르침 248
가정 132
가정원리 262
價値論 221
干支 度數 43
干支 度數 原理 69
感通 27
剛健하고 中正한 精 163
剛柔 原理 177
개의 性 141
居敬窮理 198
乾道 43
乾策 聖人 43
乾策 聖統 43
格物致知 173, 174
謙德 103
경전 12, 248
經學史 16
繫辭 62, 76, 182
繫辭上篇 第五章 72
繫辭下篇 第六章 71
古論 16
高明 253
『古本大學』 16, 174
告子章句 130

考證學 17
坤道 43
昆弟 260
坤策 聖人 43
坤策 聖統 43, 129
공간성 56, 64, 194
공간성의 원리 42, 66, 230, 255
公孫丑章句 129
孔子 43
과거적 본성 241
과학 36
觀文與宜 60
觀法 60
觀象 60
卦象 44, 76
괘상원리 57
卦體 71
卦爻(괘효) 42, 47
괘효 원리 42
卦爻辭 47
卦爻象 182
국가 132
국가원리 262
君民 52, 133
君臣 52, 260
君臣 關係 130

君子(군자)　11, 134, 161
君子의 性　144
군자의 언행　253
君子之道(군자지도)　12, 20, 52, 58,
　75, 97, 126, 129, 168, 178, 227, 237
君主　132
窮理(궁리)　25, 94, 120, 193
權度　151
龜書　41
鬼神　250, 258
規矩　158
근원적 존재의 자기 전개 원리　44
禁民爲非　138
禽獸　155
箕子　43
金一夫　43

ㄴ

洛書　21
樂天知命　162
남녀 正位 원리　114
내재적 事件　202
魯論　16
『논어』　19, 39, 79, 125
『論語集解』　79
雷山小過卦　32
雷地豫卦　32
雷天大壯卦　32

ㄷ

大德小德　226
大雅　250
大衍之數 五十　98

大禹謨篇　175, 250
大義 名分　115
大人之道　174
大人之學　178
大人之學之道　184
大體　226
『大學章句』　173
大學之道　178, 184
『大學或問』　173
大亨以正　239
德　90
德性　261
德位　77
道家　14
道德 原理　230
道德性(도덕성)　24, 39
道樂　127
倒生逆成(도생역성)　26, 40, 41
도생역성 작용 원리　119
도생역성의 관점　128
圖書　40
圖書 象數　43
圖書原理(도서 원리)　40, 70, 129, 159
度數　44
度數 原理　230
道心　197
倒逆 生成 原理　69
道의 자각　14
道體　222
道統　19
道統說　12
東西　143
冬至　123
滕文公章句　130

ㅁ

萬章章句　130
『맹자』　125
孟子　18, 123
「孟子內篇」　16
「孟子外書」　16
명덕의 주체적 자각　187
明明德　186
名實의 合德 原理　113
明哲　34
無疆　255
無君　156
无極　40, 41
无極之无極　229
无極之无極 原理　48
无无位 六十數 原理　70
無父　156
武王　43
无位數　44, 69
无位數 原理　121, 229
无位數 二十　69
墨翟　124
문물제도　188
文說　16
文王　43
物件　66, 194
物理　174, 199
미래적 이상　36, 241

ㅂ

博厚　253
盤古　33
方而知　158

배움(學)　193
백옥의 백색　141
變化之道　45
伏羲　17, 31, 43
本能(본능)　140, 144, 240
본래성　23
본래성의 자각　14
本末(본말)　66, 67, 194
本末 原理　67
본성　140
本體　40, 71
본체 원리　44, 75, 77, 224
不動心　162, 192
夫婦　52, 260
敷衍　61
父子　52, 260
父子 繼承　130
父子 關係　130
附和雷同　104
佛家　14
不善　143
不忍人之心　135, 147
不忍人之政　135, 147
不惑　192
朋友　100, 260
朋友 合德　100
朋友 合德 原理　102
費隱　226

ㅅ

事件　66, 194
四句敎　203
士農工商의 分業　130
四端說　243

四端之心 52, 135, 243
四德(사덕) 44, 120
사덕 원리 44, 109
사람의 性 141
司馬溫公 173
사물의 속성 140, 241
事事物物 202
四象 92, 239
四象數 71
四書(사서) 22, 45, 46, 47
『四書集註』 16
四十而不惑 97
辭讓之心 136
四曆 變化 原理 42, 71
四曆의 생성 변화 원리 230
私慾 205
四肢 145
社稷 133
事天 161
事親 259
四爻 71
山澤損卦 100
삶의 원리 15
三經(삼경) 22, 47, 125
三極 原理 40, 69
三極의 倒逆 生成 作用 原理 41
三極之道(삼극지도) 40, 66, 69
三達德 261
三百七十五度 96
三十三節 226
三十而立 97
三兩 原理 40
삼재 42
삼재의 양지 작용 원리 230
三才의 合德 成道 234
삼재적 세계관 224

三才之道(삼재지도) 42, 66, 126
三爻 71
象 61
上卦 71
象山 175
象數 易學 21
上爻 67, 195
생각함(思) 193
생장기 12
『서경』 19, 39, 46, 124
善性 146
禪讓 130
先王의 樂 127
先王之道 153
선진 유학 21, 223
선진 유학의 근본 원리 172
선진 유학의 근본 정신 175
先天(선천) 66, 231
선천 원리 41
선천의 태극 41
선천적 존재 182
선천적 측면 228
先後甲三日 44
先後庚三日 度數 44
선후천 변화 원리 44
先後天 합덕 원리 114
設卦 62
說卦篇 71
설명 56, 62
誠 53, 226, 250
性可以爲善爲不善論 140
性과 天道 84
性과 天道의 관계 225
成德 87
成道 43
成道 원리 93, 94

性命의 理致 73
性命之理 42, 125
性無善無不善論 140
性三品說 140
成象 63
性善辨 16
性善說(성선설) 125, 130, 139, 243
成數 93
聖神 17
聖神 功化 227
性惡說 145
誠意 213
誠의 功能 257
聖人(성인) 11, 55
성인, 군자지도 42
성인과 군자의 관계 252
성인과 군자의 합덕 원리 114
聖人之道(성인지도) 12, 19, 30, 33, 51,
　　126, 153, 160, 168, 223
聖人之意 61
誠正修齊治平 213
性體命用 73
聖統(성통) 12, 30, 153, 223
성통 원리 77, 172
性品 142
聖學(성학) 11, 31
成形 63
세계관 80
世俗의 樂 127
稅制 130
소의 性 141
小人 51
小人之道 33, 124, 156
속성 24
率性 244, 249
修道 249

水山蹇卦 100
修身 197, 215
守約 165
羞惡之心 136
燧人 43
水地比卦 98
水土를 繼承 223
水火旣濟卦 77
舜 17, 43
順天命 121
시간성 56, 64, 194
시간성의 원리 39, 66
『시경』 46, 124
是非之心 136
始生 原理(始生 원리) 93, 94
時位 23, 67, 195
時義性 12, 99, 252
시의성에 부합됨 234
始終(시종) 66, 194
時中 235
時中 原理 167, 228, 236
時中之道 67
神 255
神農 17, 31, 43
神道 68, 69, 103, 254
神明 39
神明 原理 39
神明性 39
神明한 德(신명한 덕) 25, 31
神物 189
申伯 250
神人 188
神人 合德 250
실천 원리 44, 126
실천론 74, 75, 224
實體 200

心 174
心法 175
心性論(심성론) 221, 222
心卽理 198
十无極 69
『十三經注疏本論語』 79
십오 44
十五 본체 원리 75
十五 尊空 原理 42, 71
十五 天地 44
十五 천지 원리 96
十五 天地의 合德體 98
十有五而志於學 96
十而翼之 48
十翼 47

ㅇ

아름다운 德 225
顔子 18
哀公 259
約之 90
陽氣 163
養生喪事 138
楊朱 124
兩之 作用 原理 40
兩親 244
兩親 父母 132
梁惠王章 129
養浩然之氣 162
陽貨篇 85
言辭 61, 138
여섯 절 226
易經(역경) 13, 21, 58, 223
역경의 저작 59

역도 21, 38, 45
易道의 闡明 59
역도의 해석 62
역사적 사명 23, 25
逆生 원리 93
逆生倒成(역생도성) 26, 40, 41
逆生倒成 원리 83
역생도성 작용 원리 119
역생도성의 관점 128
逆成 원리 93
曆數 106
역수성통원리 77
曆數原理(역수원리) 19, 37, 57, 69, 106
易學(역학) 13, 21, 38, 58
『易學啓蒙』 21
易學史 13, 47
역학적 관점 126
연구 방법 24, 55
연구 방향 24, 55
『禮記』 16
禮樂의 興作 117
禮義 102
禮의 端緒 136
예의에 합당 236
禮義의 命 73
오 44
五達道 261
五十而知天命 98
五皇極 44, 69
五爻 71
王 133
王道 政治 133
왕도 정치 원리 52, 123, 129, 158
왕도 정치의 실천 59
왕도 정치의 始終 116
王陽明 16

<table>
<tr><td>외재적 物件 202</td><td>閨曆 始生 원리 93</td></tr>
<tr><td>堯 17, 43</td><td>允執厥中 18, 107</td></tr>
<tr><td>堯舜 31, 153</td><td>允執其中 108</td></tr>
<tr><td>堯曰篇 82</td><td>율여 원리 52</td></tr>
<tr><td>龍圖 41</td><td>律呂 作用 46</td></tr>
<tr><td>用途性 118, 151</td><td>陰陽 原理 50, 177</td></tr>
<tr><td>禹 43</td><td>陰陽 合德 原理 118</td></tr>
<tr><td>宇宙論 221</td><td>陰陽과 剛柔 71</td></tr>
<tr><td>運命論 19</td><td>陰陽의 迭運 作用 原理 146</td></tr>
<tr><td>遠方 101</td><td>義 125</td></tr>
<tr><td>圓方原理 158</td><td>義理 易學 21</td></tr>
<tr><td>原曆 原理 93</td><td>義理學 17</td></tr>
<tr><td>圓而神 158</td><td>義의 端緒 136</td></tr>
<tr><td>元亨利貞 92, 239</td><td>疑惑 258</td></tr>
<tr><td>衛靈公篇 83</td><td>李翶 16</td></tr>
<tr><td>爲善去惡 202</td><td>離婁章句 130</td></tr>
<tr><td>爲政 16</td><td>耳目口鼻 145</td></tr>
<tr><td>爲政篇 83</td><td>利物 188</td></tr>
<tr><td>悠久 253</td><td>理數 69, 229</td></tr>
<tr><td>類萬物之情 59, 114, 254</td><td>二十 44</td></tr>
<tr><td>類萬物之情 原理 125</td><td>里仁篇 83</td></tr>
<tr><td>儒佛道 14</td><td>理財 138</td></tr>
<tr><td>有性善有性不善論 140</td><td>二程 12</td></tr>
<tr><td>有巢 43</td><td>이해 56, 62</td></tr>
<tr><td>儒學(유학) 11, 30</td><td>二爻 71</td></tr>
<tr><td>儒學史(유학사) 12, 13</td><td>인간 복제 36</td></tr>
<tr><td>유학의 근본 문제 34</td><td>인간 본래성 45, 125</td></tr>
<tr><td>유학의 본래 면목 14</td><td>인간 본래성의 자각 35</td></tr>
<tr><td>유학의 부흥 36</td><td>인간 정체성의 상실 15</td></tr>
<tr><td>유학의 실천 원리 115</td><td>인간관 80, 224</td></tr>
<tr><td>劉向 79</td><td>인간의 본성 241</td></tr>
<tr><td>六十而耳順 98</td><td>인격성 56</td></tr>
<tr><td>六位 195</td><td>인격적 존재의 본성 245</td></tr>
<tr><td>六爻(육효) 67, 71, 195</td><td>人道(인도) 42, 103</td></tr>
<tr><td>閨曆 231</td><td>인도를 천명 48</td></tr>
<tr><td>閨曆 生長 원리 93</td><td>人道와 合一 252</td></tr>
</table>

人物　189
人性　143, 225
인식론적 언급　145
人身　30
人心　197
人心惟危 道心惟微　108
仁禮義智(인예의지)　44, 120
仁義　125
仁의 端緒　136
仁義 原理　177
仁義禮智　71, 135, 144
仁義之道　44, 91, 125
仁知　73
人皇　33
一元 百數 原理　70
一而貫之　48
一太極　69
立命　161
立象(입상)　61, 62
立志(입지)　94, 120

ㅈ

자각론　74, 75, 224
自己 擴充　246
자득　236
子思　18, 221
자포자기　150
子罕篇　84
作易　59
作易 原理　126
作用　40
작용 원리　44, 75, 238
작용성　255
長成 원리(장성 원리)　93, 94

장성기　12
張禹　16
『張禹論語』　79
長子之學　12
齋戒　256
財物　138
傳授 心法　206
節度　234
占辭　76, 182
占書　47
精氣　163
正道　68, 144, 161
正道인 三才之道　231
정령 원리　52
政令 作用　46
正命 原理　114, 127
正名 原理　68, 114, 167
正辭　138
情緒　52
正心　214
『正易』(『정역』)　13, 30, 38, 42, 69
正曆　232
正曆 原理(正曆 원리)　93, 239
程子　18
井田制　130
齊家　216
齊論　16
齊宣王　127
弟子之學　14
趙岐　16
存心養性　162
存養省察　227
존재론　35, 224
存在論的 糾明　139
존재론적 언급　145
終始　194

終始 原理　39, 40
終始性　40
周公　43
周나라의 학제　178
『주역』　39, 42, 125
『周易本義』　21
周而不比　104
主一無適　198
朱子　12, 106
주체성　193
주체성을 확립　36
주체화　196
中道　229
중도의 작용 원리　229
中道인 三極之道　231
重山艮卦　113
중심 본체수　71
중용　229
中庸 君子之道　226
中庸之道　53, 67, 227
中節　235
中正曆　239
中正之道(중정지도)　38, 228, 237
重地坤卦(중지곤괘)　31, 64
重天乾卦(중천건괘)　31, 64
中和　52, 226
重火離卦　31
曾子　18
地道(지도)　42, 64
知命　110
至命(지명)　25, 94, 120
至誠　254
知性　52, 161, 199
止於至善　186
知言　110, 162
知禮　110

智의 端緒　136
知人　259
地支　57, 70
知天　52, 161, 259
知天命　83
知行合一說　198
地皇　33
進德修業　97
盡性(진성)　25, 94, 120, 246
眞實　251
盡心　52, 161, 199
盡心章句　130
『集註本論語』　79
執中　18, 196
執中 原理(執中 원리)　233, 236

-------- ㅊ --------

天　51
天干　57, 70
天道(천도)　22, 37, 42, 51, 64, 225 239
天道論(천도론)　74, 75
천도를 천명할 천명　48
天道의 四象 原理　92
천도의 인간 주체적 자각　25, 74, 120
천도의 인간 주체적 자각 원리　37, 45
천도의 인간 주체화 원리　37, 45, 74
천도의 현현　26
天理　200, 202
天命(천명)　21, 51, 58, 160, 225
천문학적 관점　24
天變人化 원리　45
天時(천시)　166, 234
天時를 따라서 마음을 發用시킴　235
천시에 순응함　234

天意 12
天人 관계 242
天人 合德 100, 250
천지 원리 77, 238
天之曆數原理 40
天地의 大義 168
천지의 도 35, 60, 223
天地의 數 69
天地의 長子 30
天地의 化育 257
天地之道(천지지도) 42, 103, 126, 129
天地之心 45, 101, 160
天皇 33
體得(체득) 60, 90, 193
體十用九 71, 75
體五用六 72, 75
體用論 57, 68
初爻 67, 195
推己及人 149
『春秋』 124
忠信(충신) 97, 163
惻隱之心 136
治國 216
致良知 174
致良知說 198
致中和 53, 227
致中和 原理 236
親民 186
七十而從心所欲不踰矩 98

澤雷隨卦 32
澤山咸卦 100
澤天夬卦 32
澤風大過卦 32
『通鑑』 173
通神明之德 59, 114

팔괘 60
覇道 政治 133
平天下 217
表象(표상) 61, 62
風雷益卦 31, 100
風水渙卦 32
風火家人卦 118

湯 43
太甲下篇 250
太極 40, 41

下卦 71
河圖 21
夏殷周의 三代 134
夏至 123
下學而上達 86
학문원리 44
학문의 가능 근거 94
학문적 사명 225
學而篇 82
學統 19
韓愈 12, 16
合內外 原理 245
合德 원리 93
恒久性 253
恒道 97
해석 62

向內的 방향　55
向外的 방향　55
賢者　244
顯現態　243
형이상의 세계　101, 237
形而上者(형이상자)　24, 145
형이상적 존재　24, 140, 223
형이상학　35, 222
형이하　24
형이하의 세계　237
好色　127
浩然之氣　163
好勇　127
好貨　127
火雷噬嗑卦　31
化成　30
火水未濟卦　77

化翁　190
和而不同　104
火澤暌卦　32
擴充　52, 136, 146, 148
皇極　40, 41
黃帝　17, 31, 43
孝經　16
爻用　71
孝悌之義　138
後世의 聖人　32
後天(후천)　66, 232
후천적 존재　182
후천적 측면　228
訓詁學　17
흰 깃의 백색　141
흰 눈의 백색　141

▌著者 **李鉉中**은 우석대학교 영문학과를 졸업하였으며, 전북대학교 대학원 철학과에서 「易傳에 나타난 天人 關係에 관한 考察」로 석사 학위를 받았고, 충남대학교 대학원 철학과에서 「易學에 나타난 儒家 思想의 存在論的 根據」로 철학 박사 학위를 취득하였다. 충남대학교와 배재대학교, 우석대학교, 공주교육대학교에서 강의하였으며, 현재 충남대학교 한문학과 교수로 재직하고 있다. 지난 壬申年(1992) 이후 易學을 중심으로 동양철학을 연구하는 研經院에서 同門들과 함께 觀中 柳南相 선생님으로부터 『正易』과 『周易』을 배우고 있으며, 『正易』을 바탕으로 『周易』을 비롯한 先秦 儒學의 經典들을 연구하고 있다. 주요 저서로는 『중국 철학의 역학적 조명』과 『한국 철학의 역학적 조명』이 있으며, 「詩經의 易學的 이해」, 「주역의 성명지리」, 「易學의 先后天 變化 原理」, 「圖書原理와 時間性의 原理」 등 30여 편의 논문과 그 밖의 공동 저서가 있다.

易經과 四書 ▪ ▪ ▪

인　쇄	2004년　8월　6일
발　행	2004년　8월　12일

저　자	李　鉉　中
펴낸이	이　대　현
편　집	권　분　옥
펴낸곳	도서출판 역락

등록　1999년 4월 19일 제2-2803호
주소　서울 성동구 성수2가 3동 301-80 (주)지시코 별관 3층
전화　3409-2058, 3409-2060 / 팩스　3409-2059
e-mail　youkrack@hanmail.net

정　가　12,000원
ISBN　89-5556-315-9-93140

■ 잘못된 책은 교환해 드립니다.